古地図で楽しむ伊予《いよ》

愛媛県歴史文化博物館＝編

風媒社

はじめに

井上 淳

伊予《いよ》は不思議な形をしている。西日本最高峰１９８２ｍの石鎚《いしづち》山をはじめとする高峰を連ねる四国山地が県内の中央を横切り、その先端は佐田岬《さだみさき》半島となって豊後《ぶんご》水道に細長く突き出している。海岸まで山が迫った半島と奥深い湾に臨む小さな低地が複雑に折れ連なるリアス海岸は、伊予に豊かな表情を与えている。そして、海に散りばめられた大小さまざまな形の島。海・山・里の要素が揃った伊予は、日本の縮図のようにも見える。

本書は、古地図で楽しむ町歩き本シリーズの一冊で、個性的な姿をした伊予を取り上げる。同シリーズは東海地方から始まり、金沢・近江とじわじわと範囲を広げてきたが、今回は記念すべき第10弾。いよいよ四国に初上陸する。その内容をあらかじめ簡単に紹介すると、以下のようになる。

Part1「伊予の古地図を読み解く」は、江戸時代から明治時代前期にかけての伊予の古地図を取り上げている。江戸時代を代表する古地図といえば国絵図。伊予国絵図は、縦横ともに７ｍを超える最大級の大きさだった。また、明治初めに、愛媛県と香川県が合併して一つの県だった時代があったことも案外知られていない。そのことを示す愛媛県地図など、時代が感じられる古地図の数々を時系列に配列している。

このパートでは、古地図をつくる技術にも併せて目を向けている。「目黒山形模型」（国指定重要文化財）は江戸時代前期の数少ない立体地形模型で、当時一般的だった廻り検地という測量術を用いて作製されている。時代が下って江戸時代後期になると、伊能忠敬による四国測量が伊予の測量技術者の刺激となり、宇和島藩や大洲藩でも精度の高いさまざまな測量図が作製されていく。

江戸時代、伊予は８つの藩に分かれていたが、松山・宇和島・大洲《おおず》・今治《いまばり》には城が築かれ、西条・小松・新谷《にいや》・吉田には陣屋が設けられた。Part2「伊予の城と城下町」では、そのうち前者の城と城下町を紹介している。とりわけ、現存12天守に数えられる松山城と宇和島城については、多くのテーマを立てて深掘りしている。また、この２つの城には、今から約３００年前の姿を捉えた城下図屏風が残されている点も興味深い。いずれの屏風も、地図をベースに建物を立ち上げていく手法で描かれており、地図の立体表現ともいえる。江戸時代のお城下にタイムスリップした気持ちでお楽しみいただきたい。

地図をながめると、伊予の北から西にかけては海に接している。その海域には、ごく小さいものも含めると270もの島々が散らばっているという。そのような地理的環境に生きた伊予の人々は、昔から生活の場として海と親しんできた。Part3「海に開かれた伊予」では伊予と海との深い関わりを紹介する。

近年、戦国時代の瀬戸内海を舞台に活躍した村上海賊に注目が集まっている。それよりも以前、村上海賊を深く知ろうとして松山藩の軍学者がつくった海城マップがあった。その「伊予国嶋々古城之図」をはじめ、伊予の大名の船を使った参勤交代と安全な航海を確保するために設けられていた諸施設、大阪商船の瀬戸内海航路を軸にした観光開発、九州への渡海港から伊予の大阪へと発展していった港町八幡浜の移り変わりを取り上げる。

伊予では海の道が発達する一方、山がちな地形という制約もあり、陸の道を使った移動には困難を伴った。そうした困難な伊予の道を徒歩で旅した人々がいた。江戸時代後期、年間約2万人が歩いていたという記録も残る四国遍路である。

Part4「伊予の遍路道を歩く」では、江戸時代の遍路が、数々の苦難を乗り越えながら歩いた遍路道に古地図から迫る。このパートでは、宇和島藩領の遍路道を重点的に取り上げている。というのも、宇和島藩では測量にもとづく村絵図などが多く作製されており、遍路道の立地や環境を視覚的に把握することができるからである。江戸時代の遍路になったつもりで、ぜひ古地図の世界を歩いていただきたい。

そして、最後のPart5「伊予の海村と山村」は、古地図から庶民の生活を読み解こうという試みである。潮風との戦いの中で佐田岬に築かれた長大な防風石垣の起源を古地図に探るほか、宇和海を舞台にした漁民の生活、山間部の土地利用の変遷を取り上げる。否応なく置かれた環境の中で、工夫しながら生きた人々の営みを、古地図を通じて紹介したい。

愛媛県歴史文化博物館では、これまでも伊予の城をテーマにした展覧会において、古地図の活用に取り組んできたが、平成29年に伊予の諸藩から愛媛県に引き継がれた多くの古地図を新たに収蔵することになり、調査研究をおこなってきた。それらは、特別展「古地図で楽しむ伊予」(平成30年9月15日~11月25日)で初公開されるとともに、本書は展覧会の関連図書として、その成果を公表するものでもある。また、本書を編むにあたり、伊予をフィールドにしている研究者をはじめ、市町の学芸員にも執筆していただいた。県内の学芸員が多く関わり、本書ができたことは、望外の喜びである。

愛媛県地図

至神戸・大阪港
生名島
弓削島
越智郡
上島町
豊島
瀬戸内海
高井神島
魚島
江ノ島
香川県
美濃島
芸予諸島
燧灘
三島川之江港
大島
伊予土居
関川
新居浜港
伊予三島
川之江・JCT
川之江東・JCT
徳島県
渦井川
予讃線
新居浜
土居IC
三島川之江IC
高知自動車道
松山自動車道
柳瀬ダム
新宮IC
新居浜IC
いよ西条IC
伊予西条
四国中央市
富郷ダム
新居浜市
銅山川
別子ダム
194
凡例
県界
市郡界
町界
JR線
私鉄
高速・有料道路
11
国道
航路
役所
約1:900,000
0
10
20km

N
瀬戸内海
伊予灘
宇和海
豊後水道
内海
斎灘
高知県
至 柳井港
至 県広島港
至 小倉港
至 別府港
至 佐賀関港
至 臼杵港
鳥取岬
大三島
大三島IC
台ダム
岩城島
伯方島
伯方島IC
鵜島
大島
大島北IC
大島南IC
西瀬戸自動車道
今治北IC
今治港
蒼社川
頓田川
比岐島
平市島
岡村島
大角鼻
梶取ノ鼻
安居島
伊予亀岡
今治
今治IC
予讃線
今治市
伊予桜井
今治湯ノ浦IC
今治小松自動車道
東予港
玉川ダム
立岩川
伊予北条
高縄半島
大館場島
怒和島
中島
津和地島
野忽那島
睦月島
二神島
興居島
釣島
由利島
松山市
東予丹原IC
いよ小松北IC
伊予小松
いよ小松IC・JCT
黒瀬ダム
高浜
石手川ダム
松山港
石手川
松山空港
松山
伊予鉄道
横河原
松山自動車道
西条市
重信川
松前町
松山IC
川内IC
東温市
松前
郡中港
伊予市
伊予IC
伊予郡
砥部町
青島
大洲市
伊予市
伊予上灘
予讃線
面河ダム
上浮穴郡
久万高原町
串
伊予中山
肱川
伊予長浜
喜多郡
内子町
仁淀川
大洲IC
内子
内子五十崎IC
伊予大洲
大洲北只IC
肱川
鹿野川ダム
西宇和郡
伊方町
佐田岬半島
梶谷鼻
佐田岬
三机湾
女子鼻
八幡浜港
八幡浜
八幡浜市
松山自動車道
大島
地大島
西予市
卯之町
西予宇和IC
野村ダム
大崎鼻
立間
予土線
鬼北町
北宇和郡
三間IC
愛媛県歴史文化博物館
吉田港
赤崎鼻
宇和島港
宇和島北IC
宇和島
近永
松丸
松野町
戸島
宇和島南IC
宇和島道路
日振島
横島
黒島
津島高田IC
宇和島市
御五神島
竹ヶ島
津島岩松IC
由良岬
南宇和郡
愛南町
御荘港
横島
深浦漁港
鼻面岬
黒崎鼻
56
196
317
11
33
379
380
378
197
494
440
441
320
381

古地図で楽しむ伊予［目次］

[Part 5]

伊予の海村と山村

Part1

伊予の古地図を読み解く

寛永伊予国絵図

井上 淳

伊予を描いた最も古い絵図

寛永時代の伊予を捉えた絵図

江戸幕府が、中央政権として諸大名に命じてつくらせた旧国単位の地図を国絵図という。作成された時期ごとに、慶長、寛永、正保、元禄、天保のそれぞれの元号を付して呼ばれている。伊予については、慶長国絵図は伝わっていないので、伊予を描いた絵図として最も古いものが「寛永伊予国絵図」（以下、寛永図）になる。

寛永10年（1633）に江戸幕府の諸国巡検使が、全国的に派遣されているが、その際に各藩から提出された絵図をもとに一国絵図がつくられ、幕府に収納されている。この時に作成された寛永図が、写しとしていくつか残されている。

松山市が所蔵する絵図もそうした1点で（図1）、凡例の冒頭に「伊予一国絵図」、それに続き「一、かき色之在所者　宇和島領　伊達遠江守／一、浅黄色之在所者　大洲領　加藤出羽守／一、黄色之在所者　今治領　藤堂宮内少輔／一、白キ在所者　松山領　松平中務太輔」とある。この所領記載から当時の伊予を治めていた大名が、宇和島藩の伊達秀宗、大洲《おおず》藩の加藤泰興、今治《いまばり》藩の藤堂高吉《たかよし》、松山藩の蒲生忠知《ただとも》であったことがわかる。この4名の在任期間から、絵図の景観年代を忠知が松山に入った寛永4年5月から病死する同11年8月までに絞り込め、本図が寛永国絵図であることを裏づけている。

寛永図の記載内容

絵図全体に目を向けてみよう。本来は南西に向けて伸びる佐田岬が南に垂れ下がり、南部のリアス式の海岸線も屈曲が大きい。伊予の形をデフォルメして捉えていることがうかがえる。

各藩の藩庁については、今治城、松山城、大津城（大洲城）、宇和島城がいずれも姿図となっている。藩庁以外には、中世以来の古城も記載されており、赤色縁取りの丸輪形内に「古城」と記された松前城と川之江城に加え、大洲藩領と宇和島藩領を除く地域について城名が朱書で示されている。

郡境を墨色、領分境を柿色の太い線を引き、道を朱色で示している。河川については、浅黄色、「かねせ川歩渡り」（中山川）、「赤さひ川歩渡り」（重信川）、「横井川歩渡り」（宇和川）、「高田川歩渡り」（岩松川）などの記載があるが、現在は伝わっていない河川名が記されており興味深い。道については、「あわゐの坂」（粟井坂）、「いぬよし坂上下半道」（犬寄峠）、「大まかり坂上下半道余」、「せん小坂上下十四五町」、「戸坂上下壱リ程」（鳥坂峠）、「夜昼坂上下一里」（夜昼峠）、「とり越坂上下一里余」（鳥越峠）、「横峯坂上下一リ余」（法華津峠）、「野井坂上下壱里余」（野井坂）、「小かんたう坂上下二里」（小岩道）、「大かんたう坂上下二里程」（大岩道）、「松尾坂下リ半道程」（松尾峠）といったように、伊予の南部における峠の記載が充実している。

流路改修前の加茂川

寛永図とそれ以降の絵図との間で大きな違いが見出せる地域としては、新居《にい》郡の海岸部があげられる。この海岸部には、石鎚連峰に源を発して燧灘《ひうちなだ》に注ぐいくつもの河川があった。そのうち加茂川は古くは乱流し

図１　「寛永伊予国絵図」松山市所蔵
関ヶ原合戦後、伊予は加藤嘉明と藤堂高虎が20万石ずつに折半して領有する。合戦以前には、嘉明が伊予の中部、高虎が南部にまとまって所領をもっていたが、関ヶ原の恩賞として東部を分け合ったため、２人の領地は入り組んでいた。寛永図には、２人が転封して伊予を離れた後の所領配置が村形の色分けにより示されているが、喜多郡・浮穴郡のほか、風早郡と桑村郡の３つに分散した大洲藩領など、依然として複雑な所領配置が解消されていないことがわかる。

ており、何度も村々に洪水による被害を与えていた。西条藩が編纂した地誌『西條誌』には、改修以前の加茂川について、八堂《はちどう》山付近から北西に向かって流れる筋と北に向かって流れる筋の2つの川筋があったことが記されている。そこで寛永図の加茂川を確認すると（図2）、八堂山付近と思われる箇所で、確かに2筋に分かれて、中西村と古川村を挟み込むように流れ、燧灘へと注いでいる。一方、寛永図から約70年後に作成された「元禄伊予国絵図」（図3）では、加茂川の川筋は1筋になり、中西村と古川村の東側を流れており、現在の流路と一致している。川筋が変わったのであろうか。

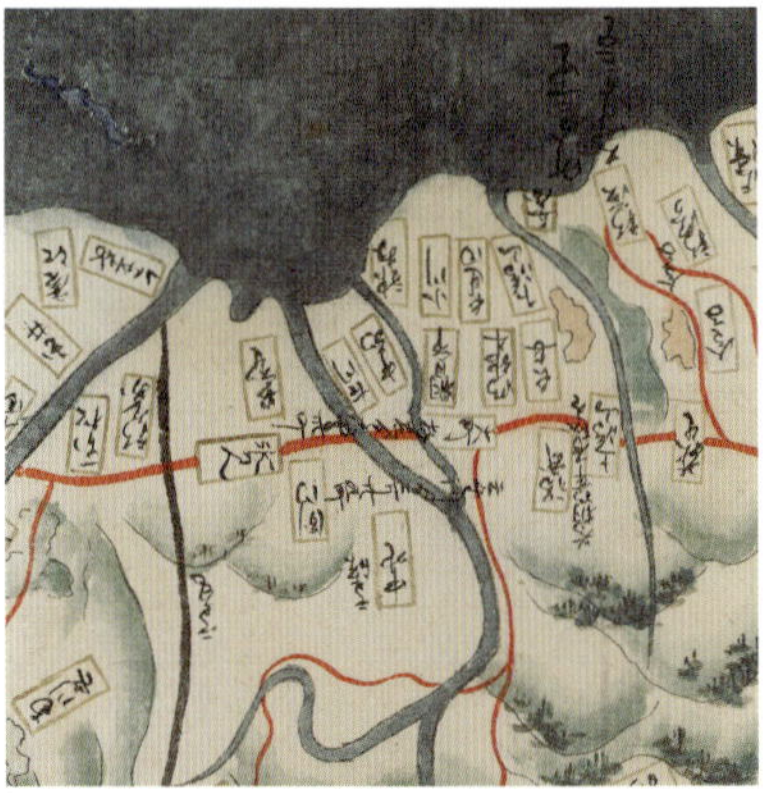

図2　新居郡の海岸部（「寛永伊予国絵図」）

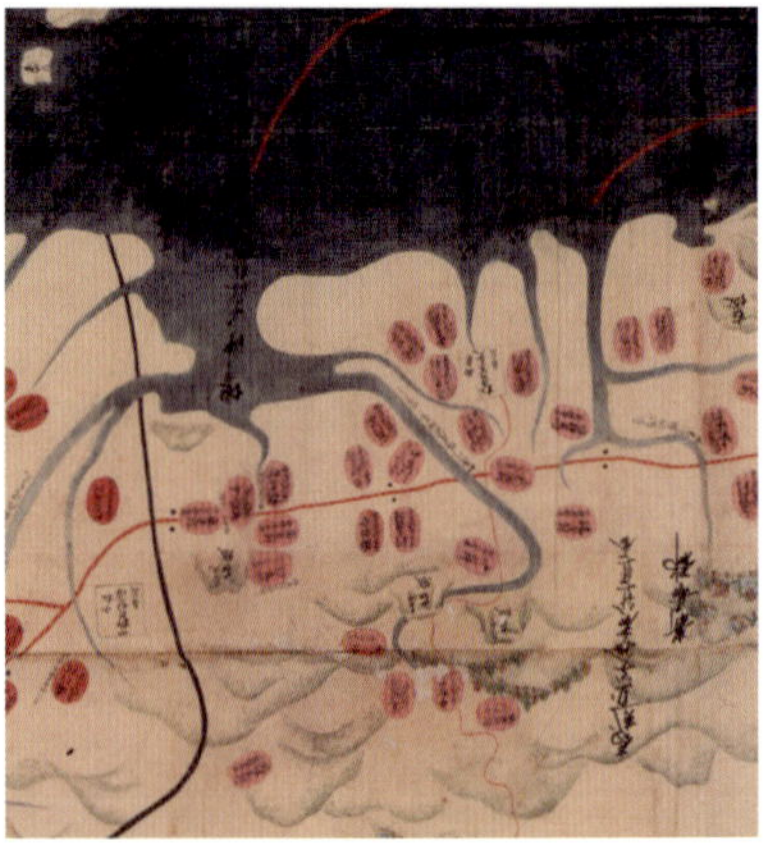

図3　新居郡の海岸部（「元禄伊予国絵図」）
愛媛県歴史文化博物館所蔵

『西條誌』には、中西村と中野村が加茂川の洪水の影響で古くに集落移動したことが記されている。中西村は南西に集落を移し、古川村は中西村と中野村の村域であった場所に集落を移したというのである。これらの記述から判断すると、寛永図は2つの村が集落移動する以前の状況が描かれていることになる。加茂川については、慶長年間に、讃岐広田村出身で大町村の光明寺に来住した僧常真の願いにより、加藤嘉明《よしあき》の家臣であった足立重信《しげのぶ》が現在の流れに改修したとされている。しかし、嘉明の後に松山藩主となった蒲生忠知時代の寛永図にも2筋の流路が描かれていることから、加茂川が現在の流れになるのは、それ以降の改修工事によるものと判断できる。

このように寛永図は、江戸初期における伊予の姿がリアルに表現された貴重な史料であり、今後もさまざまな視点で研究が進められることを期待したい。

八藩体制を描いた国絵図

最後に、寛永図の様式を用いながら後世にも絵図が作成されていることに触れておきたい。図4は絵図の大きさ、様式ともに寛永図に類似しているが、右側中央の所領記載からすると、伊予八藩が成立した寛文11年（1671）以降の状況を示していることになる。正保以降の伊予国絵図が縦横とも7ｍを超える巨大な絵図だったため、手軽に利用できる寛永図を転用した絵図が後世にもつくられ続けたのであろう。

松山藩主蒲生忠知の急逝で、寛永11年に松山城に在番した大洲藩主加藤泰興は、自らの風早《かざはや》郡内、桑村郡内の領地と松山藩領であった伊予郡内、浮穴郡内の領地の交換を幕府に願い出て許可される。大洲藩と松山藩の替地を経て、各藩の所領は次第に一円的なものへと集約されていく。図4には、その後200年近く続くことになる伊予八藩体制が映し出されている。

図4　「伊予国之図」愛媛県歴史文化博物館所蔵
「寛永伊予国絵図」をもとに作成されたもの。右側中央には、松山藩主、宇和島藩主、吉田藩主、大洲藩主、新谷藩主、今治藩主、西条藩主、小松藩主の名前が官途名とともに記されており、伊予八藩成立後の絵図と考えられる。村形を色分けすることで各藩の所領配置が描かれている。松山藩と大洲藩の替地後の状況が示されているものの、小松藩領、吉田藩領は色分けされていない。実際の絵図は寛永11～13年頃の所領配置を描いている可能性がある。

山論での土地把握に使われた資料

目黒山形模型と裁許絵図

上杉和央

江戸時代の3D

近年は平面的な地図を立体的に表示することが簡単にできるようになってきた。車に搭載されるカーナビでも立体表示機能を持つものがあるし、地図を鳥瞰図のように見せることのできるアプリも登場している。

また国土地理院の提供する「地理院地図」でもウェブ上で立体にする機能が備わっている。3Dプリンター用にデータを保存できるようなので実際に立体の地形模型にもできるようだ。技術のシンポもしくは処理速度のシンポには著しいものがある。

こうした地形模型の制作はいつの時代に始まったのだろう。3D化という点では地球儀もその中に入らなくもない。地球儀は紀元前には作られていたとされるが、日本で作られるようになったのは江戸時代になってからで、現存最古は渋川春海による元禄8年（1695）製のものである。

地球儀ではなく一定の範囲を地形模型としたものでみても、やはり日本で現存する最古級の模型は江戸時代となる。

江戸時代の地形模型は、現在のところ11点が知られている。そして、何を隠そう、そのうちの5点が伊予国に関わるものである。しかも、それらの多くは17世紀代に制作されており、現存する地形模型のなかでも古い時期に作られたものとなっている。

地形模型は大きく、土型を作ってそこに紙を張り付けることで地形を表現するタイプと、木を彫って地形を表現するタイプが確認されているが、伊予国に関する地形模型は、すべて後者に属している。

また、制作理由についてみれば、伊予国に関わる資料はすべて土地をめぐる争論にともなって制作されたものである。さらに言えば、これらの争論の当事者には、必ず宇和島藩が含まれている。つまり、伊予国に関わるといっても、地理的には南予に偏っていることになる。

目黒山形模型

伊予国に関わる5点のうち、ここでは「目黒山形模型」と呼ばれる地形模型を紹介しよう。この模型は現在、松野町にある「目黒ふるさと館」にて保管・展示されている（図1）。

ややいびつな形をしているが、長辺で約260㎝にもなる大きな地形模型で、全部で6つに分割できるようになっている。

対象となっている地域は

図１　松野町立目黒ふるさと館での目黒山形模型展示風景

鬼《おに》が城《じょう》山系だが、西は宇和島城下町、東は目黒川に沿って土佐国（高知県）との国境まで、南は土佐国境、北は現在の松野町役場が位置する松丸付近までが含まれる。

この地形模型は単体で伝来してきたのではなく、争論に関わって作成された多くの文書史料や絵図資料と一緒に伝えられてきた。平成19年（２００７）には、「目黒山形関係資料」として、国の重要文化財に指定されている。絵図には、争論の結果を示した「目黒山争論裁許絵図」と呼ばれる絵図や、目黒山形模型の下に敷く敷絵図があり、目黒ふるさと館では、これらの絵図の精巧な複製も見ることができる。

山論の資料と裁許

これらの資料が作られた争論とは、吉田藩領目黒村と宇和島藩領次郎丸村との間でおこった鬼が城山系をめぐる山論である。争論は明暦4年（１６５８）に始まったが、なかなか収まらず、寛文4年（１６６４）には幕府の寺社奉行に裁許を求めることになった。

その際、裁許を手助けする資料として山形模型の制作が指示され、江戸に送られた。確かに、現地を知らない寺社奉行が判断を下すに際して、地形を立体的に確認できる地形模型は、平面に表現される地図よりも有用だったに違いない。

一方の裁許絵図には、地図の中に墨線が引かれており、そこに印が押されてい

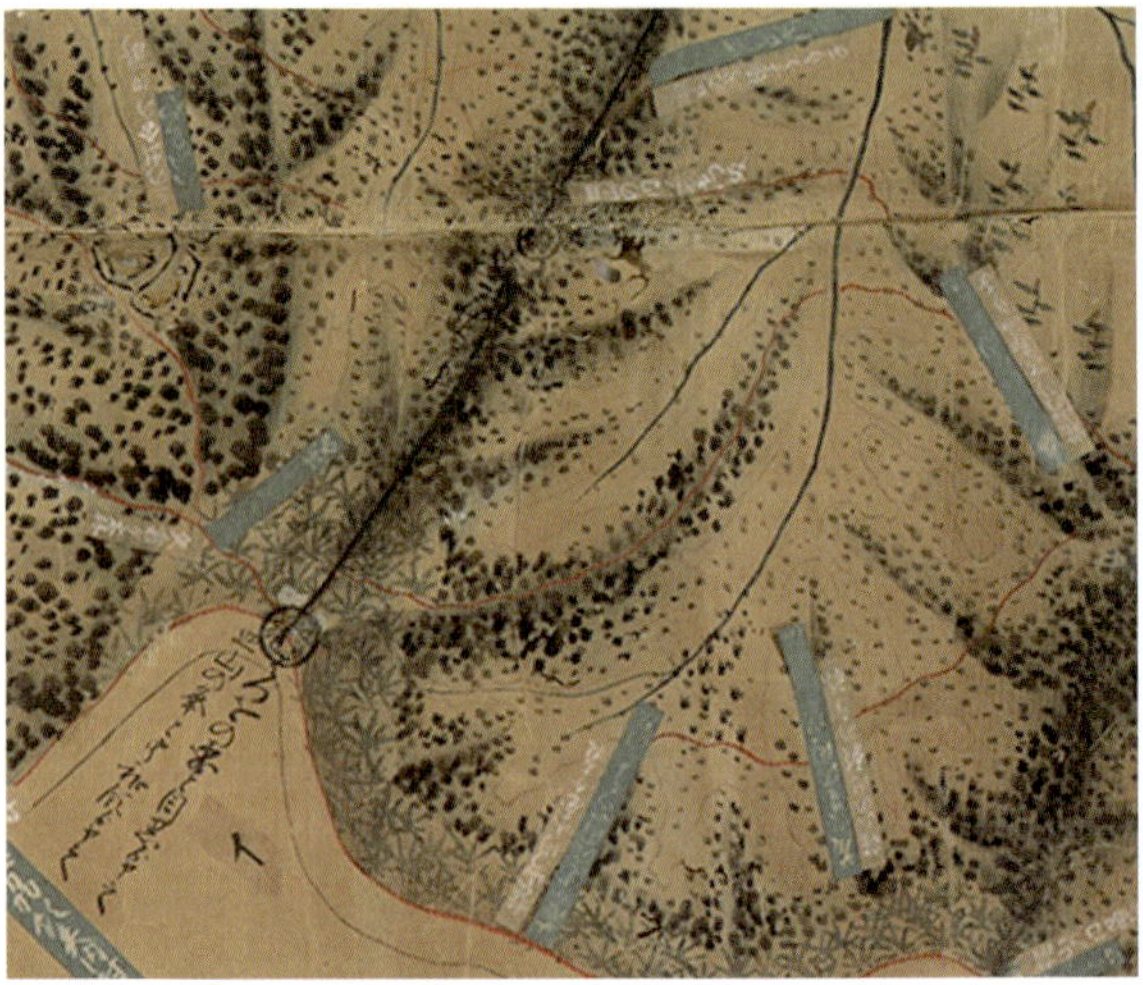

図２　「目黒山争論裁許絵図」（部分）松野町立目黒ふるさと館所蔵

る（図2）。これが裁許によって決められた両村（両藩）の境界線ということになる。

図2は墨線の始点付近を示しているが、そこには吉田領（目黒）側からは「はつをの森」と呼び、宇和島領側からは「皿山の峯」と呼ぶという注記がある。双方の地名のズレが裁許結果の理解のズレにならぬようにするためだろう。他の地名も併記されており、双方からの不満や誤解が出ぬように配慮されている。

ちなみに、裁許絵図の裏面には、裁許結果を双方とも順守するよう指示する「裏書」があり、そこにもはつをの森と皿山の峯は併記される形で登場している。

この時の境界線が、宇和島市と松野町との市町界としていまだに利用されているわけであるから、この判決は歴史的に重要な意味を持ち続けていることになる。

測量の方法

目黒山形模型はおよそ5900分の1の縮尺で作られている。精巧に作られているが、そこには現地の測量成果が活かされている。

測量結果を示した記録簿をみてみると、測量は山の尾根筋に杭を打ち、杭の間の距離と角度を順番に測っていく方法がとられている。これは廻り検地と呼ばれる方法で、江戸時代の地方《じかた》絵図の作製にはよく利用された測量術だ。

距離を測った道具は判然としないが、角度については、十二支の間が10分割される形で表現されているので、3度単位で計測できる小丸という道具が利用されたとみられている。

ちなみに、目黒山形関係資料は、小丸の使用を示す最古の資料となる。もちろん、あくまでも資料上の話であり、小丸はそれ以前から使われていたと考えるほうが自然だろう。ただ、17世紀中葉の段階で伊予国にまで小丸が広まっていたことを示してくれるという点で、この資料が貴重であることは間違いない。

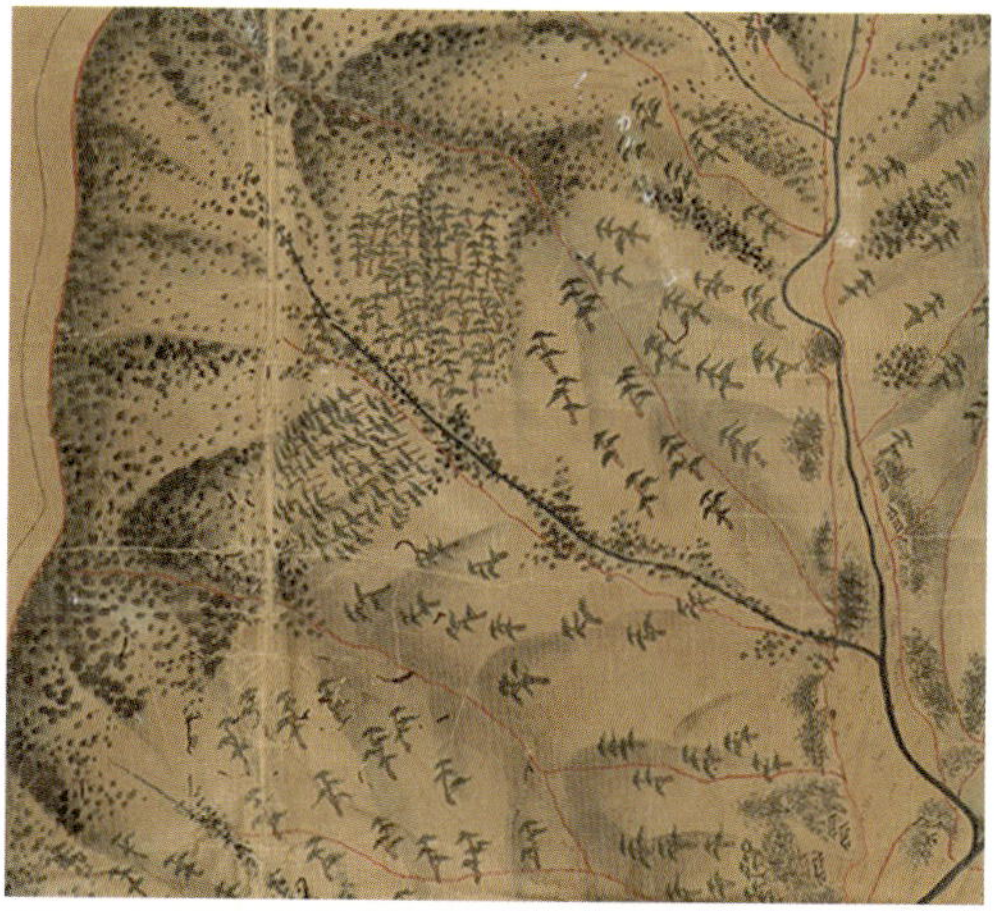

図３　「目黒山争論裁許絵図」（部分）松野町立目黒ふるさと館所蔵

図４　目黒山形模型（部分）松野町立目黒ふるさと館所蔵

山の利用

山形模型や裁許絵図を眺めると、植生の描き方に違いがあることに気がつく。

たとえば裁許絵図では、大きな松が独立して描かれている場所と、小さな松が群集している場所とがある（図3）。また屋敷地の背後などには、竹林と思われるものや、雑木林と思われるものが描写されている。それから緑色のドットで表現されるような場所もある。

こうした描き分けは、山形模型でも確認でき（図4）、基本的には同じ場所には裁許絵図と同じような表現がなされている。そうなると、これらは単なる省略や想像での彩色ではなく、当時の景観を表現しようとした結果だということになる。

山形模型を見ると、集落に近い里山とでも言うべき場所は、薄い緑地に松が点在するように描かれる。つまり松の疎林、もしくは草山といったほうがより適切な景観だった。それに対して、山深く入った奥山では、緑のドットが濃密に描かれ、より多くの木々が生える景観であった。

ただし、材木の伐採や山菜、薪炭の採取などは、こうした奥山でもなされたのであり、奥山にも何らかの形で人の手が加わっていた。人々は山を利用して生きていたのであり、だからこそ山林地は重要な生活の場であった。

この地で地形模型までも作るような激しい山争いが繰り広げられた背景には、こうした山と生活・生業の関わりがあったのである。そう思うと、山の景観を描き分けたのも、なるほど、と納得できる。

元禄伊予国絵図

井上 淳

元禄伊予図絵図の記録

寛永巡見使による国絵図収納の後、江戸幕府は、正保・元禄・天保の3度にわたり国絵図・郷帳の作製を諸大名に命じている。ここでは、宇和島藩の史料により、完成までのプロセスがわかる「元禄伊予国絵図」を取り上げる。

宇和島藩の史料は、「伊予国絵図之儀ニ付文通其外品々書付十七品入」（宇和島伊達文化保存会所蔵）と記された袋に収められている。この史料を基本に、各大名家の記録で補いながら、「元禄伊予国絵図」が幕府に献上されるまでの過程を追っていく。

絵図元の任命と準備作業

元禄10（1697）年閏2月4日、諸国主要大名の江戸留守居《るすい》が幕府の評定所に集められ、国ごとに国絵図の調進を受け持つ絵図元が内示される。8つの藩に分かれていた伊予の場合、最も石高の大きい松山藩の留守居が評定所に赴き、内示を受けている。「元禄伊予国絵図」は、松山藩主松平定直・宇和島藩主伊達宗贇《むねよし》・大洲藩主加藤泰恒・今治藩主松平定陳《さだのぶ》の4人が共同で受け持つ「相持」による作製で、松山藩が最後に各藩から提出されたものを一国にまとめる「清絵図受持」をつとめることに決まった。

絵図元の内示に関する情報は、2月10日には宇和島藩の江戸屋敷にも届く。その情報は国元にも直ちに伝えられ、3月5日には、「正保伊予図絵図」の宇和郡部分の控図が宇和島から江戸屋敷に送られている。5月には絵図の用紙の指定、図中の図示、記載要領を示した「国絵図仕立様之覚」が幕府から出され、国絵図作製の動きが本格化する。宇和島藩でも5月17日に、国境をめぐり土佐藩との係争地であった沖の島と篠山《ささやま》に関する一連の争論絵図を江戸に送るようにという指示を国元に出している。

宇和島藩の史料には、国絵図作製にあたり参考にした絵図の一覧がまとめられているが、そこには宇和島にあった正保図の控図をはじめ、元禄10年に幕府から借用して筆写した正保図写、沖の島争論裁許絵図写、目黒山争論裁許絵図写（本書・上杉和央「目黒山形模型と裁許絵図」参照）、篠山絵図、宇和島城下絵図、宇和島領内村々色分ケ絵図などが挙げられている。その他にも、正保の国境縁絵図など、土佐藩との国境の確定に関わる絵図が見出せる。「正保伊予国絵図」をベースに、その後に起きた土佐藩との国境争論の裁許結果もふまえながら、宇和島藩の国絵図改訂作業が進められたものと思われる。

国境をめぐる調整作業

　元禄12年に入ると、各藩が担当する下絵図が完成し、松山に集めて組み合わせることになっている。宇和島藩では、閏9月27日に「正保国絵図」からの変更点について、最終確認がおこなわれている。その結果、豊後国との間では日振《ひぶり》島の沖にある水子《みずのこ》島（大分県佐伯市）、土佐国との間では篠山と野井川村（西予市）の恵美須宮を「元禄伊予国絵図」の記載から削除することとされている。

　このうち、篠山は伊予と土佐の国境にそびえる標高1065mの山で、山頂付近に篠山権現、その神宮寺の観世音寺があった。篠山をめぐっては、宇和島藩と土佐藩との間で明暦2年（1656）から境界争論が起き、万治元年（1658）には宇和島側が現地の百姓の名で幕府評定所へ訴え出ている。この争論は、大洲藩主加藤泰興と今治藩主松平定房が調停する形で決着している。調停内容は、「宇和旧記」によると、篠山神社の領域は両国の支配とするというものであった。この調停結果にもとづき、元禄国絵図では、伊予側も土佐側も篠山への道筋を描かないことで協議が整っている。「元禄伊予国絵図」を見ると、実際には正木村（愛南町）から北側に篠山への登山道が延びていたが、その道筋が削除されたことがわかる（図1）。

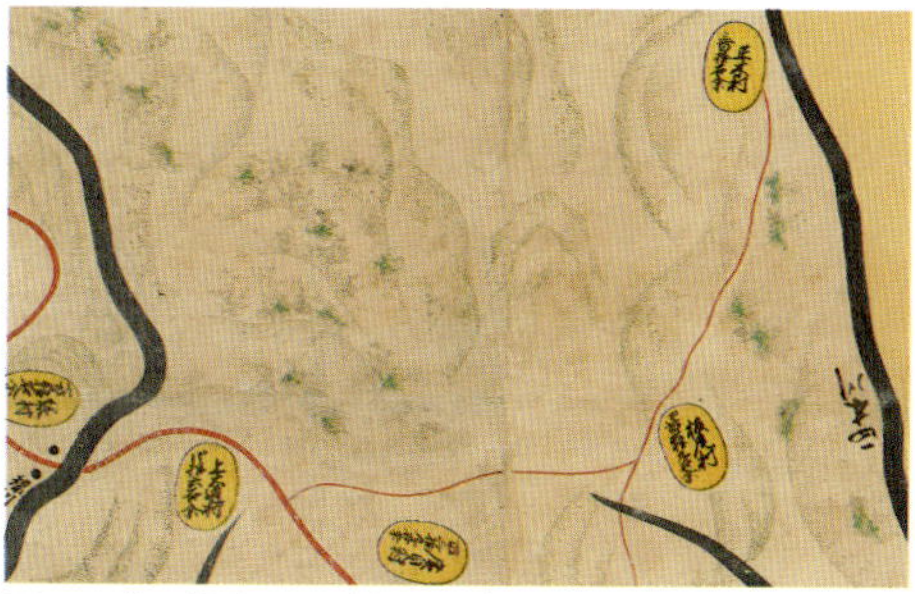
図1　「元禄伊予国絵図」（右上に正木村）

下絵図改

　このように隣国との国境をめぐる調整を重ねた上で、「元禄伊予国絵図」の下絵図が元禄13年に完成し、4月9日に江戸本郷の湯島にあった絵図小屋に持ち込まれ、幕府の絵図役人による点検がおこなわれている。絵図役人からは、「伊予国絵図は通常よりも大きな絵図にもかかわらず、詳細に吟味して入念につくられており、描き残しなども見当たらない」という言葉をもらっている。下絵図改が終わったことは直ちに絵図役人から国絵図の担当奉行であった若年寄の井上正岑《まさみね》に報告され、4月10日に井上の屋敷に下絵図が提出されている。4月14日には、井上の用人長浜治左衛門から連絡が入り、松山藩の江戸留守居と宇和島藩の国絵図担当者が出頭し、そこで下絵図について良い出来映えとの評価を得ている。

　当初、下絵図改は問題点が多く指摘され日数を要していたが、後半になると絵図元側でも他藩から情報を得たり、幕府に事前指導を仰いだりして、円滑に進められるようになっていった。伊予国絵図も下絵図改を問題なくクリアしたようで、そのことを見越していたのか、宇和島藩の担当者が藩の重臣に宛てた手紙には、下絵図改以前から狩野良信に秘かに清書作業を進めさせており、6月中旬には清書が完成する見通しと記されている。

国絵図の清書

諸国の国絵図は、一部を除き幕府御用絵師の狩野良信の手により2鋪ずつ清書された。宇和島藩の史料には、元禄13年6月の狩野良信から絵図元の各藩の担当役人に宛てた国絵図清書に関わる領収書の写しが含まれている。そこには、絵図の大きさが縦2丈4尺6寸5分（約7m47㎝）、横2丈4尺8寸5分（約7m53㎝）と記されている。縦横7m以上の伊予国絵図は、元禄国絵図のなかで最大であった。ちなみに、最小の壱岐国絵図は縦横2m余。比べてみると、伊予国絵図の大きさが際立つ。

清書代は1尺四方を1坪とする単価で算出されているので、巨大な伊予国絵図は費用がかさんだ。領収書をみると、坪単価が銀17匁5分で、伊予国絵図12225坪の総額が銀21貫437匁余と記されている。当時の公定相場では金1両が銀60匁に相当するので、金に直すと357両余。仮に1両を30万円で換算して、現代の金銭感覚で示すと、清書代は1億7110万円余となる。この金額を絵図元4人の大名が、それぞれの所領の石高に応じて負担しているのである。もちろん、清書代以外にも下絵図の作製などにさまざまな経費を要していたはずで、国絵図が幕府や藩をあげての国家プロジェクトであったことがうかがえる。

国絵図献上と控図作製

完成した伊予国絵図は、元禄13年6月19日に本郷の絵図小屋に持ち込まれ、再び絵図役人の点検を受けている。これが済むと井上正岑に献上を願い出て、6月22日に絵図元4藩の江戸留守居が揃って国絵図を幕府評定所に持参、担当奉行4人の最終的な点検を経て、完了している。宇和島藩の担当役人の手紙には、「何《いずれ》も役人中も安堵」とその心境を書き記している。

これで3年余りを要した国絵図作製は終わったが、次の改訂に備えた作業が残っていた。幕府に献上した国絵図の控図の作製である。図2は、宇和島藩が作製した「元禄伊予国絵図」の控図に当たるもので、絵図元として担当した宇和郡だけが描かれている。絵図の余白部（畾紙《らいし》）には、元禄15年閏8月の年紀とともに、宇和郡の村数・郡高と宇和島藩領と吉田藩領の内訳、江戸・大坂・伊予の主要城下から宇和島までの海陸道程などが記されている。幕府に国絵図を献上してから、2年余り後に作製された絵図であることがわかる。

八幡浜を付け根に南西方向に直線的に突き出した佐

田岬、複雑な入り江が混じった宇和海リアス海岸など、宇和郡の地形について違和感なく捉えており、「寛永伊予国絵図」（11ページ）と比べると、地図としての精度が格段にあがっている。宇和郡の村々については、楕円形の村形の中に村名と村高を記し、宇和島藩領の村を黄色、吉田藩領の村を赤色で塗り分け、容易に判別できるようにしている。街道は本道を太く脇道を細く朱線を引き、道筋をはさむ両側に黒丸点を置き、その間が1里であることを示している。要所には「大かんとう坂」といった峠名のほか、「此間坂道悪し」など、道の状況が記されている。海には宇和海沿岸部と島を結ぶ航路が張り巡らされていることがみてとれる。

「元禄伊予国絵図」が村形を郡ごとに塗り分けるのに対して、図2は所領ごとの塗り分けにするなど、使いやすさを考慮して改変している部分はみられるが、国絵図の完成形が示されている。美麗な極彩色の表現など、献上図と共通する部分も多く、控図とはいえ、正本の豪華さがうかがえる貴重な史料といえる。

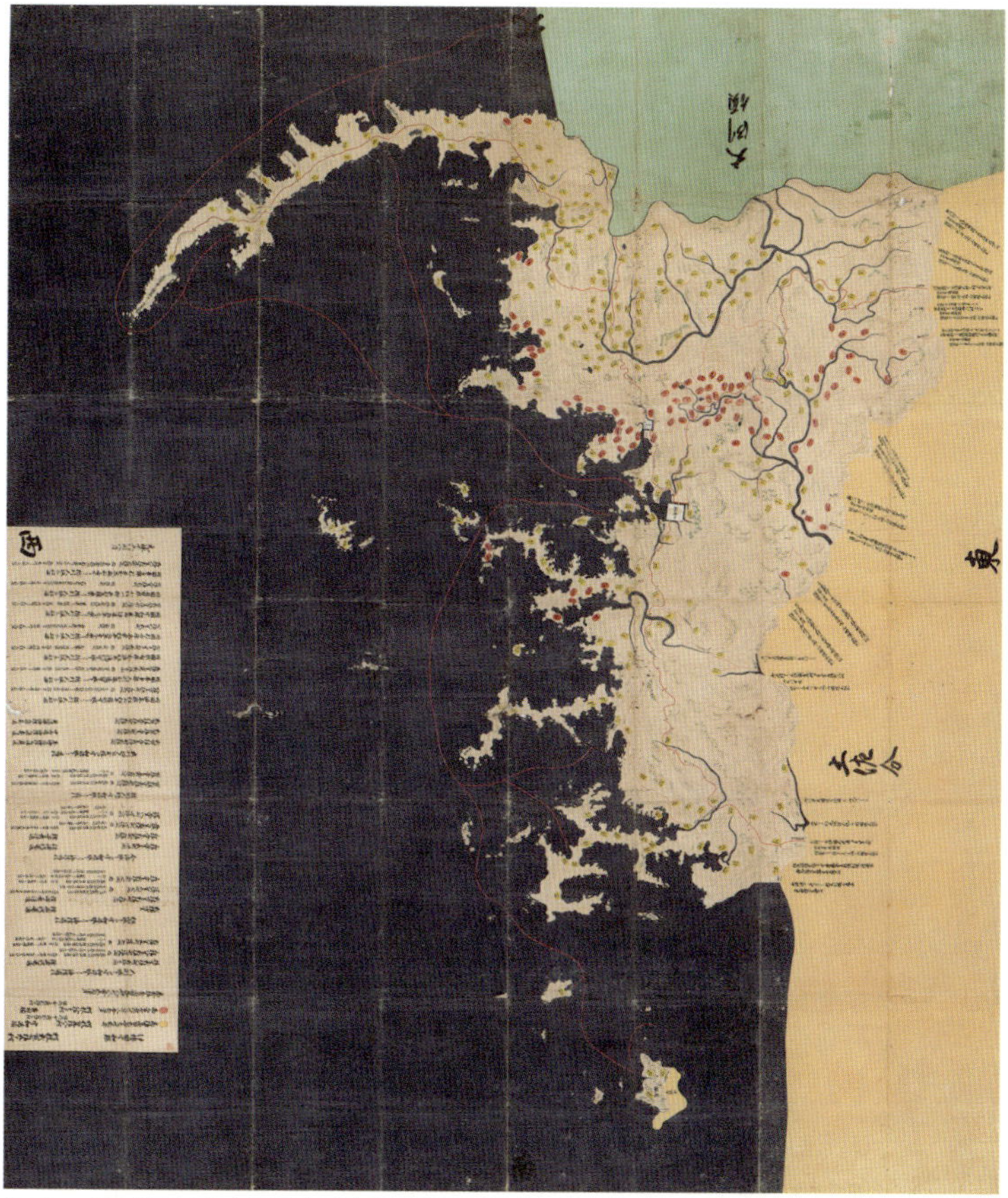

図2　「元禄伊予国絵図」（宇和郡）元禄15年（1702）愛媛県歴史文化博物館所蔵　宇和郡のみの部分図にもかかわらず、南北476㎝、東西411㎝の大きさ。

宇和島藩の測量家小川五兵衛、五郎兵衛の足跡

宇和島藩の測量図

井上淳

伊能忠敬の四国測量

伊能忠敬による全国測量は、寛政12年（1800）に蝦夷地（北海道）で始まった。当初は忠敬の個人事業としておこなわれたが、文化2年（1805）の第5次測量の畿内・中国地方から幕府の直轄事業となり、測量先の諸藩の受け入れ態勢が強化され、さまざまな協力が得られるようになっていく。

忠敬が四国を廻ったのは、文化5年の第6次測量の時である。忠敬の四国測量にあたり、伊予の諸藩でも、人馬や船の提供、測量機器の運搬、土地の地理案内などの協力をおこなった。

また、諸藩では測量が円滑に進むように、事前に領内の下改をおこない、絵図を作製して測量隊に提出している。この絵図の事前提出は、それぞれの藩の測量技術が試されるものでもあった。こうした下改の絵図を作製した測量家に宇和島藩士小川五郎兵衛がいた。

絵図巧者、小川五兵衛

宇和島藩では、江戸時代中期以降、多くの絵図が作製されたが、この事業で大きな役割を果たしたのが小川五兵衛、五郎兵衛の親子であった。

まずは父親の小川五兵衛から紹介したい。初め祐右衛門、次に三郎右衛門、寛政8年（1796）以降に五兵衛を名乗っている。明和2年（1765）に鉄砲組に入り、その頃、藩の測量家渡辺真之丞の手伝いを命じられている。同7年に御城下組絵図を完成させ郡所に提出し、その出来映えが評価され、米3俵が賞与されている。安永4年（1775）には川原淵組絵図を完成させ、再び米3俵が賞与されている。その後も五兵衛は宇和島藩による絵図作製に携わり、絵図巧者として名が知られ、寛政6年には、豊後府内藩士佐藤圓吉が測量術を修行するため入門している。同7年に郡奉行配下の中見役に移り、享和3年（1803）に亡くなっている。

小川五兵衛の川原淵組絵図

宇和島藩では藩領内を10組に分けて、組ごとに代官を配置して、郷村支配をおこなっていたが、そのうちの川原淵組の村々に関する村絵図がまとまって伝来している。

図1はそのうちの1枚、広見《ひろみ》川の下流域に位置する村高が206石余りの小西《こにし》野々《のの》村（鬼北町）の絵図である。下側の余白には、村の中央を貫く幹線道路について、南側の岩谷《いわや》村の村境

から北側の小倉《おぐわ》村の村境に至る距離が記されている。

絵図は山が緑色、田が黄色、畑が桃色、川・用水路・溜池が水色で色分けがされており、土地利用の在り方がうかがえる。村の東を流れる広見川が形成した河岸段丘上と西側の谷間の一部に田が見られる一方、集落周辺や水掛かりの悪い西側の谷間の土地は畑になっている。北側には屋敷林を背景に長屋門と2棟の蔵を備えた庄屋所がある。庄屋所前の道を下り、幹線道路と交差したすぐ北側には、宇和島藩の法令などを村人に周知するために設けられた制札場が描かれている。制札場のすぐ裏手を流れる鏡川には、井堰が設けられているが、その脇には取水口があったものと思わ

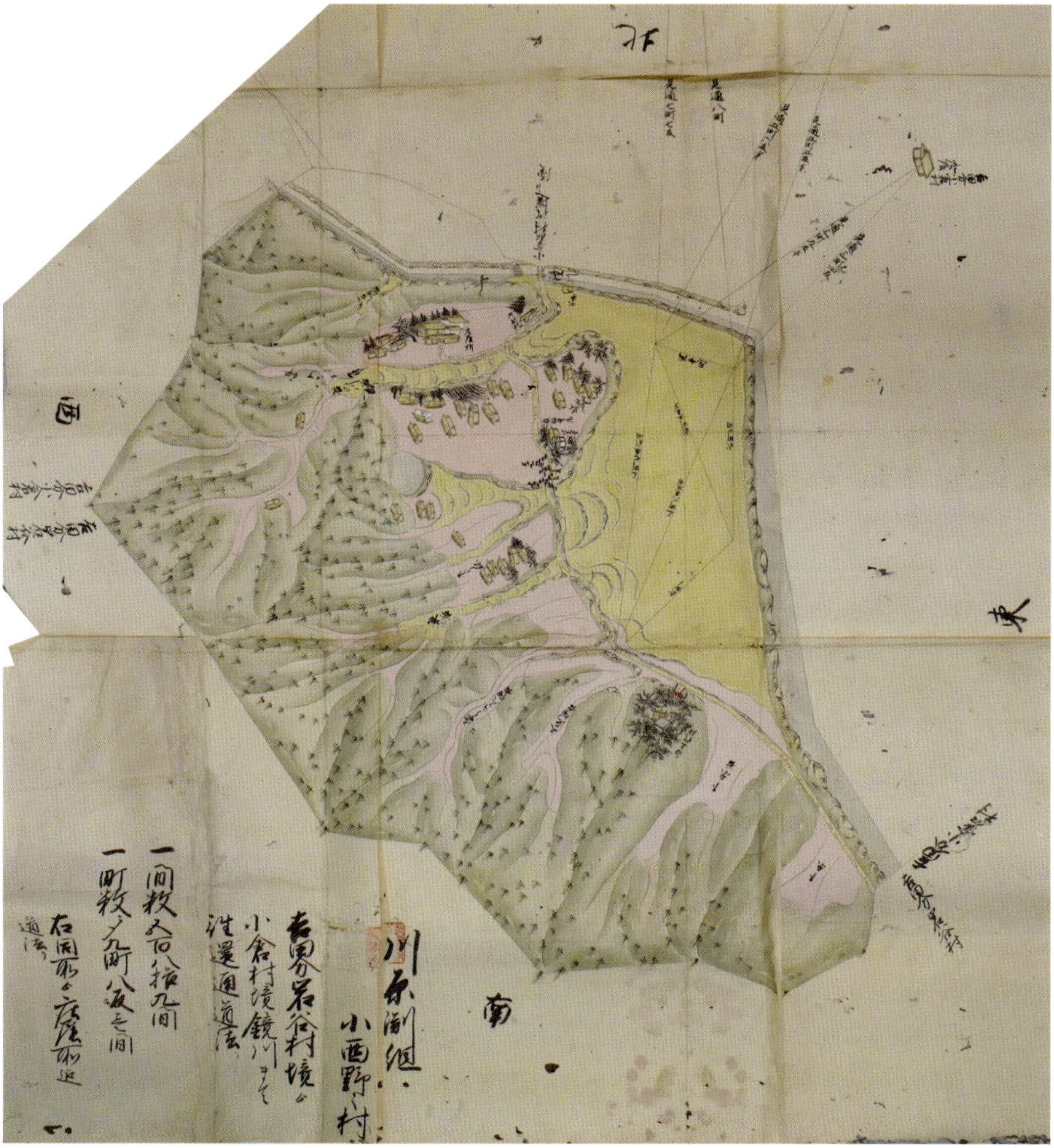

図１　「小西野々村絵図」（部分、安永４年〔1775〕頃）愛媛県歴史文化博物館所蔵

れる。そこから取り入れた用水は、河岸段丘上の田の一部を潤すとともに、すぐ東側に描き込まれた水車小屋の水車を動かす動力としても活用されていたのであろう。

村の中央に長福寺庵・地蔵堂、南側に白王権現があるほか、北側の山際を中心に27戸の茅葺き屋根の農家が散在している。宇和島藩領の村々の数量的なデータを克明に記録した「大成郡録」に宝暦7年（1757）の戸数が31戸とあることから、村人の住居の位置を正確に描写したものと見なせる。

「小西野々村絵図」は、江戸時代に一般的な絵画的な表現がされているが、その一方で測量線が引かれており、採寸すると2寸1町（約1800分の1）の分間図になっていることがわかる。川原淵組の村絵図は、いずれもこの「小西野々村絵図」と同様の絵画表現が採られ、しかも土地利用の色分けもまったく同じであることから、ほぼ同時期につくられたものといえよう。その作製時期はいつぐらいに求められるのか。絵図に記された村名に着目して考えてみたい。

「松丸村　為和井《いわい》村共」と記された絵図がある。松丸村（松野町）は、吉野川中流域の盆地に位置する村で、村域には戦国時代に河原淵教忠《のりただ》の居城であった河後森《かごもり》城跡がある。江戸時代には村として把握されていたが、川原淵組の中心地、在郷町としても栄えた。

絵図には為和井村の名前も記されているが、為和井村は吉野川の右岸、松丸村の東に立地する。この土地は、寛永年間に開発が計画されたものの成功せず、慶安元年（1648）になり再開発され、岩熊新田として成立する。「大成郡録」では岩熊村の名前で記載され、「松丸村庄屋新城市兵衛支配」とあり、松丸村に付属していたことがわかる。その後、岩熊村は安永2年（1773）になり、為和井村と村名を変えている。そのことから、為和井村の村名が記された松丸村絵図は、安永2年以降のものと限定できる。

もうひとつ、作製年代が限定できる絵図として、樫谷村絵図がある。樫谷村は吉野川の支流堀切川に沿う谷間の村で、松丸村の南に位置する。この樫谷村も村名を改称した村であり、天明2年（1782）に富岡村と名前を変えたことが記録されている。樫谷村の名称が使われた絵図は、天明2年以前のものといえる。

2点の絵図から、川原淵組の村絵図の作製年代が、安永2年から天明2年までのわずか10年間に絞り込まれることになる。まさしく小川五兵衛が絵図巧者として活躍した時期に当たる。また、先述したように、五兵衛は安永4年に川原淵組絵図を完成させたとされているが、その絵図とは、「小西野々村絵図」をはじめとした川原淵組に属する村々の村絵図と考えても差し支えないだろう。伊能忠敬による四国測量以前の宇和島藩の測量技術を示す絵図として貴重なものといえる。

小川五郎兵衛と伊能測量

小川五郎兵衛は、当初與《よ》四郎《しろう》を名乗っていたが、文化5年（1808）に五郎兵衛と改名している。諱《いみな》は久忠である。享和3年（1803）に父五兵衛の跡を継いで中見役となり、その測量技術も引き継ぎ、伊能忠敬の四国測量に対応している（図2）。

宇和島藩の記録によると、文化3年6月2日に、中見與四郎に対して、測量御用絵図の作製が命じられている。御用絵図とは、伊能測量隊に事前に提出する下改の絵図と考えられる。10月15日には、與四郎に預けられた足軽から中見手附という扱いで絵図作製を手伝うことに対して、反発が起きたことが記されている。絵図御用を「火急の儀」としており、足軽を動員して測量が急ピッチで進められていた様子がうかがえる。次いで、土佐との国境がある沖の島を調査するにあたり地元と調整する記事が文化4年3月にあり、この頃に御用絵図の作製は、大詰めを迎えていたものと思われる。そして、8月10日、與四郎を含めた御用絵図の担当者に賞与が出ているので、絵図はこの頃に完成したものとみられる。ちなみに、伊能測量隊に提出した絵図は海岸測量図であったと考えられているが、残念ながら伝存していない。

文化5年に伊能測量隊による四国測量が始まり、6月25日に宇和島藩領に入ると、五郎兵衛は郡方下役として出迎えている。それ以降、忠敬の測量日記には、五郎兵衛の名前が度々書き留められている。閏6月16日には、五郎兵衛を相手に日振《ひぶり》島とそのすぐ北に位置する竹ケ島、沖の島の測量がおこなわれており、五郎兵衛が助手として、忠敬の測量技術を目の当たりにする機会があったことがうかがえる。7月24日に測量隊は、宇和島藩領分の測量を終えているが、五郎兵衛は暇乞いに出て、忠敬を見送っている。

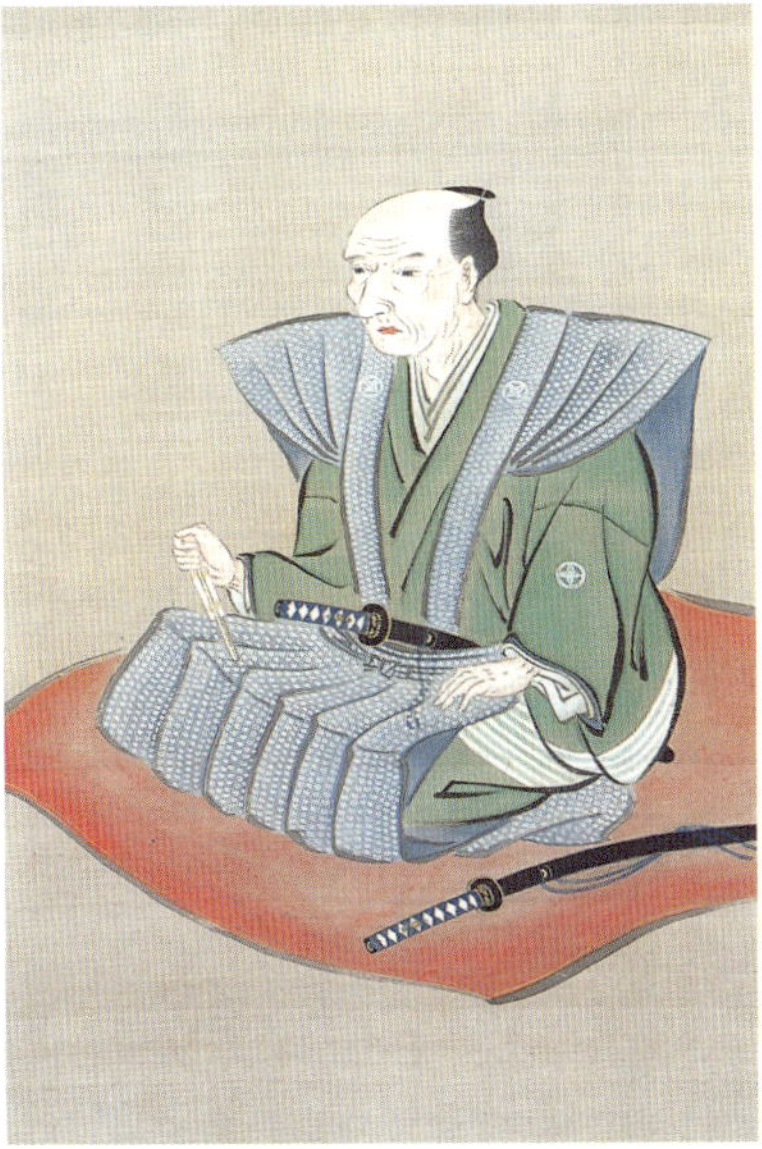

図2　伊能忠敬像（部分）千葉県香取市伊能忠敬記念館所蔵
描いたのは忠敬の門人で、四国測量にも参加した青木勝次郎。

測量技術者の組織化

伊能忠敬の四国測量後、小川五郎兵衛は、測量技術者として実績を重ねていく。文化10年（1813）閏11月17日には、俵津《たわらづ》浦（西予市）の分間絵図の完成を受けて、担当した五郎兵衛等を取り立てることが確認されている。また、文政2年（1819）にも、絵図の作製で藩に貢献していることを理由に、五郎兵衛と彼に学ぶ測量技術者を取り立てることが郡奉行に通達されている。郡所の幅広い仕事の中で、測量図の作製はこれまでひとつの仕事に過ぎなかったが、五郎兵衛の優れた技術が途絶えないよう郡奉行に特別に指示が与えられているのである。五郎兵衛とその門人が、測量技術者として郡所から自立するとともに、組織化されていく動きと評価できる。

　それでは、宇和島藩が五郎兵衛に作製させた絵図とは、どのようなものであろうか。図3は、宇和島藩領の東山田村、野田村、伊賀《いが》上《じょう》村の3カ村と吉田藩領の俵津浦（西予市）との村境をめぐる争論の裁許絵図である。その裏書には、文政4年6月の年紀とともに裁許結果が記され、宇和島藩の郡奉行、代官、3カ村の庄屋が連印している。裏書によると、争論の発端は文化6年の草苅をめぐるものであり、解決までに12年近くを要している。この間の文化10年に五郎兵衛が俵津浦の分間絵図を完成させているが、時期から考えると、分間絵図は、争論の解決のために作製された可能性が高い。裁許絵図も分間絵図と一連のものであり、宇和島藩が吉田藩との境界を確定すべく、五郎兵衛に命じて作製させたものといえよう。

　右下には、長屋門や蔵を備えた庄屋所と数々の茅葺きの民家が見える。俵津浦の集落である。その背後に広大な村域が広がるが、田、畑、荒田、山が丹念に色分けされており、土地利用の在り方を示している。村内の道だけでなく、背後の山を越えて村外に至る尾根道が朱線で表現されているほか、田に水を供給した用水路も細かく描き込まれている。争点の村境に近い山側では、岩などの特徴的な景観を写実的に描き、3カ村側が呼ぶ地名を墨書、俵津浦側が呼ぶ地名を朱書で併記している。山側には、複雑に折れ曲がる白線が見えるが、この白線が3カ村側の主張する村境であった。一方、俵津浦は絵図全体に描かれている範囲を村域と主張しており、両者の認識には大きな隔たりがあった。

　そこで、白線から上側をいずれにも属さない間地として、双方が草木を刈り取ることができる入会場とすることで、争論は決着をみている。俵津浦では間地となっている土地も開発して田にしていく動きがあったが、結果としてそれらの耕地は放棄され、荒田とすることになっている。村と村、藩と藩の利害が、鋭く対立

していることがうかがえる。また、白線の部分を見ると、無数の番号が付されていることに気づく。裏書には、俵津浦と間地との境界に248本の立石を設置し、5番目ごとの石に数字を刻んだとある。この立石が裁許絵図に細かく表示されているのである（図4）。そして、立石の間には鍬目が入れられ、境界を厳密に確定している。間地と3カ村との境にも、「水分レ」と刻んだ立石が2本ずつ5カ所に設置されるとともに、桜が植えられている。

図3には、複雑な境界を確定し、写実的な表現で絵図に記録した、五郎兵衛の高度な測量技術、絵図の作製能力が随所に見られる。五郎兵衛は天保13年（1842）に亡くなるが、宇和島藩が測量技術の継承に努めたこともあり、その後も門人たちの手により、藩領絵図、海岸絵図、城下絵図、村絵図など、多彩な絵図が生み出されていくのである。

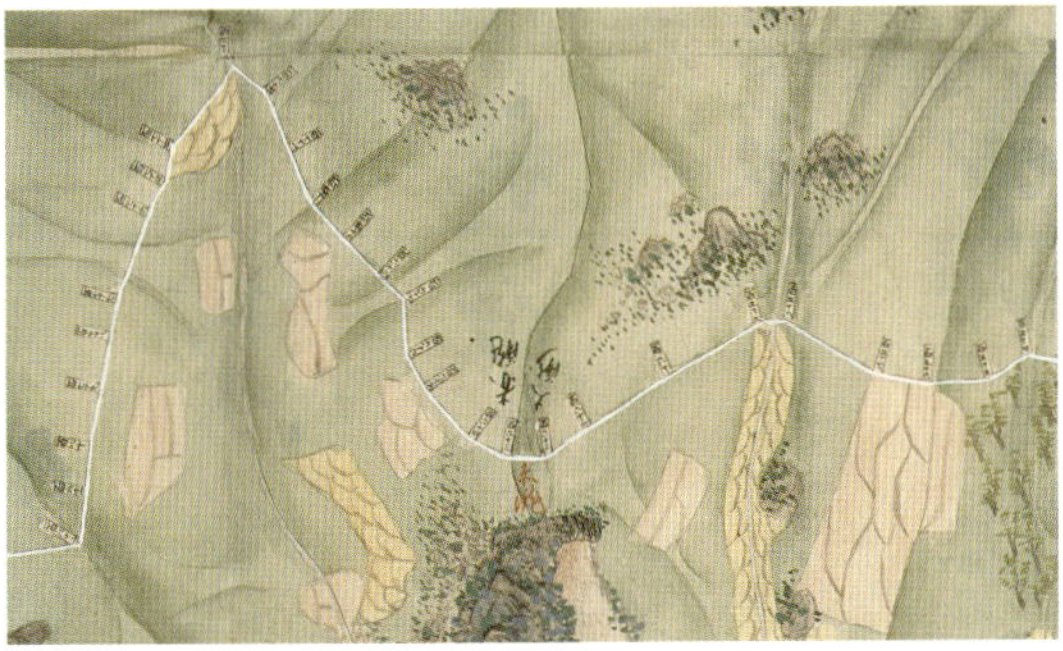
図4　立石の描写（部分）

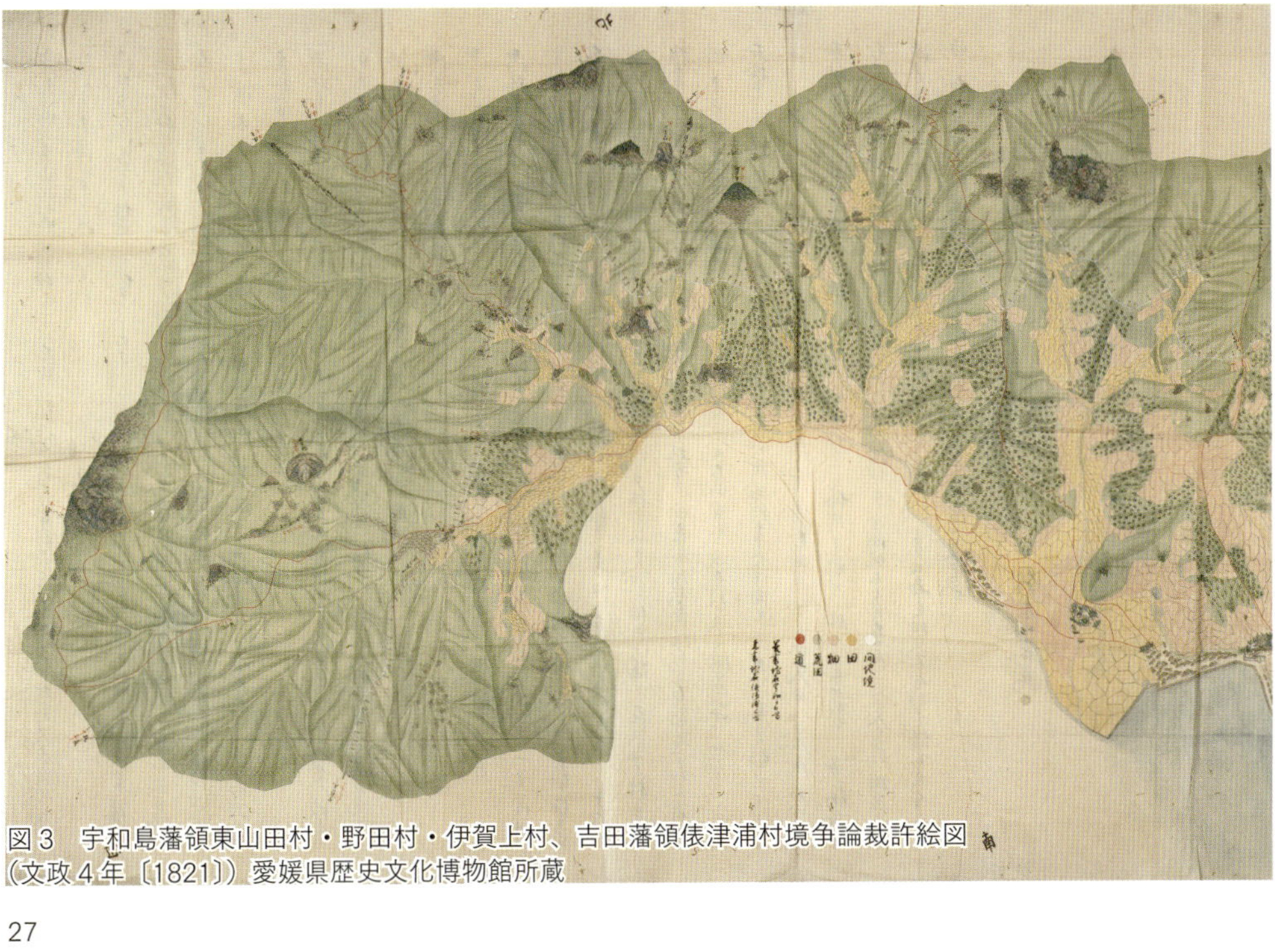
図3　宇和島藩領東山田村・野田村・伊賀上村、吉田藩領俵津浦村境争論裁許絵図（文政4年〔1821〕）愛媛県歴史文化博物館所蔵

大洲藩の測量図

井上 淳

「規矩術学者略伝」

「伊予人物伝資料」は、大正3年（1914）創立の伊予史談会が、郷土の先人について調査・収集した資料をまとめたもので、重要な人物に関する古文書・碑文・履歴などを筆写した資料が多く収録されている。その中の1冊に、「規矩《きく》術学者略伝」（以下、「略伝」）とタイトルが付けられた謄《とう》写《しゃ》版が綴られている。

「略伝」は、大洲出身の国学者、矢野玄道《はるみち》の子孫に当たる矢野真杖が記したものである。矢野家には3点の測量器具が伝存しており、昭和5年（1930）にその調査のため九州帝国大学教授であった岡田陽一が訪れている。岡田はその精巧な測量器具について海外の学会で発表したいとして、それを使っていた人物の学統と略伝の調査を矢野に依頼、矢野の手によりまとめられたのが「略伝」である。そこには、小川五郎兵衛（久忠）–東寛治（直真）–矢野道正–矢野玄道という測量技術者の系譜が記されているが、その内容に入る前に、矢野家に伝わった測量器具について紹介したい。

矢野家伝来の測量器具

3点の測量器具は、大洲藩主加藤家の家紋である蛇の目紋が扉に施された木箱に収納されている。内部は3段になっており、それぞれの段に測量器具が外箱に入って置かれている。いずれも真鍮製で、外箱の表には名称、裏には「文化十四丁丑歳九月成製　大西太平次正雄（花押）」の墨書がある。

図1は外箱に「地平経儀」と記されているが、一般には「小方儀《しょうほうぎ》」、「彎窠羅《わんから》針《しん》」と呼ばれ、簡便で正確に目標物の方位を測定できる器具である。磁針と方位を示す文字盤が見当たらないが、子丑寅に対応する12方位の中がさらに30等分されて、つまりは1度ずつの目盛が刻まれており、細かく方位が測定できるようになっている。

樫の木でつくった杖を地面に立て、その先に小方儀を付けて使用したが、携帯にも操作にも便利な測量器具であったため、伊能忠敬の測量で最もよく用いられた。柄の部分には、製作者の「大西正雄」の名前が刻まれている。

図2は外箱に「半円器」とあるが、一般には「半円方位盤」と呼ばれる。半円の180度に対して、1度ごとに目盛が刻まれている。その目盛の間には斜めの対角線が施されており、1度の6分の1に当たる10分ま

図1 地平経儀 文化14年（1817）
大洲市立博物館所蔵

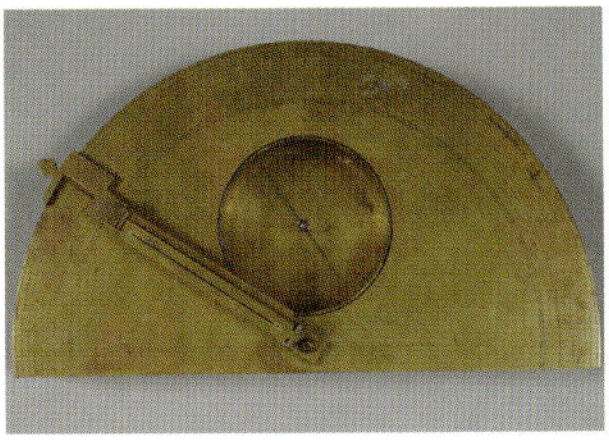
図2 半円器　文化14年（1817）
大洲市立博物館所蔵

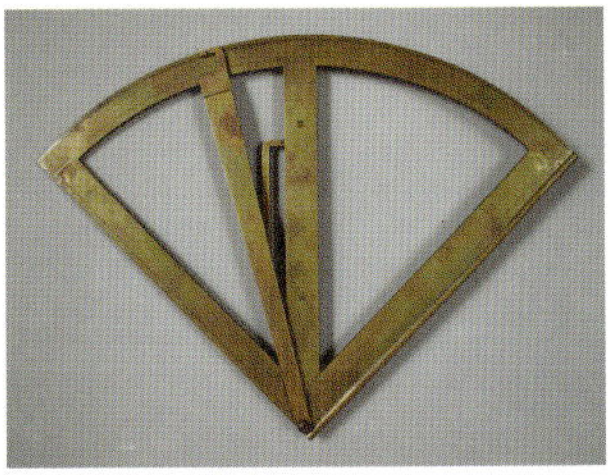
図3　象限器　文化14年（1817）
大洲市立博物館所蔵

でを測定することができた。

三脚の台上に水平に設置後、磁石の針で北を定め、視準器で目標物を捉えて方位を読み取る。小方儀に比べると盤面を大きくとることができるため、方位をより精密に測定するのに適していた。

図3は外箱に「象限器」とあるが、その大きさから坂道などの土地の傾斜を測定するのに用いられた小型の象限儀《しょうげんぎ》と考えられる。90度に対して1度ずつの目盛が刻まれており、坂道の傾斜角を測定してから距離を測ると、三角関数表を活用することで坂道の水平距離が導き出せた。本資料の裏面にも、「正雄（花押）」と製作者の名前が小さく刻まれている。

これらの測量器具は、いずれも伊能忠敬が用いたものと同じ造りとなっている。忠敬は当時一般的だった木製のものは使用せず、京都の戸田東三郎や江戸の大野弥五郎・弥三郎父子に指導し、西洋のものを参考に精巧な金属製の測量器具を製作させている。忠敬らが「大日本沿海輿地全図」を完成させた文政年間（1818〜30）には、大野の他にも測量器具の製作者が現れ、一般向けの販売も始まる。

しかし、矢野家に伝わった測量器具は、一般に普及する直前の文化14年（1817）に製作されたことが明記されている。製作者の大西正雄については不明であるが、大洲藩の金工家とする文献もあり、それに従うなら、測量器具は地元で製作されたことになる。伊能忠敬の文化5年の四国測量で影響を受けた測量家が、地元で製作させたことが想定できよう。

忠敬の影響を伝える算術書

四国測量において、伊能忠敬が地元の測量家に与えた影響が実際にうかがえる史料はあるのであろうか。

矢野家については、以前に史料調査がおこなわれており、その成果が謄写版で「矢野家蔵品目録」としてまとめられている。目録をめくっていくと、「伊予大洲大西政雄在銘」とする「測量機」が54番目に登場し、55番目に8冊の書物が列記されている。その筆頭は、江戸時代の測量術諸派のなかで最も大きな流派であった清水流の測量術書であるが、多くは伊能忠敬が測量時に携帯していた割円《かつえん》八線表（三角算数表）に関する書物である。

　そして、そのうちの1冊、「割円八線図解附録」には、文化9年（1812）の年紀とともに、大洲藩士東寛治による奥書があることが記録されている。その奥書とは、「右者文化五年地理測量として天文方伊能氏忠敬廻浦之砌宇城之士小川久忠義伝受する所の割円八線表之意味也、我又今年八月中旬宇城へ越へて久忠より伝受す」というもので、割円八数表が、四国測量時に忠敬から宇和島藩の測量家小川五郎兵衛に贈られ、その4年後に小川から東に伝授されたことを伝えている。それをもとにして、東が初心者に向けて個別の術ごとに註を付け加えたものが「割円八線図解附録」であると奥書は続く。

　いずれにしても、ここに伊能忠敬と宇和島藩の測量家小川五郎兵衛、そして間接的ではあるが、大洲藩士東寛治との間に測量術をめぐり交流があったことが明らかとなる。傾斜のある坂道について、忠敬は携帯用の小象限儀《しょうしょうげんぎ》で勾配を測り、割円八線表により平面距離に変換していた。その割円八線表を地元の測量家に伝えていたのである。それでは、矢野道正・玄道親子の師であった東寛治が、大洲藩の測量家としてどのような生涯を送ったのか、いよいよ「略伝」の内容に踏み込んでいきたい。

大火後の「大洲城下絵図」

　岡田陽一から調査を依頼された矢野真枝は、当時大洲町三の丸に住居していた東寛治の子孫の家を訪ね、残されていた東家系図を原文のまま書き写し、「略伝」としてまとめている。東寛治に関する詳細な履歴である。

　東寛治（直真）は安永2年（1773）に、東寛治（直昌）の実子として生まれている。幼名は竹五郎、諱《いみな》は直真。幼くして父親と死別、同7年に6歳で家督相続し、1人扶持が与えられている。天明4年（1784）、11歳で会所御勝手詰となり、同5年に1人扶持、同8年に切米5石が加増されている。

　東の大きな転機となったのが、寛政4年（1792）、絵図方見習として岡田藤九郎に入門したことである。同年には会所書役を命じられているので、その仕事のかたわら岡田のもとで測量術を学んだものと思われる。そして、同11年8月13日には会所書役を免じられ、絵図方専属を命じられている。

　東が絵図方に専念することになったのは、7月21日に起きた大洲城下の大火が関わっていた。午後1時頃、柚木《ゆのき》村の如法寺《にょほうじ》下から出火、烈風にあおられた火は瞬く間に燃え広がり、二重櫓1棟、三の丸の武家屋敷10軒、その他の武家屋敷や奉公人の居宅200軒余、町家624軒を焼失する大火となった。

　図4は東が作製した大洲

城下の測量図で、寛政11年12月の年紀とともに、「東直真謹図」と端書が添えられ、絵図がつくられた経緯や縮尺などが示されている。そこには、大火後の復興にあたり、武家屋敷や市中の道路の変化を記録するため、藩命により絵図が作製されたことが記されている。肱《ひじ》川《かわ》の南側の城下を限り、間縄を引いて距離を測り、磁石で方位を知り、東寛治は、1歩1間（約600分の1）の縮尺で絵図を仕立てている。周囲の寺社については、縮尺にこだわらずに、それぞれの建物の特徴を絵画的描写で表現している。「大洲城下絵図」は、東寛治の最初期の作品と思われるが、確かな測量技術と優れた描写力で、測量家としての力量がうかがえる。

図4　「大洲城下絵図」（寛政11年〔1799〕）大洲市立博物館所蔵
方位は西が上

「大洲領沿海図」の作製

寛政12年（1800）、東寛治は宇和島の西江寺《せいごうじ》に滞在し、宇和島藩の測量家小川五郎兵衛に入門している。小川のもとでさらに測量技術を磨き、規矩元法の免許皆伝を受けて大洲に戻っている。

文化2年（1805）に会所書役に復帰、1石の加増を受けた後、同5年には伊能忠敬の四国測量を迎えている。伊能測量隊には、各藩から下改の絵図が事前に提出されたが、大洲藩でも東に藩領の海岸部を測量した下改の絵図の作製が命じられている。

3月29日に大洲を出発した東は、長浜（大洲市）から14㎞離れた伊予灘に浮かぶ青島（大洲市）に渡海、測量をおこなっている。それから櫛生《くしう》（大洲市）に取って返し、その南に位置する出《いず》海《み》（大洲市）から測量を再開、4月1日にかけては伊予灘沿岸を北東に進み、吾《あ》川《がわ》（伊予市）までを終えている。その後は大洲藩領があった忽那《くつな》諸島に渡り測量をおこない、これまでの成果を下図にまとめ、5月2日に郡中（伊予市）に帰着している。最後にもう一度長浜に戻り、肱川筋を大洲まで測量して歩いている。

7月24日には、伊能測量隊が大洲藩領に入り、伊予灘沿岸の測量をおこなうが、東も大洲藩の担当役人の1人としてそれを見届けている。8月1日には、測量隊が松山藩領に入り、松山藩の担当役人と交代するが、8月7日からは、大洲藩領が含まれている忽那諸島の測量があり、再び東は立ち会っている。8月11日に大洲藩領の測量を終えた測量隊を高浜（松山市）まで行って見送っている。

ところで、東が作製した下改の絵図であるが、測量隊が宇和島藩領の測量をしていた7月19日、宿泊地の三机《みつくえ》浦に赴き提出したことが東家系図に記されている。では、測量隊に提出した絵図とはどのようなものだったのであろうか。

２０１０年に国宝に指定された伊能忠敬関係資料の中に「大洲領沿海図」（以下、「沿海図」）があるが、これこそが三机浦において東が測量隊に提出した下改の絵図と考えて間違いない。伊予灘沿岸が11枚、長浜から大洲までの肱川筋が3枚、青島、睦月《むつき》島、怒和《ぬわ》島の島嶼部が3枚の合計17枚の切絵図で、測量隊が訪れる前に東が測量して歩いた地域と完全に一致している。この「沿海図」について

図5　「喜多・伊予海岸図」（部分、文化5年〔1808〕頃）愛媛県立図書館所蔵

は、東が忠敬の測量成果により作製したと考える向きもあったが、東家系図の記述から下改の絵図であることが明らかとなり、東が自らの測量成果により短期間で作製したものといえる。

なお、この「沿海図」と類似する資料が愛媛県立図書館にあることは、あまり知られていない。「沿海図」の伊予灘沿岸を描いた11枚とほぼ同内容の「喜多・伊予海岸図」（以下、「海岸図」、図5）であるが、「沿海図」が村ごとの切絵図になっているのに対して、「海岸図」は、肱川河口から北側と南側の海岸線に分かれ、貼り合わせた状態で残されている。包紙には「百間ヲ一歩ニ縮ム」とあり、縮尺が約6000分の1になっていることがわかる。

「沿海図」と比べると、海岸線のライン、町並みや集落、目印となる木の描写、方位盤の位置など、一致する部分が多い。その一方で、「沿海図」には見えない山並みが描き込まれるなど、相違点も見出せる。全般的に「海岸図」は彩色に乏しく、背景の描写も粗いことから、作製過程の下図に近いもので、それをもとに丁寧な絵画表現を加え、完成させたのが「大洲領沿海図」といえるのではなかろうか。

伊能測量後の東寛治

文化5年（1808）9月17日、東寛治は伊能測量に関わる功績が認められ、1人扶持と切米1石の加増が申し渡されている。ところが急転直下、10月22日には東も含めた伊能測量に関わった役人に閉居が命じられている。勤役中に縮緬《ちりめん》羽織を用いたことへの処分であった。一旦は会所書役も免じられているが、翌年12月には復帰している。東の絵図作製能力が、大洲藩にとって必要不可欠なものとなっていたためと思われる。

その後も東は、「大洲城石垣普請図」（文化8年）、「大洲城及附近侍屋敷地図」（文化10年）、「大洲藩領絵図」（文化11年）など、多様な絵図を作製し、文政13年（1830）に亡くなっている。享年58歳であった。

明治前期の町や村の景観を探る

明治時代につくられた地図と地誌

柚山俊夫

愛媛県立図書館のホームページでひときわ目立つのが、「愛媛県立図書館デジタルアーカイブ」の文字である。それをクリックしていくと、さまざまな地図や絵図を閲覧できる。

郡ごとに地図や絵図を閲覧すると、「地誌付」の表記が付いた郡地図が、東予・中予にあることに気づく。拡大すると、明治時代の村名、字名《あざ》、水路名、道路名などが詳しく記されていることが読み取れる。また、戸長《こちょう》役場や郵便局、掲示場などの記号もあり、凡例を読めば記号の意味がわかる。

これら「地誌付」の郡地図には、作成された年代を示す記載がないが、いつ作成されたのだろうか。また地図名に「地誌付」と付いているのは、どういうことなのだろうか。

宇摩郡の地図から

「地誌付宇摩郡地図」で、川之江《かわのえ》一帯を見てみよう。左の図1を見ると、金生《きんせい》川が城山の東を流れている。河口の両側に港があって、北は「河原町港」、南は「水門港」と記されている。金生川は、現在は井地《いじ》山の南を西へ流れて瀬戸内海に注いでおり、川跡は道路になっている。下の図2の、明治初期の景観図からも、図1のように流れていたことが確認できる。

東から進んできた街道は、八幡神社の南にある曽我《そが》名悪水《みょうあくすい》堀に曽我名橋を架けて南に進み、西に折れて川沿いを南行する。ここに、掲示場や町の中央、郡役所、戸長役場の記号が並んでいる。そして、再び西に折れて、橘橋で金生川を渡って字古町《ふるまち》へ、さらに城山南の峠を越える。

さて、愛媛県立図書館には、明治時代前期に編纂された「宇摩郡地誌」が保存されている。そのなかに川之江の記事があって、「地誌付宇摩郡地図」に記された地名その他の語について、ほとんどすべて説明がある。

例えば、城山の東麓を北へ流れる「前川溝」は、「村ノ南方字八反田ニ起リ乾《いぬい》位字川原町ニ至テ海ニ入ル長六丁拾壱間 幅壱間 水深壱尺 悪水ヲ瀉下《はきくだ》ス」

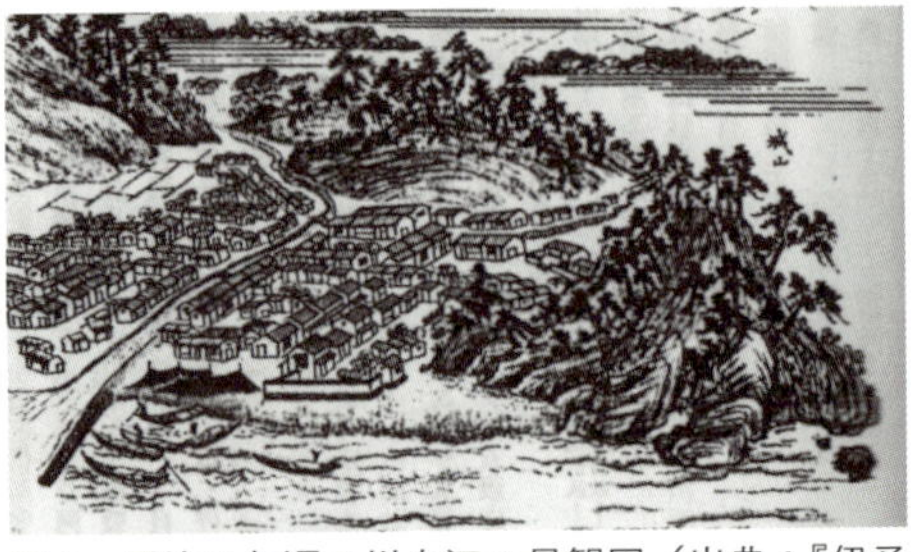

図2　明治6年頃の川之江の景観図（出典：『伊予国地理図誌』）

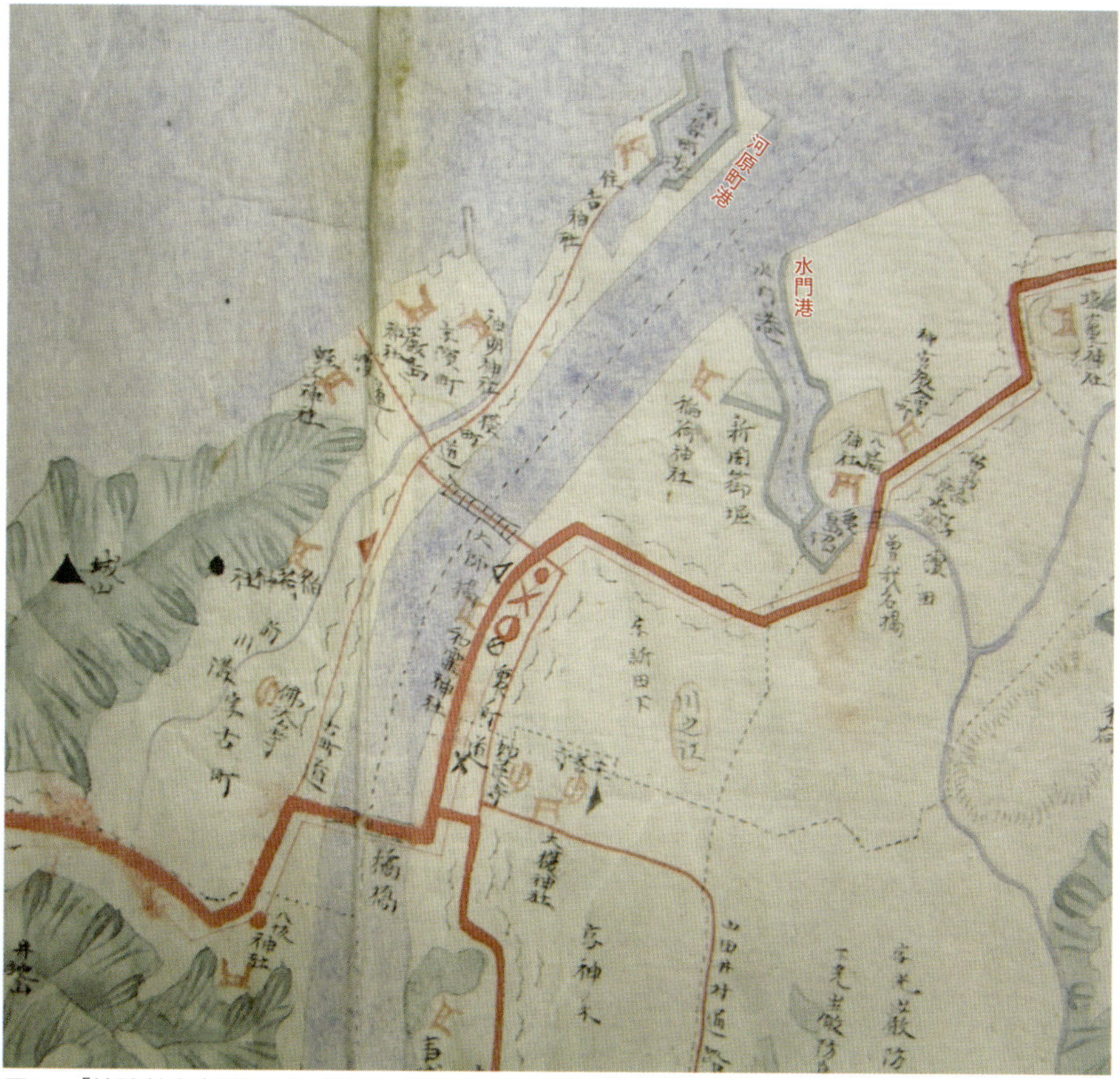

図1　「地誌付宇摩郡地図」（部分）愛媛県立図書館所蔵
城山の東に金生川が流れ、右岸に掲示場●、町の中心×、郡役所◑、戸長役場⊗、郵便局×が並んでいる。

とある。

図1の郡役所◑は、「村ノ中央字新町千七百六番地村中持家ヲ仮用ス」とあって、地番から住宅地図で現在地を探し出すことができる。

その南の×は郵便局だが、「郵便所　川之江三等郵便局 村ノ巽《たつみ》位字新町上千七百五拾三番地藤田仁兵衛宅ヲ仮用ス」とある。

このようにみてくると、「地誌付宇摩郡地図」と「宇摩郡地誌」は、相互に関連して同じ時期に作成されたものである。藤田正氏により、伊予の郡地誌の編纂は、明治11年（1878）から17年までにおこなわれたことが明らかにされている。そのほかの「地誌付」郡地図も、郡地誌と同時に作成されたと考えられる。

新居郡の地図から

寛永伊予国絵図のうち、現在の西条市東部を拡大した画像が、本書の12ページに図2として掲載され、三角州のように描かれた加茂川の東流は、付け替え前の加茂川旧流路が描かれている可能性があることが紹介されている。

「新居郡地誌」では、大町《おおまち》村の字常心《じょうしん》に「常真《じょうしん》塚」があり、そこに葬られている僧常真が、加茂川の付け替え工事をしたと記す。「往古加茂川 福武村八堂《はちどう》山ノ下ヨリ本村ト福武村トノ間ヲ流 朔日市《ついたちいち》村ニ至テ御船《おふね》川ニ注ク」とあり、これが旧流路の通説となっている。

そこで、加茂川の旧流路を想定するのに、「地誌付新居郡地図」を使ってみよう。左の図3の大町村の南端では、加茂川に並行した水路が北流している。その水路の東の字名が善恵川《ぜんえかわ》、西が常心である。「新居郡地誌」にある旧流路の説に従えば、図3の大町村の善《ぜん》恵《え》溝から音井《おとい》川、そして御《お》船《ふね》川への流れが、加茂川旧流路となろう。

ところで、12ページの図2をよく見ると、大町村では、村名から三方に向けて赤い筋が引かれている。これは、寛永年間の東西への街道と南への街道を示しているが、もし、この街道のT字交差点が、図3で示す明治時代前期作成の「地誌付新居郡地図」にある交差点（図3の×のところ）と同じ位置だとすると、どうなるだろうか。

加茂川の旧流路は、交差点より西側にあることになり、図3の観音水泉や新町《しんまち》泉、そして西條陣屋の南にある葭原《よしはら》沼、陣屋東堀、本陣川へと続く水系が旧流路と想定できよう。西條町から大町へ向かう「登道《のぼりみち》」、そして西條町の市街地は、旧流路の東岸の自然堤防上にあることになる。飛び地のある神拝《かんばい》が、寛永年間の絵図で東岸にあっても不自然ではない。加茂川の旧流路についての通説は、見直す必要があるかもしれない。

越智郡の地図から

今治《いまばり》の中心市街地の北、大浜の南端にある小湊《こみなと》城跡は、平成30年5月、日本遺産・村上海賊ストーリーの構成遺産に追加指定された。来島海峡に面した丘陵の南端に位置し、今治平野を北から見渡すことができる好立地にある。

「地誌付越智郡地図」で小湊城あたりを見ると、図4の左上、大浜村に丘陵があり、⌂記号（寺院）の下の山が小湊城跡になる。城跡の南（図4では右）の平地に大新田《おおしんでん》村が広がっているが、図4で目立つのは、黄色で彩色された石井村の飛び地「字鐘鑄場《かねいば》」である。

「越智郡地誌」の石井村の項では、「鐘鑄場（湊新田、湊新畑）ハ村ノ艮《うしとら》位大新田村内ニアル飛地ニシテ東ハ海ニ至リ西南ハ大新田村ニ隣ル北ハ大新田村及大浜村ニ隣リ東西壱町三拾四間 南北五町壱間」と記す。

図4のような飛び地があるのは、なぜだろうか。おそらく、石井村の人々が、

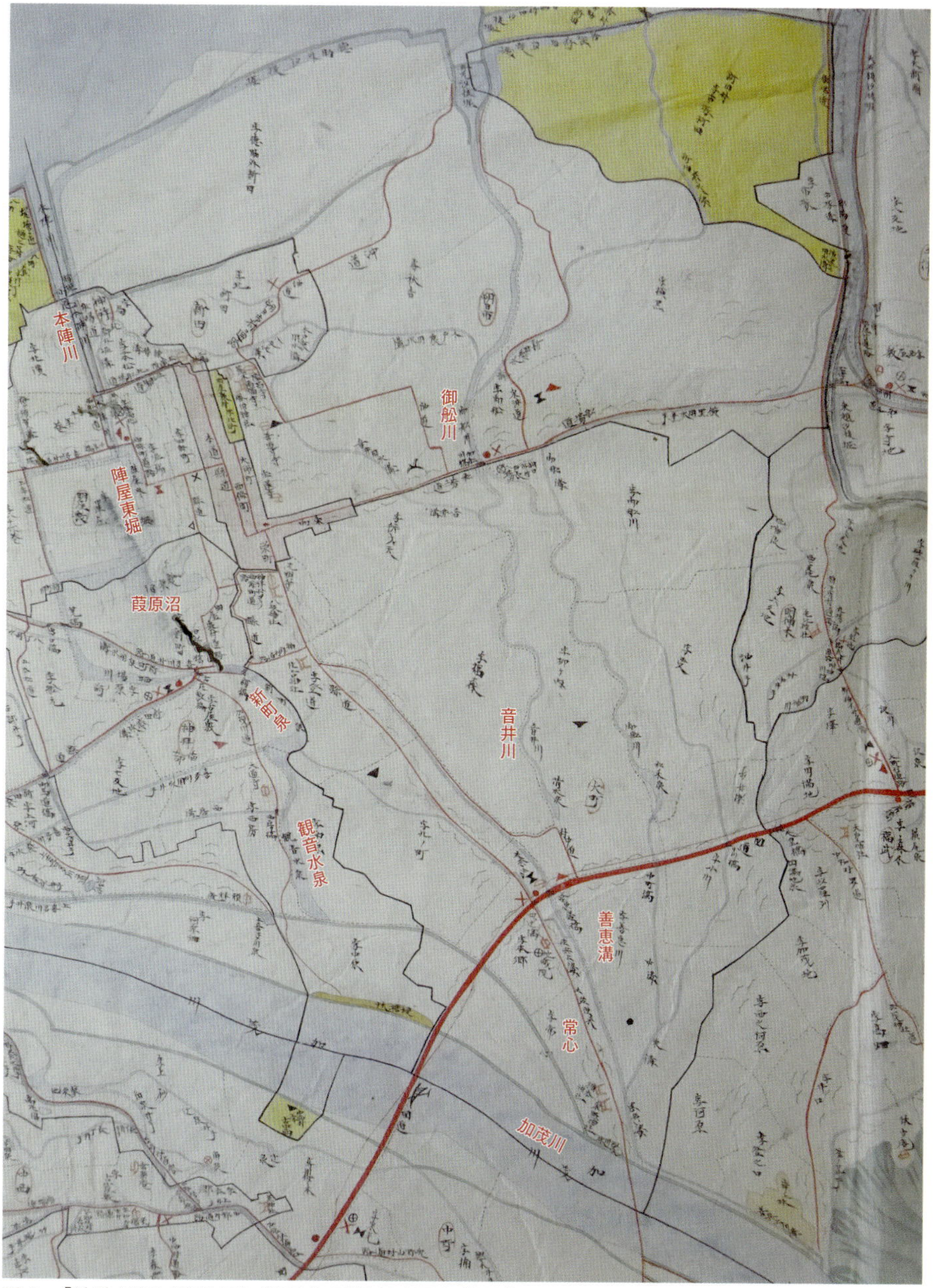

図３　「地誌付新居郡地図」（部分）愛媛県立図書館所蔵
黒線は当時の町村境。大町村の南端から北の海へ向かう水路が幾筋も描かれている。

飛び地に深い関係を持っていたからだろう。そのことを、古絵図と小字区画図から探ってみよう。

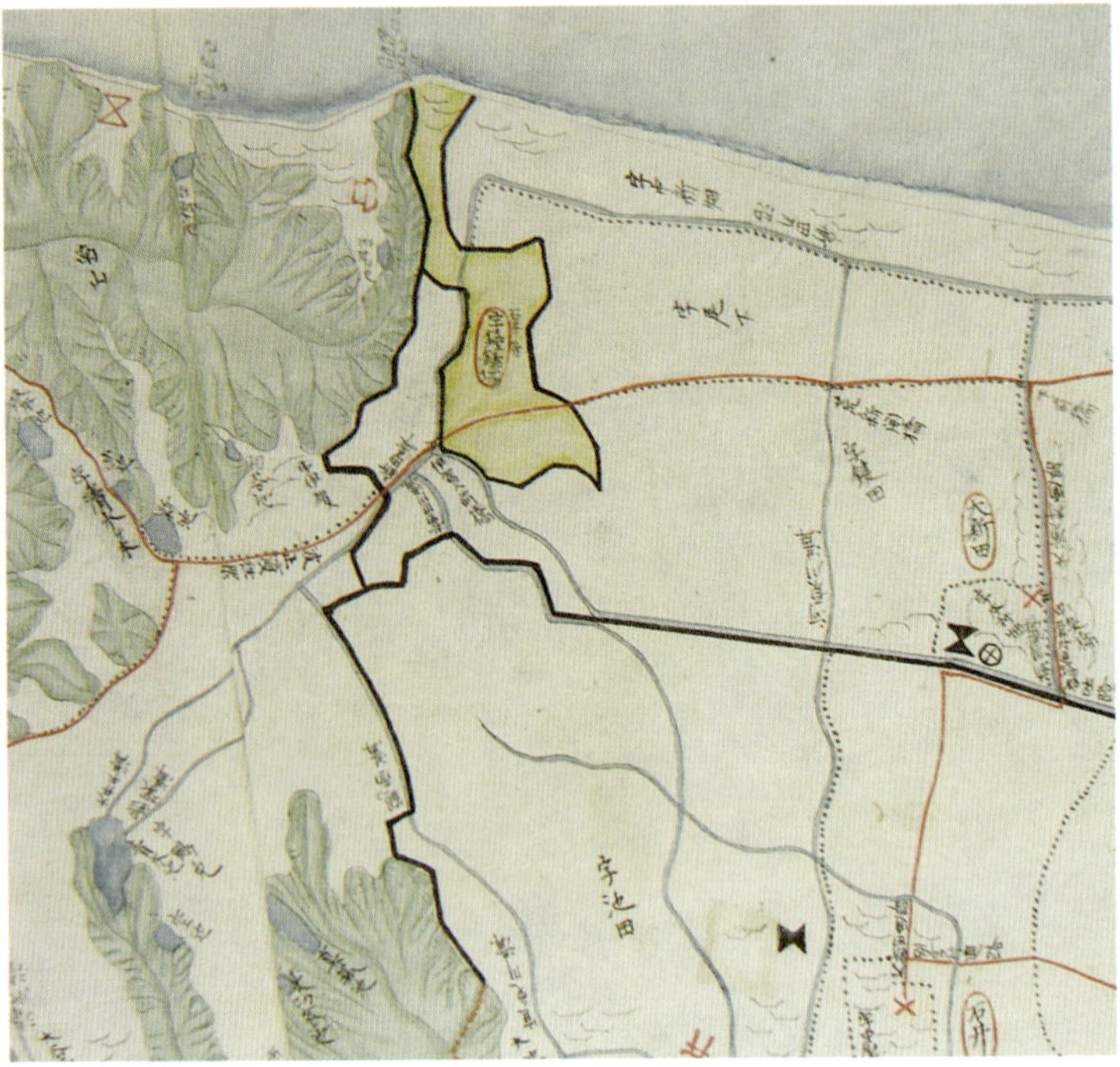

図4 「地誌付越智郡地図」（部分）愛媛県立図書館所蔵
黒線は村境。図の左側が大浜村、右上が大新田村、右下が石井村

小湊城を描いた古い絵図の一つに、図5の「正保今治城絵図」がある（本書・藤本誉博「正保今治城絵図を読み解く」参照）。同図に大きく描かれた今治城とその城下町ではなく、左端の小さな城跡と入り江に注目しよう。

城跡には「小湊山」、近くの入り江には「古船入《ふるふないり》」の文字が書かれている。そもそも「小湊」という地名は、港湾に由来するもの。小湊城のすぐ南にあった「古船入」は、西北の強い風を山で防ぐことができる良港といえる。

図5の入り江は、図4の石井村飛び地と形がよく似ている。どうやら浅川が北流して、この入り江に注いでいたらしい。入り江と城下町を結ぶ水路は、小湊城の「古船入」が新しい町の外港の役割を果たしていた可能性を示している。

次に左の図6は、この地域の小字区画を調べた図である。石井村飛び地（小字は鐘鋳場、湊新田、湊新畑）は黄色の地域であるが、その周囲の、薄い黄色で彩色した地域は、「湊新田《みなとしんでん》」「窪《くぼ》

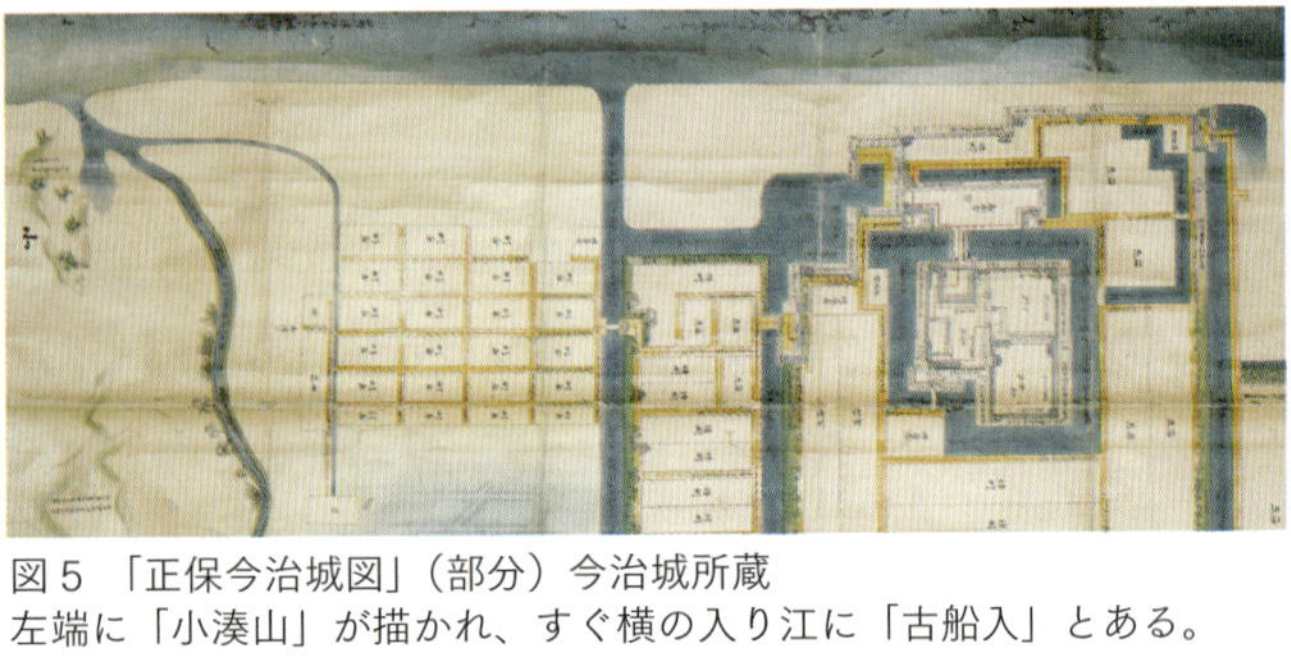

図5 「正保今治城図」（部分）今治城所蔵
左端に「小湊山」が描かれ、すぐ横の入り江に「古船入」とある。

新田《しんで》」「内新界《うちしんがい》」など、新田地名の小字である。つまり、飛び地とその周辺は、かつては入り江や低湿地、浅川の旧流路で、江戸時代になって新田・新畑に開発され、入江は石井村に、入江周辺の低湿地や浅川の旧流路は大新田村になったと推測できる。

ここで注目したいのが、図6の石井村飛び地（黄色地域）の下に小字「内新界」があり、その下の石井村のなかに「古別宮《ふるべつくう》」（オレンジ色で彩色）の小字があることだ。現在、市内中心部に「別宮《べっく》さん」ともいう大山祇《おおやまずみ》神社（本社は大三島にあるので「別宮」と呼ばれる）が鎮座して崇敬を集めているが、もともとはこの石井の地に、港とともに別宮があったのではないか。

来島海峡と今治平野全域を見渡すことができる要衝の小湊城、その直下に船入り（港）があり、港に上陸した先に別宮がある…という景観は、この地が中世の今治平野北部の交通結節点、経済中心地であったことを示唆している。その町場には商工業者も集まり、「鐘《かね》鋳《い》場」という小字地名の由来となる、鐘を鋳造する職人がいたのかもしれない。

時代が移り、藤堂高虎は、この地の南に吹揚《ふきあげ》の城を築いて、新しく開発した地「今墾《いまはり》（今治）」を開いた。そして、「正保今治城絵図」に、この地にあった城跡と港「古船入」が書きのこされたのであろう。

複数の絵図・地図や地誌の記述を組合せ、考えをめぐらして景観を想像してみることで、新しい発見がある。それを楽しみたいものだ。

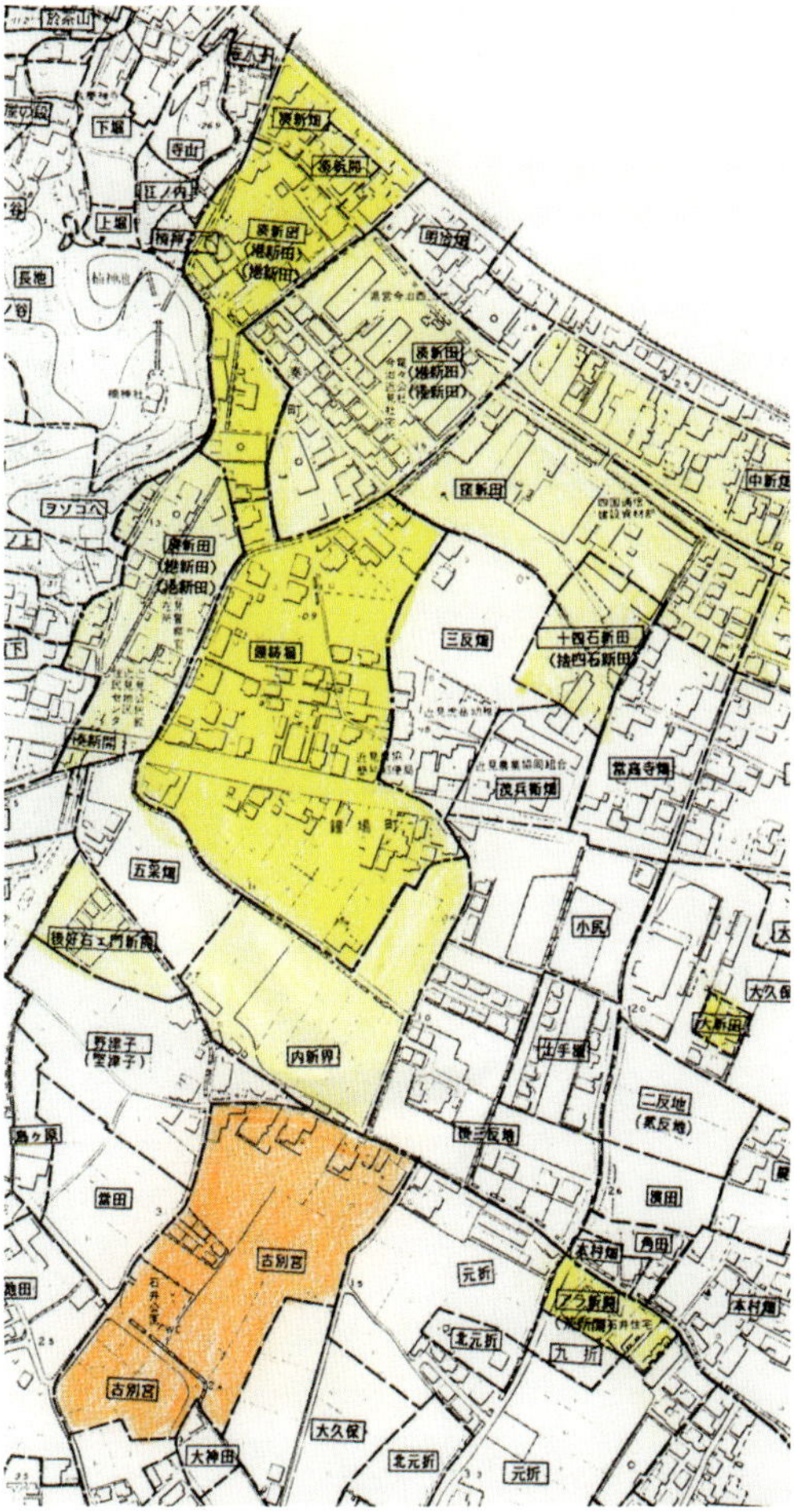

図6　石井村飛び地「鐘鋳場」周辺の小字区画図
今治市作成の「小字界図」に彩色して作成。黄色は石井村飛び地、薄い黄色は新田地名の地域、オレンジ色は字古別宮の地域

明治政府の試行錯誤を反映した地図

明治10年の愛媛県地図

平井 誠

これはどこの地図?

図1は、明治10年（1877）に発行された愛媛県の地図です…と説明されたらどう思うだろうか。東西方向がとても長いと感じる方も多いかもしれない。それもそのはず。この地図は現在の愛媛県よりも広い範囲が描かれているのだ。もっと正確に言えば、明治9年に愛媛県と香川県が合併して新たに愛媛県が誕生した。この地図はその愛媛県を描いたものなのだ。「大愛媛県」とも言える地図である。では、なぜこのような地図が描かれたのだろうか。

明治維新と県の設置

明治4年（1871）7月、廃藩置県によって全国で3府302県が誕生した。その後、政府は大小さまざまな県の合併を進め、同年11月には3府72県となった。

愛媛県では廃藩置県によって松山・今治・西条・小松・宇和島・吉田・大洲・新谷の各県が設置されている。その後、松山・今治・西条・小松の4県と旧幕府領（天領）を合併して松山県が、宇和島・吉田・大洲・新谷の4県を合併して宇和島県が設置された。当時の四国は、香川・名東《みょうとう》（現徳島）・松山・宇和島・高知の5県であった。翌年、松山・宇和島両県は、石《いし》鉄《づち》・神山《かみやま》県に改称して、明治6年2月に合併、「愛媛県」が誕生した。

しかし、その後も県の合併と分県が続く。政府としてもどの程度の大きさの県が適切なのか、試行錯誤を繰り返していたのであろう。結果として、明治9年8月、愛媛・香川両県が合併したというわけである。この時、高知・名東両県も合併して、新たに高知県が誕生している。四国には2県しかなかった時代があったのだ。なお、香川県が愛媛県からふたたび分離するのは、明治21年のことである。

地方行政　大区小区制

この地図は、愛媛県を地域ごとに色分けして描かれているが、これは何を意味しているのだろうか。地図にはさまざまな文字や記号が記載されている。それらに注意しながら地図を見ると、色分けされた地域ごとに○印で囲まれた漢数字がある。凡例《はんれい》によると、○印は「大区」とある。図2は、松山周辺の拡大図である。ここでは「十三」とあるので、第13番大区を意味する。つまり、この地図は、「大区」ごとに色分けされているのだ。

当時の地方行政は、大

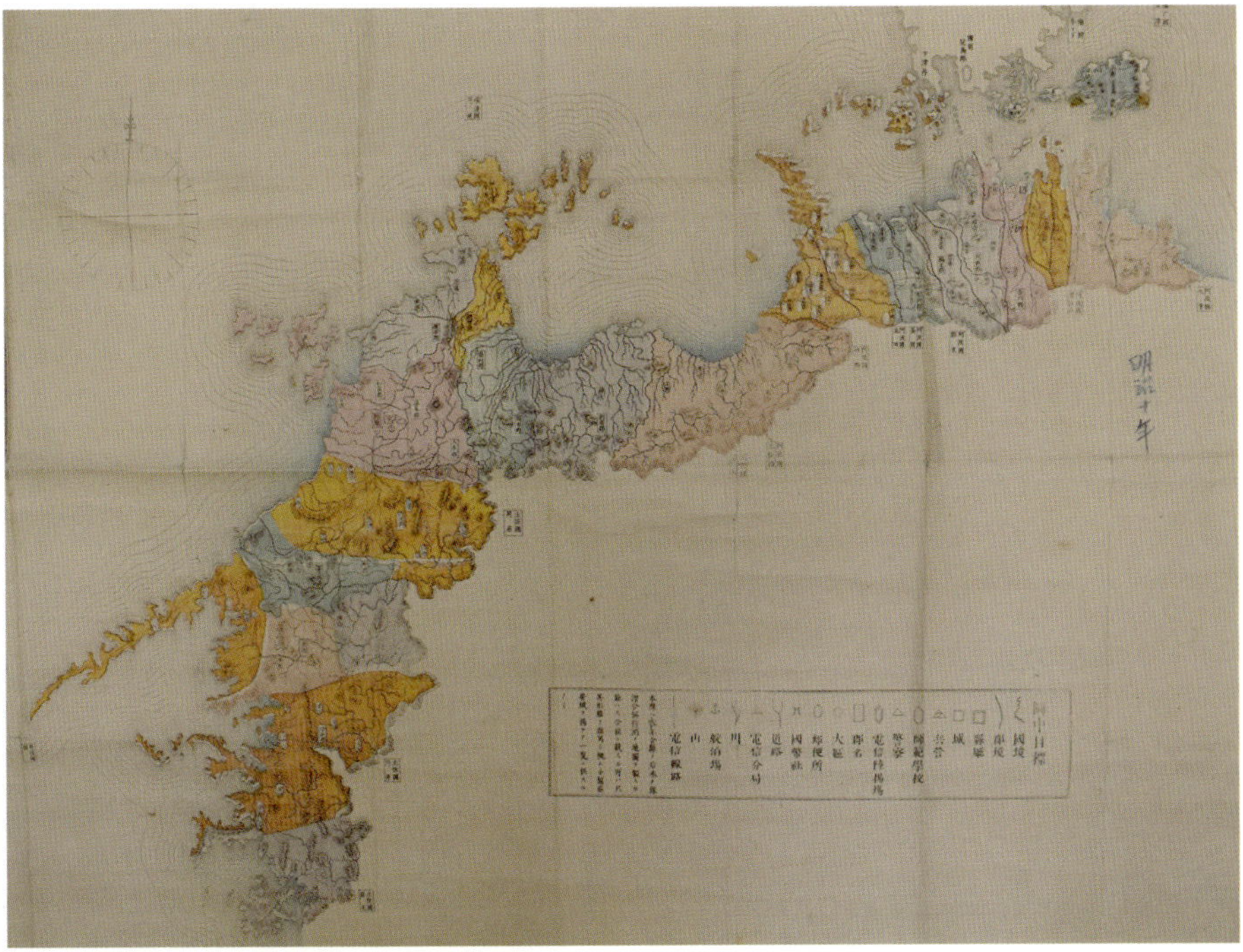

図１　「明治10年愛媛県地図」愛媛県歴史文化博物館所蔵

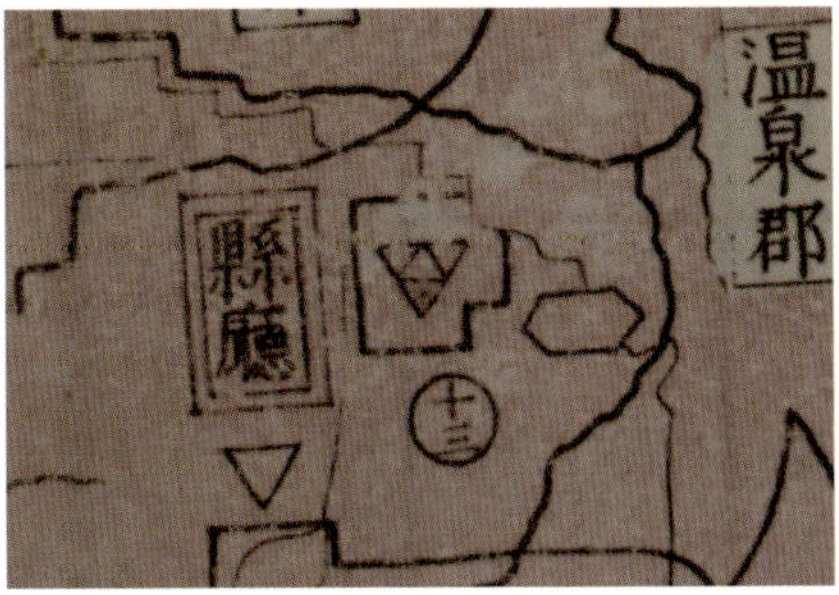

図２　松山周辺の拡大図

区・小区制度が採用されていた。明治7年（1874）年5月、愛媛県でも1小区200戸（2~3カ村）を目安に県内を14大区313小区に編成している。第1~4大区は郡単位で、第5大区以下は郡を複数に分割して大区とした。

　その後、香川県との合併を受けて、明治9年9月、愛媛県は県内を21大区（讃岐分7、伊予分14）に改正した。大区・小区・町村の行政担当に、旧愛媛県は区長・戸長・組頭を、旧香川県は大区長・小区長・戸長を置いていたが、これらは引き継がれた。

　明治11年7月、「郡区町村編成法」が制定され、大区・小区制は廃止、伝統的な郡や町村が復活した。同年12月、愛媛県は県内を30郡（讃岐分12、伊予分18）に分割した。明治10年のこの地図は、政府が地方制度のあり方を模索する中で、短期間実施された制度をとらえた一枚なのである。

愛媛県令岩村高俊

　明治11年（1878）7月、政府は「府県会規則」を制定し、愛媛県でも翌年3月に第1回通常県会が開

図3　岩村高俊（出典：『愛媛県史』近代〔上〕）

かれた。しかし、愛媛県の場合、権令《ごんれい》岩村高俊《いわむらたかとし》（1845〜1906）によって、それ以前に大区を選挙区とする特設県会が開かれていた。

　岩村高俊（図3）は、現在の高知県宿毛市生まれ。明治7年11月に愛媛県権令（現在の知事に相当）となり、9年8月に愛媛県と香川県が合併した際、香川県権令の新田義雄《にったよしお》は退任、岩村がそのまま愛媛県権令となった。合併後の11年5月に県令に昇任、13年3月に内務省大書記官となるまで、約5年半にわたり愛媛県政を担った。

　開明的な知事として、明治8年3月に「町村議事会心得・仮規則」を、翌年7月に「大区会仮規則」を定めて、町村会や大区会の開設を促した。さらに、明治10年5月には「愛媛県会仮規則」を定めている。大区を選挙区に70名の県会議員を選出（士族26名、平民40名、不明4名）して、翌月に第1回特設県会が開かれた。

　愛媛県では明治12年からの通常県会に先立ち、明治10年から特設県会が開かれていたのである。

郵便制度の確立

　ところで、地図に小判型で囲まれた地名は何を意味しているのだろうか。凡例によると、小判型は「郵便所」とある。伊予分だけでも53カ所。東は川之江（四国中央市）、西は三机（伊方町）、北は宮浦（今治市）、南は中の川（愛南町）までが結ばれている。

　明治4年（1871）3月、東京〜京都〜大阪間に発足した郵便制度は、翌年7月に全国で実施された。主要都市に郵便役所を、各地に郵便取扱所が設置された。明治7年1月に郵便取扱所を郵便役所、翌年1月にすべての郵便役所を郵便局と改称した。

　図4は、第20大区の拡大図である。宇和島・吉田・宮ノ下・岩淵・岩松・上畑地（宇和島市）、近永（鬼北《きほく》町）・松丸（松野町）に郵便局があり、松丸からは高知県川崎（四万十市）へと通じている。郵便局は、人口、交通、産業など、さまざまな要因を考慮して設置されたものと思われる。

　過渡的な地方行政組織とともに、郵便制度が記された本図には、近代国家の姿を模索していた明治政府の悪戦苦闘の跡が刻まれている。

図4　第20大区の拡大図

Part2

伊予の城と城下町

松山城の旧天守曲輪を探る

西村直人

「本壇《ほんだん》」へ登る

松山城は、道後平野にある標高約132mの独立丘陵、勝山を中心とした近世城郭である。主に本丸、二之丸、三之丸からなる連郭式の平山城で、大部分が国史跡に、また本丸の建造物のうち天守（大天守）を含む21棟が国の重要文化財に指定されている（図1）。

本丸と平地面との比高差は約110m。登城道は、東から東雲《しののめ》口登城道、県庁裏登城道、黒門口登城道、古町口登城道の4つがあり、古町口は搦手《からめて》側（北）、それ以外は大手側（南）へ向かう。本丸裾までは登城道によって徒歩で8～15分ほど、本丸上段まではさらに階段と坂道を登らなければならない。太鼓門を潜って本丸上段に着くと、北奥に「本壇」と呼ばれる天守曲《くる》輪《わ》が見える。

天守曲輪には中央の天守とこれに連なる多聞《たもん》櫓と隅《すみ》櫓からなる連立式天守が構えられる。天守は、幕末に再建された現存12天守のうち最も新しいもので、地下一階、地上三重三階の層塔《そうとう》型、高さ約16mを測る（図2）。

五重天守から三重天守へ

松山城の築城は、関ヶ原の戦いの功により伊予半国を任された加藤嘉明《よしあき》によって慶長7年（1602）から始まり、嘉明に替わって寛永4年（1627）に入封した蒲生忠知《がもうただとも》によって一旦完了したとされる。実に25年以上、四半世紀にわたる大普請《ふしん》（工事）であった。

図1　南上空から見た松山城本丸　松山市提供

図2　松山城天守曲輪（本壇）
松山市都市計画図に加筆

そして、この間に嘉明によって建てられた天守は五重六階であったといわれる。蒲生氏改易《かいえき》の後、寛永12年（1635）に入封した松平（久松）定行は、寛永16～19年（1639～1642）の間に普請をさらに実施、この時天守が五重から三重に改築されたといわれる。理由には地盤が不安定であったとか幕府に遠慮したとの説があり、定かではない。

その後、天守は天明4年（1784）に落雷により焼失。68年後の嘉永5年（1852）に再建された。

描かれた「旧天守曲輪」

松山城の天守曲輪が描かれた城絵図または城下絵図は多数残されている。そのほとんどは松平氏入封以降に描かれたもので、天守曲輪も天守も、現在とほぼ同じ松平氏が改築した三重天守が描かれている。このことは、幕末の再建天守（現天守）が元あった場所への単なる新築ではなく寛永期天守の復元であったことを示している。実際、天守には江戸前期の建築様式を模した部分を随所に見ることができる。

一方、蒲生氏改易以前のものは数枚である。このうち天守曲輪の形状がわかるものは僅かで、しかも天守曲輪は現在と異なる形のものが描かれている。天守は創建期の五重天守はおろか天守自体が描かれていない。とりわけ、天守曲輪が単独で描かれた唯一の絵図である「与州松山本丸図」（図3）は、詳細かつ特徴的である。

「与州松山本丸図」は、滋賀県甲賀市の水口《みなくち》図書館が所蔵している絵図である。甲賀市水口は江戸時代には水口藩が置かれ、加藤嘉明の孫明友が初代藩主となり、その後一時的に離れたものの再び加藤氏が幕末まで治めた地である。そのため、同絵図は嘉明が伊予松山城主であった頃、即《すなわ》ち創建期の「旧天守曲輪」を描いたものである可能性が高いとされている。ただし、隣町の日野町（近江日野）が蒲生氏の出自《しゅつじ》で、蒲生忠知が松山入封時、一部所領していたことも忘れてはならないであろう。

現天守曲輪と「与州松山本丸図」とを見比べると、まず曲輪自体の形が異なることがわかる。現天守曲輪（本壇）が方形を繋ぎ合わせたような形であるのに対して、絵図に描かれたものは鈍角の多角形で、特に西面の形状が大きく異なる。内部も現在が平坦な一面であるのに対し、絵図では東西が上段と下段に分かれている。虎口《こぐち》（入口）の形は両者似通《にかよ》っている。

建造物は描かれているものの、下段には肝心の門はおろか何ら描かれていない。上段を囲う建物線を塀とみなすか天守の外壁とみなすかは、意見の分かれるところではあるが、いずれにせよ、重層建物としての表現がないため、そもそも天守の有無すら判然としない。

最も注目すべきは、上段中央の塀または柵に囲われた多角形の窪みである。中

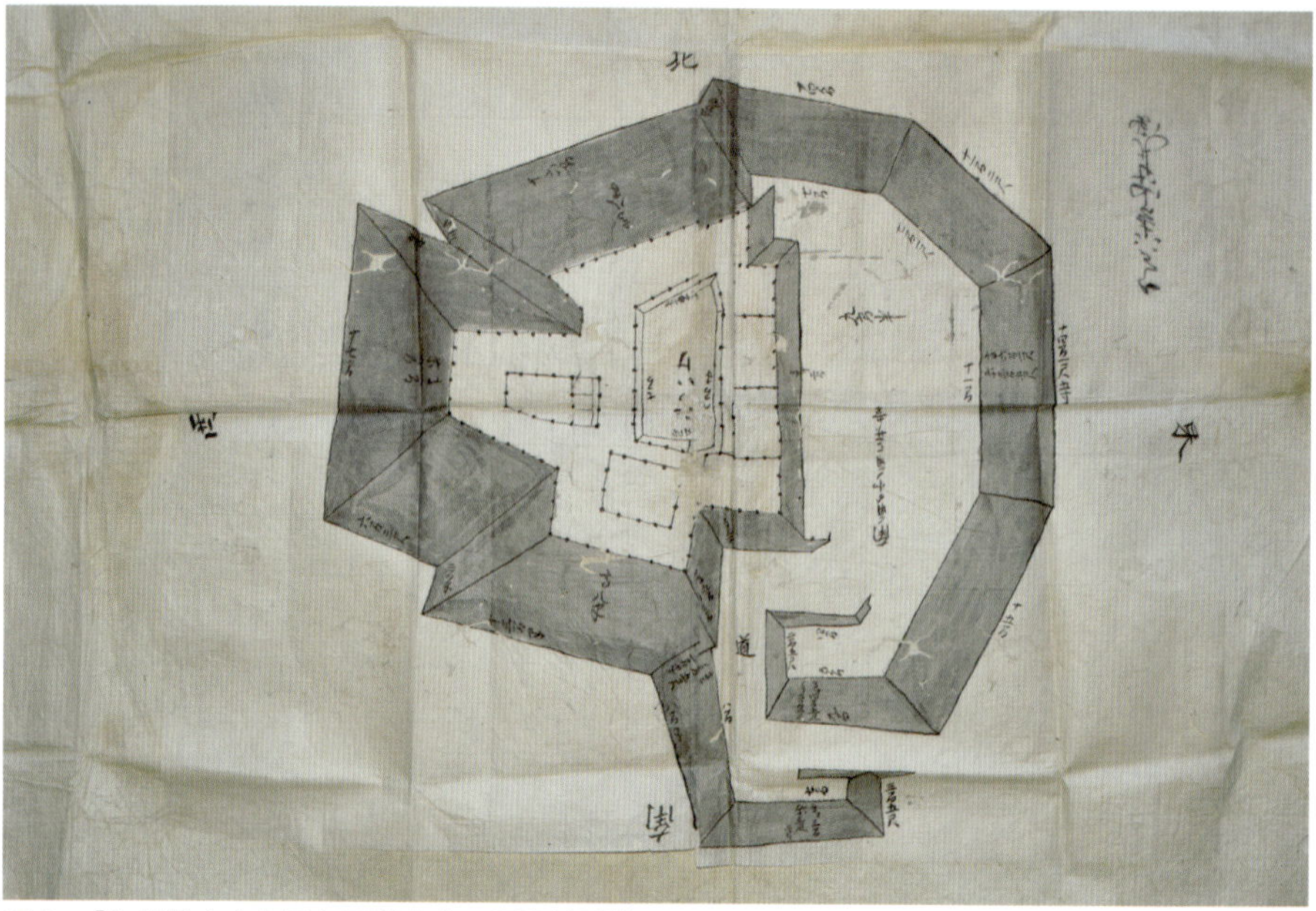

図３　「与州松山本丸図」甲賀市水口図書館所蔵

に「□ノいけ」（1字不明）と付記されていることから、籠城用の貯水池の可能性が高いが、元は天守の穴蔵（地下室）との説もある。

さらに特徴的なのは、石垣や下段面などの寸法が付記されていることである。試しにこれらを1尺＝約1・97mとして換算すると、現在の天守曲輪より面積がやや大きく、石垣は高く勾配が緩くなった。

また、旧天守曲輪が描かれた絵図には、現在最古の城絵図といわれる「松山城図」（図4）と次に古いとされる「蒲生家伊予松山在城之節郭中屋敷割之図」（図5）がある。前者は寛永4年（1627）に松山を偵察に来た公儀隠密が描いた記録絵図、後者は寛永4年～9年（1627～1632）の間の屋敷割を描いた絵図で、いずれも蒲生期のものである。これらを「与州松山本丸図」と比べると、両者とも天守曲輪の形が同じで、各個では前者が上段に複数の櫓が描かれること、後者は上段中央に池（「水」と付記されている）が描かれることなどが共通している。

天守曲輪の改築

実際、本丸全体が丘陵の自然地形に沿ったような多角形であるのに対し、現天守曲輪の形は、概ね方位に合った方形を基調としており、明らかに人工的である。石垣の積み方や勾配についても、本丸が江戸時代初期の粗い割石《わりいし》の乱《らん》積みで勾配が緩いのに対し、天守曲輪は北半部が江戸時代前期以

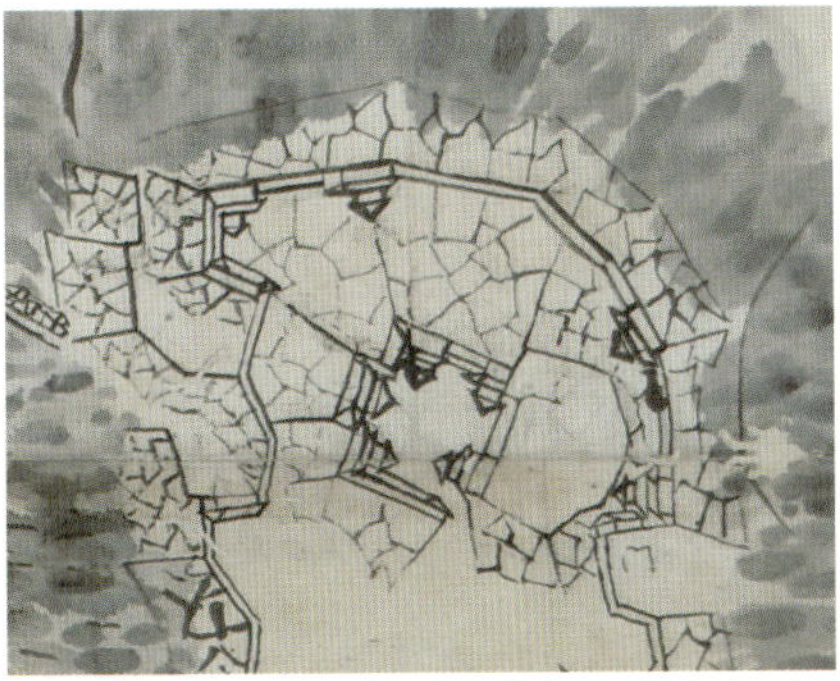

図4　「松山城図」（本丸北部）甲賀市水口図書館所蔵

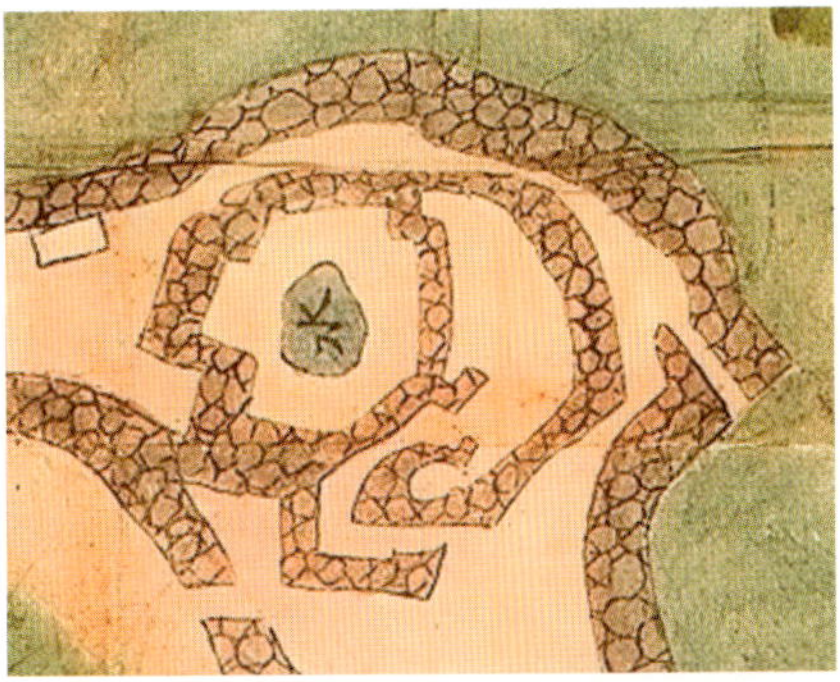

図5　「蒲生家伊予松山在城之節郭中屋敷割之図」（本丸北部）愛媛県歴史文化博物館所蔵

図6　発掘された栗石群　松山市提供

降の割石の布《ぬの》積み、天守台を含む南半部に至っては幕末頃の精緻な切石《きりいし》の布積みで勾配は急である。

さらに近年、天守曲輪の北から北東にかけて石垣の裏込石とみられる栗石《ぐりいし》群と江戸時代初期の瓦が発掘され、現天守曲輪より少し大きく、多角形の旧天守曲輪が北東寄りにあった可能性が示されている（図6）。

つまり、絵図とこれらのことから、寛永期に松平定行がおこなった天守の改築は、天守曲輪一体の大改築だった可能性が高いといえるのである。

深まる謎

松平定行は、入封数年後に幕府の許可を受け、約3年をかけて普請をおこなった。家門《かもん》（親藩）として瀬戸内初の入封で、西瀬戸内の要としての期待もあったであろう、普請は相当な計画と威信をもって進められたと推測される。天守曲輪自体の大改築がおこなわれても何ら不思議ではない。

しかし、改築の主たる対象であった五重天守は、加藤・蒲生期の絵図には明確には描かれていない。果たして天守は改築直前まで存在したのであろうか、いや、そもそも造られたのであろうか。

また、「与州松山本丸図」自体、いつ、何のために造られたのか。本当に加藤期の絵図なのか。そしてなぜ、本丸全体を描いていないにもかかわらず〝本丸〟図なのか。一枚の絵図からさらに謎は深まる。

松山城下図屏風にみる松山城

井上 淳

「松山城下図屏風」とは

「松山城下図屏風」（愛媛県歴史博物館所蔵）は、松山城下の景観を克明に描いた四曲一双の屏風である。屏風は本丸、二の丸、三の丸を二分する形で左隻と右隻に分かれており、松山城と城下町を西から俯瞰する視点で描かれている。その描写は城と城下町を中心としているが、左隻の左端には、城下を整備する際に山越村に集められた寺院群、右隻の右端上部に石手川、下部に小栗村の小栗八幡を描くなど、郊外にまで筆が及んでいる。

景観年代は、防火用の池の有無や城下南部における道路の付き方の変化などの点から、元禄の終わり頃であることがわかっている。今から300年前の松山城下にタイムスリップすることができる史料。それが「松山城下図屏風」である。では江戸時代中期の松山城へ赴いてみよう。

松平定行創建の天守

まずは、左隻第一扇の中央部、城山の頂に築かれた本壇（天守曲輪《くるわ》）へ（図1）。本壇は本丸よりもさらに約8m高く石垣を築き、そこに天守・小天守などの隅櫓と多聞櫓を直線と直角により配置し、全周の防備を厳重にしている。その中央、ひときわ高くそびえるのが天守である。屏風の景観年代からすると、嘉永5年（1

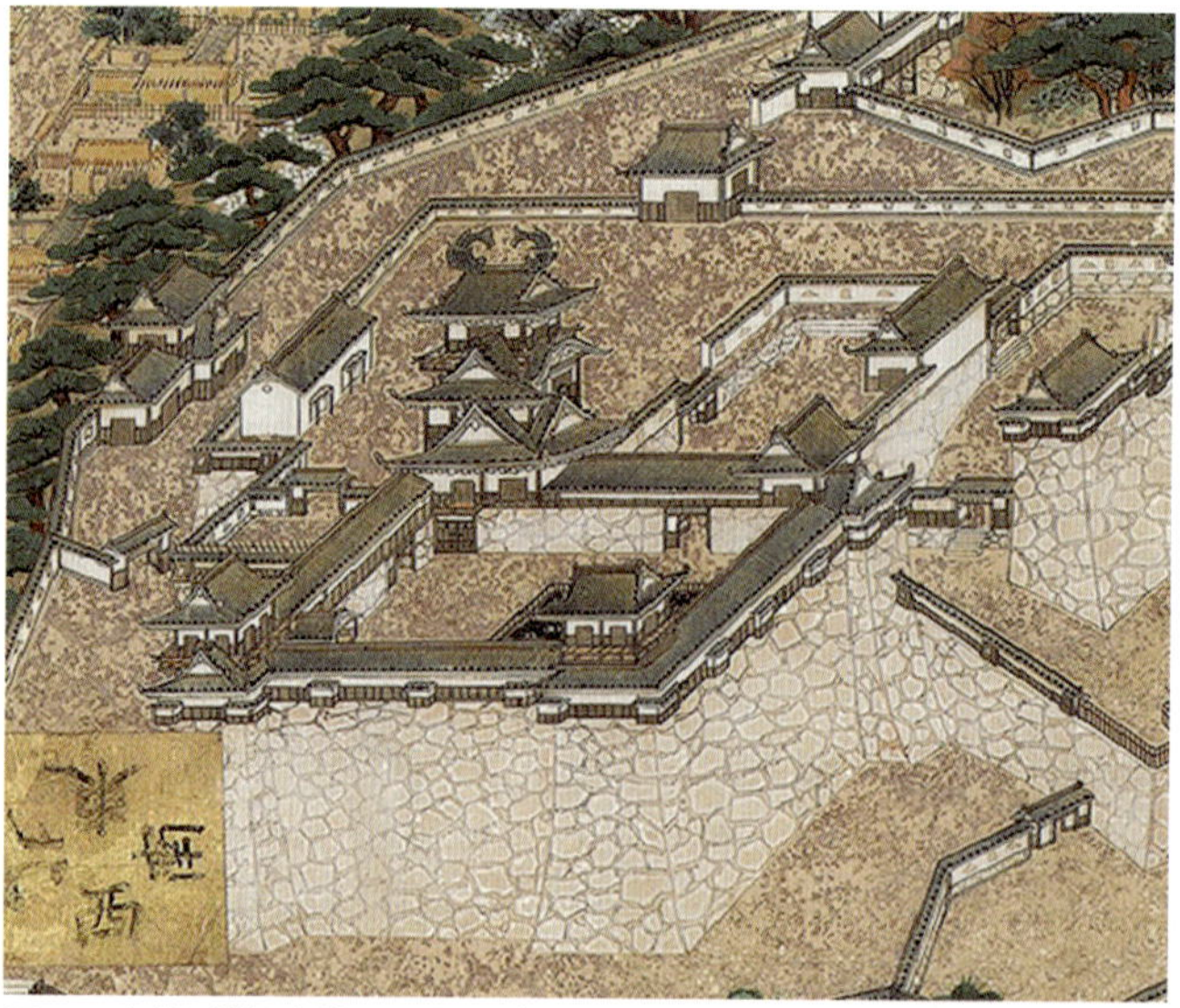

図1　本壇（「松山城下図屏風」）愛媛県歴史文化博物館所蔵
方位は東が上。本壇の南西隅、南隅櫓と隣接して、枡形の池が見える。松山藩の軍学者、野沢隼太が「亀郭城秘記」に「用水溜池壱ケ所西南ノ角ニ有之、凡三間四方廻り柵有之」と記す溜池を描いたものと考えられる。

852）に再建された現存天守ではない。松山藩主蒲生忠知《ただとも》急逝後の寛永12年（1635）に松山に入った松平定行が建立し天明4年（1784）に落雷で焼失した天守が描かれていることになる。

地上3重3階で、3層入母屋の妻側となる南北両面は1層が千鳥破風、2層が唐破風、桁側の東西両面は1層・2層ともに千鳥破風になっている。外壁は各層の腰壁を黒塗の下見板張りとしており、大棟の両端には威容を誇るように鯱瓦を大きく描いている。定行による本壇改修工事は、弟の今治藩主松平定房の勧めとされており、屏風の下見板張りの表現は、天守が「此時黒腰付ニ成タルヨシ」と「垂憲録拾遺」などに記されていることに一致する。

定行が建てた天守については、松山藩の大工棟梁であった田内久左衛門の史料を調査してまとめた「松山城天守閣要録」に寸法書や図面が収められており、その構造や大きさを知ることができる。天守の石垣内部には穴蔵と記された地下1階があり、西側に出入口となる鉄板張りの扉である鉄開戸が設けられていた。この鉄開戸は、幅7尺5寸（2・27m）、東西方向の奥行が1間1尺7寸（2・49m）と寸法が記されているが、屏風には鉄開戸の上に突き出した縁側のようなものが描かれているので、この寸法は縁側の大きさを示しているのだろう。松山城の建物・門・塀などの寸法をエリアごとに詳細に記した「天守より黒門迄諸櫓間数サマ数并東北門北屋敷」という記録を見ると、「天守下ノ重」（1階部分）の記述として「西表不残窓并付縁少有」とある。この付縁こそが、鉄開戸上のテラスのような空間を指すと判断できる。天守のこのような細かい特徴まで、丁寧に描き込まれているのである。

1階から2階にかけては梁間4間半・桁行6間の基本軸組で構成されている。その隅柱が通し柱になっていたものと思われる。1階では基本軸組の外に1間半の縁側、2階でも同じく5尺の縁側が廻る。3階では基本軸組の内側に梁間3間・桁行4間の柱を建て中の間とし、回縁及び手摺を巡らしている。1階と2階の屋根に千鳥破風を重ねて置き、黒の下見板張りの外観の現存天守は、屏風に描かれた定行創建天守と極めて似ており、復古調の天守として建てられていることがわかる。

三の丸と西の丸

次に城山を下りて、その麓の南西部を占める三の丸に目を移してみよう。周囲を堀と土塁で囲まれた三の丸は堀之内とも呼ばれ、外部との出入口は東門と北門の2カ所に限定されていた。

図2は三の丸の北側部分になる。このエリアには4代藩主松平定直が建設し、貞享4年（1687）に落成した藩主居館、三の丸邸があった。中央の巨大な御殿が三の丸邸である。発掘調査で確認された規模は南辺長約146m、西辺長約

図２　三の丸北部と西の丸（「松山城下図屏風」）

104mを測り、南東部が少しだけ東に突き出た形をしている。

　三の丸邸の西側と南側には表長屋が巡らされており、西側の両端が隅櫓となっている。三の丸邸の道を挟んだ南側には、会所や勘定所など、藩の役所があったが、会所の北西角にも隅櫓がある。三の丸邸南西角の隅櫓と挟み込む形で、このエリアへの人の出入りを監視していた。

　三の丸邸自体の出入口は2カ所で、南側の長屋に表御門、西側の長屋に裏御門があった。この南側の長屋門を入り右折した所に、式台を備えた御殿の表玄関が描かれている。御殿内部の部屋などについては、「御三丸図」に詳しいが（図3）、比較すると表玄関、能舞台、井戸、馬場をはじめ、主要な殿舎の位置や規模もほぼ一致する。松山城の建築物については、既存の絵図から建物を立ち上げて描いたように正確な描写がされている。

　また、三の丸邸の東側の山麓には定直が造営し、元禄7年（1694）に落成した西の丸邸が見える。この西の丸邸のあるエリアは、蒲生忠知時代には重臣の武家屋敷が設けられていたが、延宝年間から天和年間にかけての「水野秘蔵松山城下図」（伊予史談会所蔵）まで時代が下ると「西之丸」とあり、その脇に「勝山様御屋敷」と記されている。松平定行は万治元年（1658）に隠居、家督を定頼に譲り、松山郊外の東野に隠居所をつくり移り住むが、西の丸にも滞在できる屋敷を構えていたのであろうか。松山藩の記録「垂憲録」を見ると、東野にあった御茶屋を定行の死後、西の丸に移したという記事があるので、「勝山様御屋敷」とはこの御茶屋を指している可能性の方が高い。屏風の西の丸には、南側に1軒、それよりも少し高くなった北側に1軒、あわせて2軒の

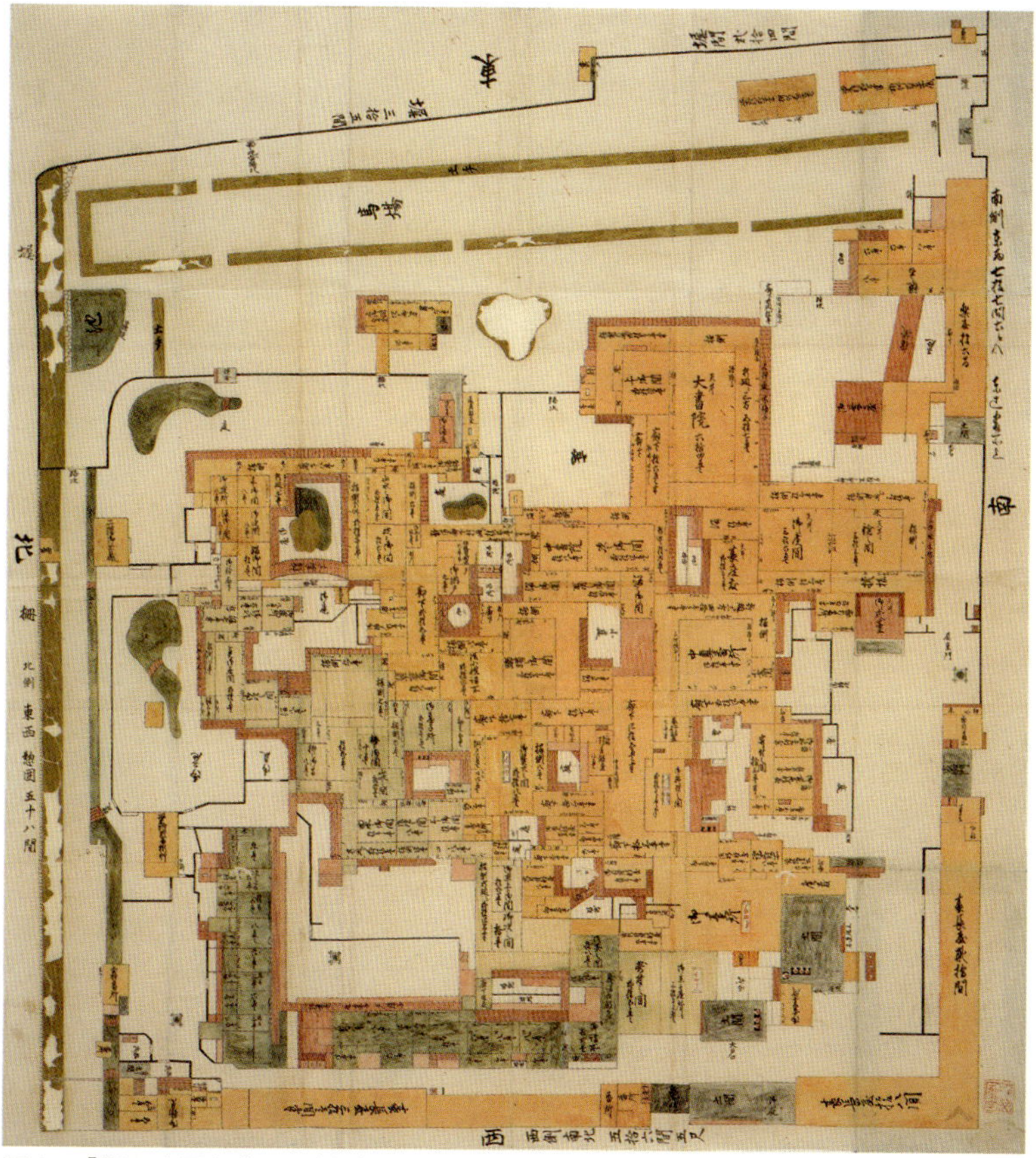

図３　「御三丸図」（江戸中期）伊予史談会所蔵　方位は東が上
松山藩主が住んだ三の丸御殿の間取り図で、公的空間の表御殿部分が黄色、私的空間の奥御殿が緑色に色分けされている。南側に設けられた長屋門を入ると、右に藩主や来客を迎える式台、その奥には「御舞台」と記された能舞台が見える。

茶室と思われる建物が描かれているが、これらが東野から移築した定行ゆかりの御茶屋であろう。天明元年（1781）9月10日、西の丸を訪れた松山藩の奥女中は、「西の丸御庭江参り初茸をひろひ、并奥にて香利申候」と記しているが、この記述から西の丸が、藩主の御庭、すなわち別荘地として利用されていたことがうかがえる。

三の丸の排水設備

「松山城下図屏風」の正確な描写は建築物にとどまらない。三の丸の南側部分に視点を移してみよう（図4）。三の丸には、藩主居館の三の丸邸をはじめ、勘定所・会所・小普請所・米蔵などの藩の施設、その他60人余りの上級藩士の武家屋敷があったが、このエリアに降る雨水は、南西方向に土地が低くなっており、排水溝を辿って南西隅にある貯水池に集まる仕組みとなっている。平成17年度にこの貯水池跡の発掘がおこなわれたが、これまでの他の絵図に描かれた池はいず

図４　三の丸南部（「松山城下図屏風」）

れも長方形をしているのに対して、L形の池が検出されるという調査結果が出た。しかし、図4では、発掘成果と一致する石積みのL形の池を見出すことができる。

また、発掘調査では、この貯水池の南側に排水口が2つ備えられており、堀に水を落としていたことも判明した。目を凝らすと、図4には、この小さな排水口も、貯水池から土手を挟んだ南側に2つ描き込まれている。

三の丸に降った雨水は、南西の貯水池に集められ、この排水口を通じて堀に落とされていたが、屏風には堀からさらに3本の水路を使って西に向かって水を流していた様子が描かれている。明治初期の絵図によると、それぞれの水路について、北側から順に城堀北溝、城堀中溝、城堀南溝と名前が付けられている。これら3本の水路は現在暗渠として残っており、堀側には水門が設けられている。この水門の原形は江戸時代にはすでにあり、堀の水位が調整されて、不要な水は水路を流れ、城下の西側に位置する村々の農業用水として利用されていた。

ここでもう一度図4に目を向けてみよう。堀の南西隅から南側に向かい流れているのが、城堀南溝である。この南溝は武家屋敷脇を1ブロック南に流れたところで、右折して西向きに流れを変える。注目したいのは、南溝の水門があったと思われる場所の描写である。何かが半円形に立てられているのが見える。細部を大事に描く屏風の描写として見過ごすことができない表現である。

その正体を求めて史料を探してみると、文政8年（1825）6月1日から3日にかけて松山を襲った水害の記録に「金城外堀の水溢《あふ》れをしけるゆへ、西の堀端塵防を切て水を落しぬ」とあるのが見つかった。連日の大雨により松山城の外堀が増水して溢れてしまったので、西堀端の水門前にあった塵防を切って水路に水を流したというのである。現在の水門前にも、ゴミが流れ込まないように鉄の網が取り付けられているが、江戸時代にそれをつくるのは技術的に困難だったものと思われる。その代わりに設置されたのが、屏風に描かれた塵防で、竹を割ったものを半円形に二重に巡らせて、ゴミが水門の入口を防がないようにガードしていたのである。排水口や塵防に至るまで、屏風が松山城下の排水設備を驚くほど細密に描写していることがわかる。

都市基盤としての水路

ところで、松山城の築城以前、城山の南の麓には石手川の前身となる湯山川が流れており、一帯は低湿地で、河川の氾濫が絶えなかったといわれる。加藤嘉《よし》明《あき》は足立重信《しげのぶ》に命じてその流路を南西に改修し、堤防を築いて固定化させた。そして、旧流路や低湿地だった所に松山城下が建設されたのである。

松山城下の成立はこのように説明されるが、松山城下を安定させるためには、川の付け替えだけでなく、城下から雨水を逃がす排水設備も必要とされた。屏風の全体を眺めると、城下全体に排水設備としての水路が縦横に走っている様子が丹念に描かれている。現在はそのうち中ノ川が一部残っているが、江戸時代に遡ると、県庁前の一番町通りや大街道にも水路があったのである。この失われた松山城下の水路については、哲学者で戦後文部大臣もつとめた安倍能成《よししげ》の自叙伝『我が生ひ立ち』（岩波書店、一九六七年）に登場するので紹介したい。安倍の家は町の開業医で、現在の大街道付近にその屋敷があった。

（家の）前に郊外から流れて来て居る一間半ばかりのどぶがあって、木の橋がかゝつて居た。平素は水が少なく塵芥が多かつたが、梅雨の頃には四五尺石垣をすつかり浸す程も水が漲つた。…（中略）…この溝は大街道に沿つて流れて、前にいつた魚之棚の手前で右折し、それから末広町といふ所で左折したが、この辺では水がせかれて泥溝が深く汚く停滞して居た。他方東の方石手川の清流を引いた中の川といふのは水も清く、湊町一丁目といふあたりでは、上中の川といつて川を挟んで両岸に道路があり、それに家が立ち並んで、岸には柳の枝が風に靡き、子供心にも風情を感じた。

自宅前の水路は、幅が1間半（約3m）、深さが4、5尺（120〜150㎝）としている。安倍が暮らす大街道や中ノ川上流の水はきれいであったが、下流の下級武士や町人が暮らす末広町までいくと、泥が多くなり濁ってくる。安倍の鋭い観察眼により、城下の水路と人々の生活との関わりが見事に捉えられている。屏風が描く水路は、実際の幅よりも強調されて大きく描かれているようにも見える。それは城下の生活を維持する都市基盤として、排水設備が当時の人々にも重視されていた証しともいえよう。

図5　中ノ川の水路（村上節太郎撮影、昭和14年）愛媛県歴史文化博物館所蔵

砂土手と念斎堀

柚山俊夫

松山城や城下を描いた江戸時代の絵図をいくつか見ていると、城山の東に、逆L字形になった土塁と、それに沿った堀を描いたものがあることに気づく。

「元禄松山城下図」（伊予史談会旧蔵）は、最近の研究によれば、元禄期ではなく享保期（18世紀前半）に作成された絵図との見方が有力になっている。この絵図には、左の図1のように、城山東端から少し北へ、次いで東に進む土塁と堀が描かれている。北側に凸部がある土塁と堀は、南へ折れ、石手川近くまで延びるように描かれている。この土塁は「砂土手《すなどて》」、堀は「念斎《ねんさい》堀《ぼり》」と呼ばれている。なぜ、砂土手と念斎堀は造られたのだろうか。

近世の絵図から

砂土手と念斎堀は、寛文・天和《てんな》期（17世紀後半）に作成されたとみられる「水野秘蔵松山城下図」（伊予史談会所蔵）にも、下の図2のように描かれていて、原図から「矢けん堀」「ねんさい堀」「念西堀」などの文字が読み取れる。

江戸時代末期の文久4年（1864）につくられた「亀郭城秘図《きかくじょうひず》」では、砂土手と念斎堀が模式的に描かれているが、56ページの図3のとおり、土塁は断続的に続き、城下町を包み込む「惣構《そうがまえ》」のように描かれている。そして、砂土手近くに書き込みがあり、砂土手の南西の一帯が「壱郭《ひとくるわ》」であったとの伝承があって、そこから「外ヶ輪《とがわ》」の地名が残ると記している。郭の伝承は、この地に兵が駐留する施設があったことを示唆している。また「外ヶ輪」は、城下町を輪のように外から取り巻く土塁を指す。松山城下南東部を外側《とがわ》

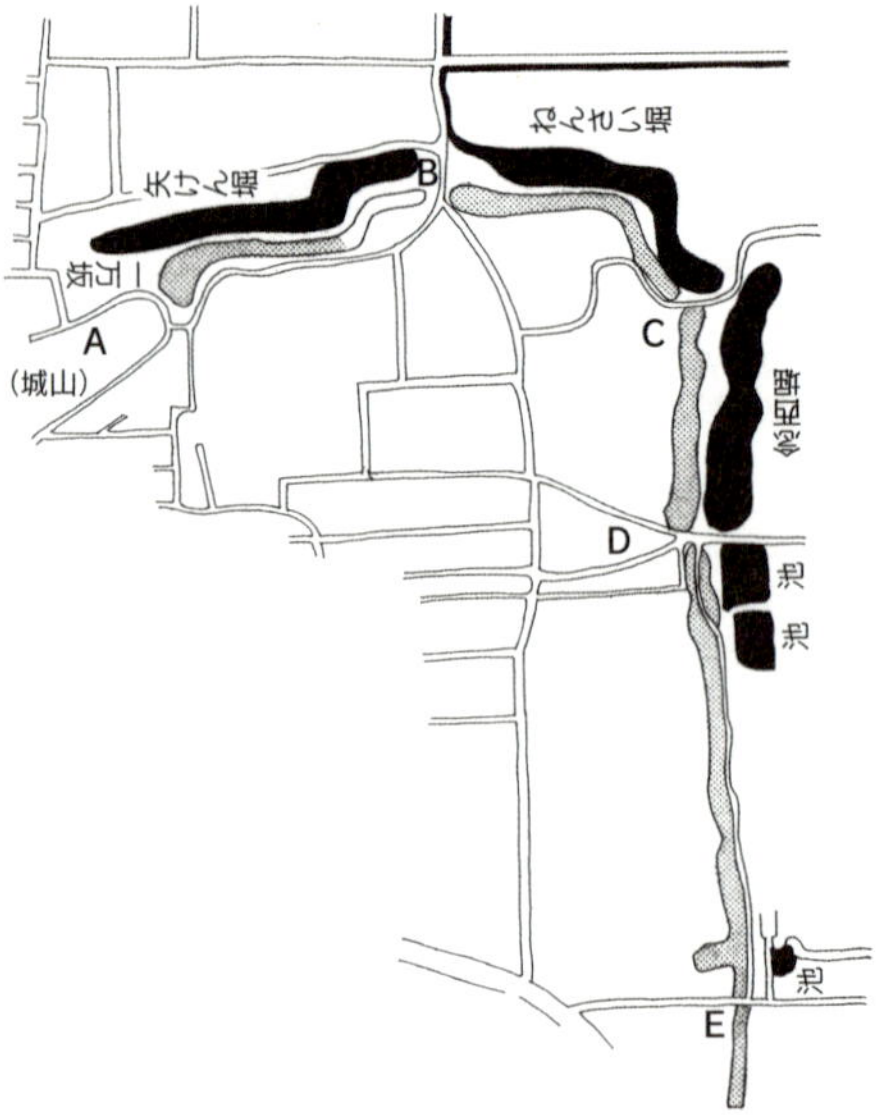

図2 「水野秘蔵松山城下図」に描かれた砂土手と念斎堀（原図から柚山作図）

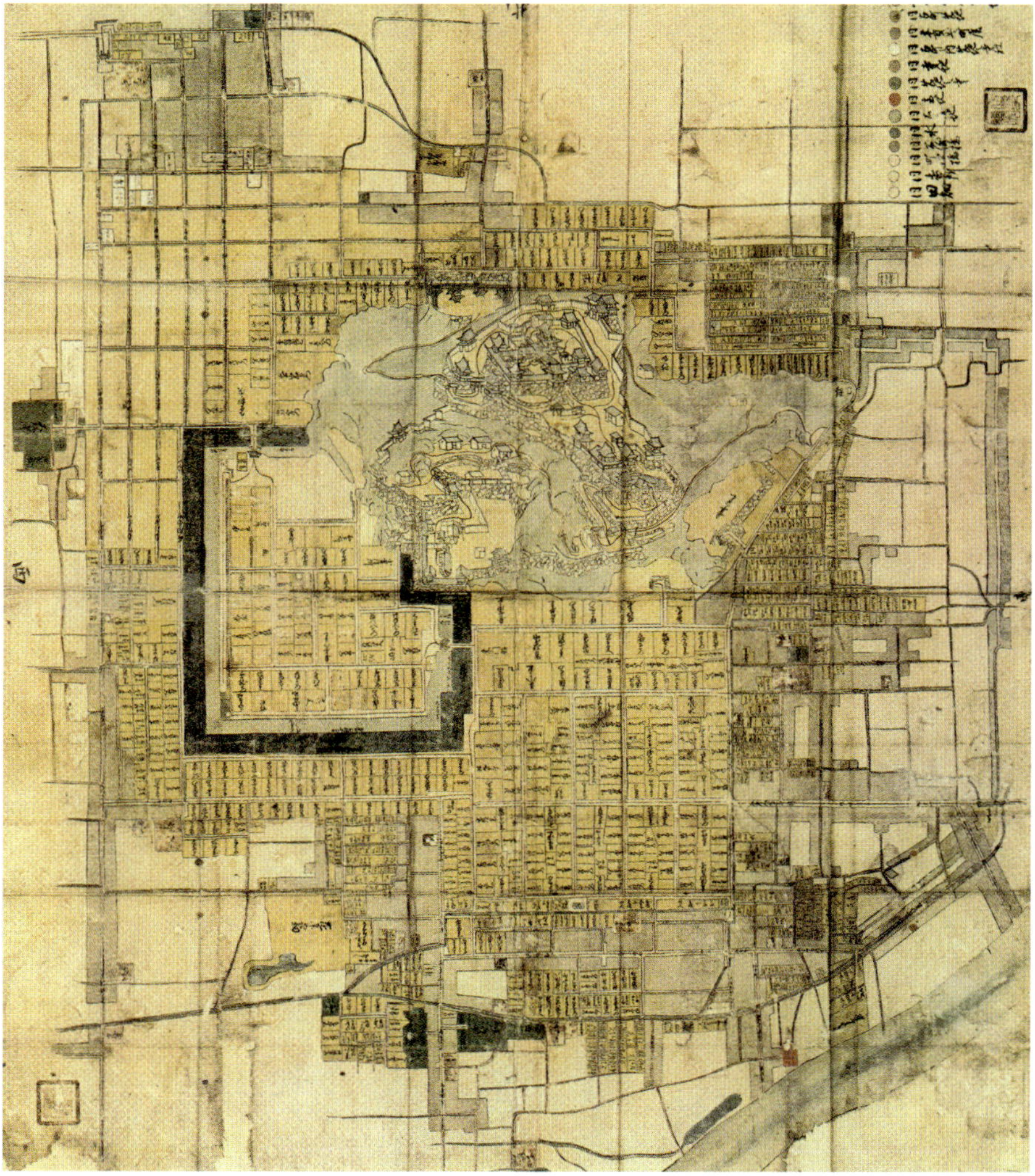

図１　「元禄松山城下図」（伊予史談会旧蔵）部分。城山の東に、砂土手と念斎堀が描かれている

と呼ぶが、その外側の地名の由来が書かれている。

なぜ造ったか

ところで、砂土手と念斎堀の築造は、加藤嘉明《よしあき》が松山城主であった時期（17世紀初頭）におこなわれ、元《げん》和《な》元年（1615）に大坂の役が終わると、構築が中断されたという。大坂の役によって、徳川将軍家やそれに臣従する加藤嘉明に敵対する強大な勢力がなくなったため、砂土手や念斎堀の築造を中途でやめたのであろう。

また、城山から東に延びる土塁には凸部があり、押し寄せる敵勢に対して、横から弓や鉄砲で射撃できるよう想定して作られている。

これらのことから、砂土手と念斎堀は、東から押し

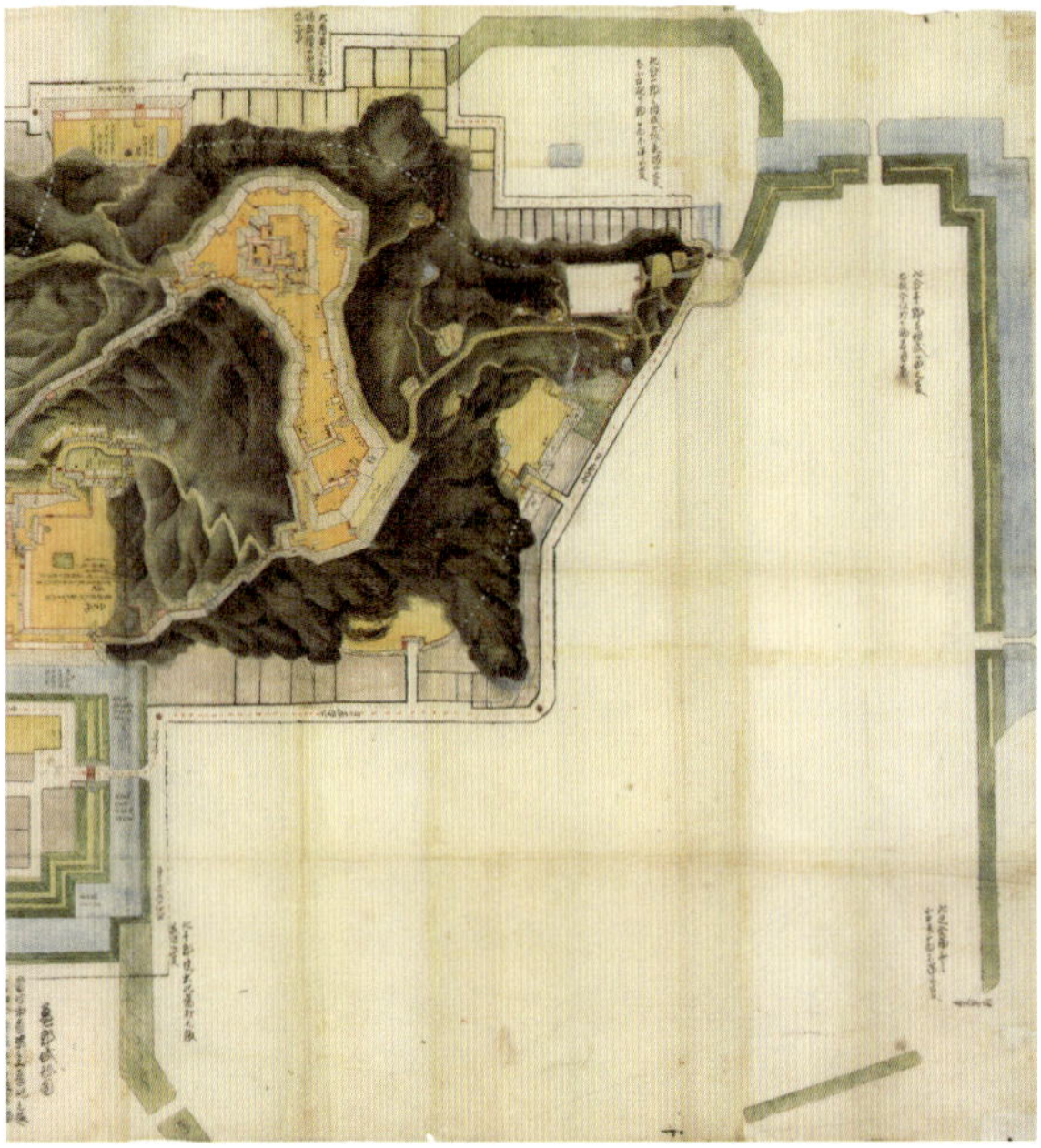

図３　「亀郭城秘図」（伊予史談会所蔵）に描かれた砂土手と念斎堀

寄せる洪水から城下町を守ることを主目的に築造されたのではなく、豊臣秀頼と徳川将軍家が対峙する軍事的緊張のなかで、加藤嘉明に敵対する勢力が松山城の東にある道後温泉側から攻撃してくることを想定した防御施設として、軍事目的で築造されたと考えられる。

近代の地図から

明治11年（1878）頃に作られた地図「地誌付温泉郡地図」（愛媛県立図書館所蔵、同館HP上で閲覧可能）にも、土塁と堀は描かれている。右の図4によれば、砂土手と城下町の間の一帯の地名が「堀ノ内」であり、砂土手の南西側が「内」と認識されていたことを示している。

また図4をみると、堀の名が詳しく記載されているが、地誌「温泉郡地誌」（『松山市史料集』所収）には、それらの堀の名の読み方や広さが克明に記されている。

さて、図4にある「砂溜《すなため》北堀《きたぼり》」への水路を観察しよう。砂溜北堀へ流れ込む川を徳力川《とくりき》というが、この川は、加藤嘉明が足立重信に命じた石手川付け替え以前

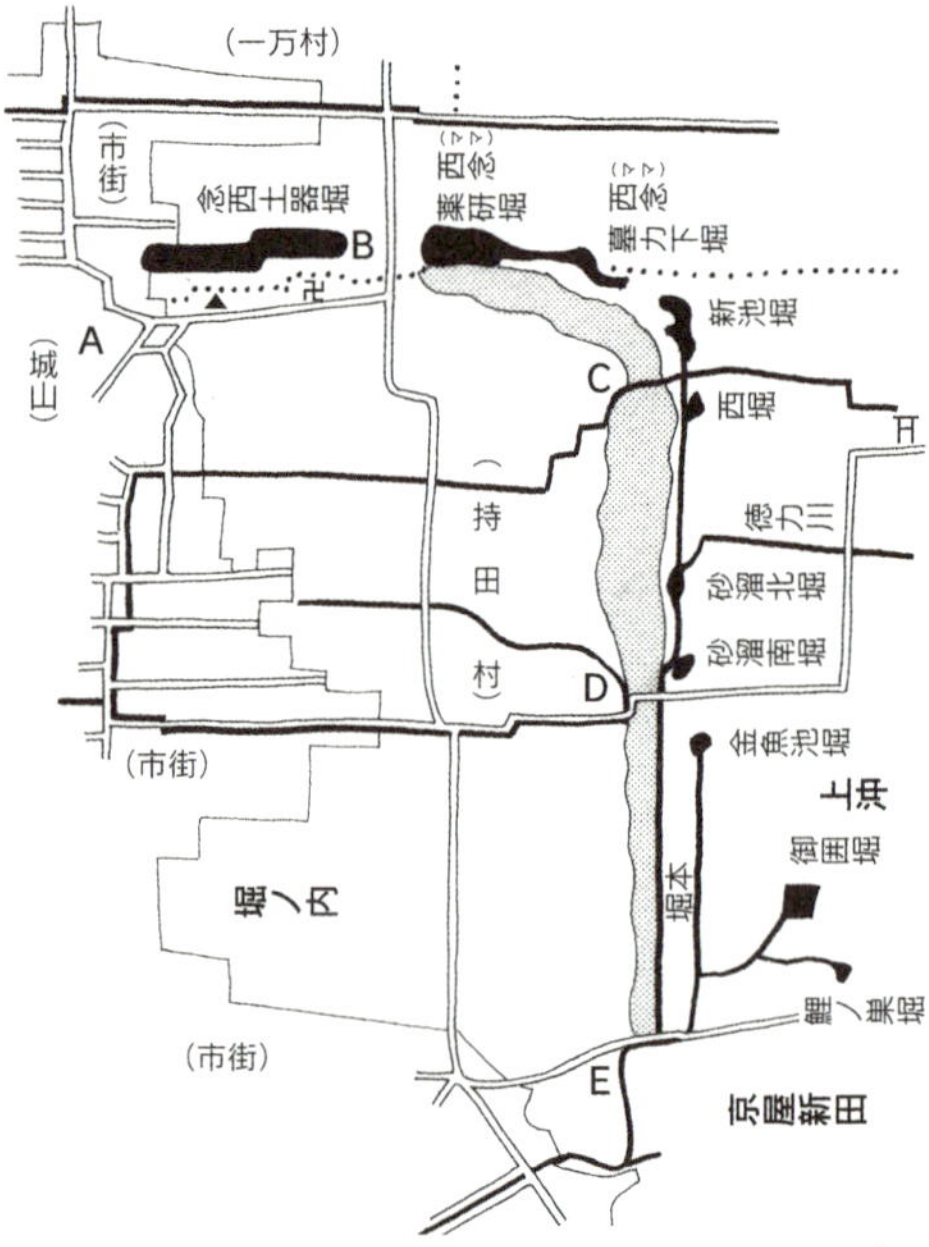

図４　地誌付温泉郡地図に描かれた砂土手と堀（原図から柚山作図）

の、旧石手川流路にのこる川である。この徳力川は、東から西に流れてきて、堀の手前で南西へ斜めに流れて砂溜北堀に流入する。

現在、松山東高校運動場の北西隅塀の外縁部で、運動場の地下を南西へ斜めに流れる水路を観察することができる。そのことから、松山東高校の運動場は、砂土手の東辺にあった堀跡の、さらに東側に立地していることになる。

明治36年測図・38年発行の地形図「松山」にも、砂土手や念斎堀の痕跡らしき土塁状地形や池が描かれている。左の図5をみると、松山から道後へ向かう道後街道が砂土手の土塁上を東に進んでいる。さらに、農業学校（現在の松山東警察署一帯）や商業学校の東に、土塁状の遺構を見出すことができる。

図5　明治36年測図2万分の1地形図「松山」にみる砂土手と堀跡

明治28年9月20日、正岡子規は柳原極堂《きょくどう》とともに砂土手近くを歩き、「砂土手や山をかざして櫨紅葉《はぜもみじ》」「砂土手や西日をうけて蕎麦の花」の句を詠んだ（「散策集」）。

現地を歩こう

17世紀初頭から400年の間存在した砂土手は、戦後の都市化の進行とともに、市街地に埋もれてしまった。

現在、城山に近い堀の跡は、東雲公園になっていて、公園のほぼ中央にある南口から南へ上る坂道があり、土塁状の遺構を観察できる。また、県生活文化センター周辺の大縮尺地図や住宅地図を見れば、道路網から土塁や堀の跡を読み取ることができる。松山地方気象台南口の前から、東に道路を見たり、南のマンション敷地東辺を見たりすれば、土塁状の高まりに気がつく。砂土手や念斎堀跡を訪ねて歩くと、あちこちで発見があり、わくわくする。

図6　昭和10年代の念斎堀（村上節太郎撮影）愛媛県歴史文化博物館所蔵　後景に松山城が見える

少年時代の子規・真之がみた松山

川島佳弘

明治前期の松山

正岡子規が「春や昔十五万石の城下哉」と句に詠んだ明治の松山のまちは、どのような風景であったのか。明治14～15年（1881～82）ころに作製された図3の「松山市街全図」（愛媛県立図書館所蔵、同館ホームページの「愛媛県行政資料デジタルアーカイブ」で精細な画像を閲覧可能）をもとに、少年時代の子規や秋山真之が過ごしたまちの様子を、彼らの学びの観点からみていきたい。

図1　愛媛県庁（明治11年築）

「松山市街全図」は、明治前期の松山の市街中心部を網羅した詳細な地図で、町名・番地のほか、寺社、愛媛県庁（図1）や裁判所など主要な施設の名称が記されている。中央の城山には、松山城の石垣の状況が細かく描写され、天守部分をはじめ、本丸と二の丸を結ぶ登り石垣や北の郭など各所に配置された出郭の状況がみてとれる。また、城山の東側には「念斎堀《ねんさいぼり》」の痕跡も描かれている（本書・柚山俊夫「砂土手と念斎堀」参照）。明治前期の松山は、近代的な建物はまだ少なく、依然として江戸時代の雰囲気を色濃く残した町並みが受け継がれていた。

少年時代の子規

正岡子規（本名常規《つねのり》、幼名升《のぼる》）は、慶応3年（1867）9月17日に松山藩士正岡常尚の次男として生まれた（子規生誕の地＝新玉町8・9番地）。その後、中の川沿いの湊町4丁目1番地に転居し、明治16年に上京するまでの間この地で過ごした。子規が小学校を卒業する明治12年には、3畳1間の勉強部屋が増築された（図2）。現在、正宗寺内に「子規堂」として子規が暮らした居宅が復元され、往時の姿をうかがい知ることができる。

図2　子規の勉強部屋　松山市立子規記念博物館所蔵

幼いころの子規は、幼馴

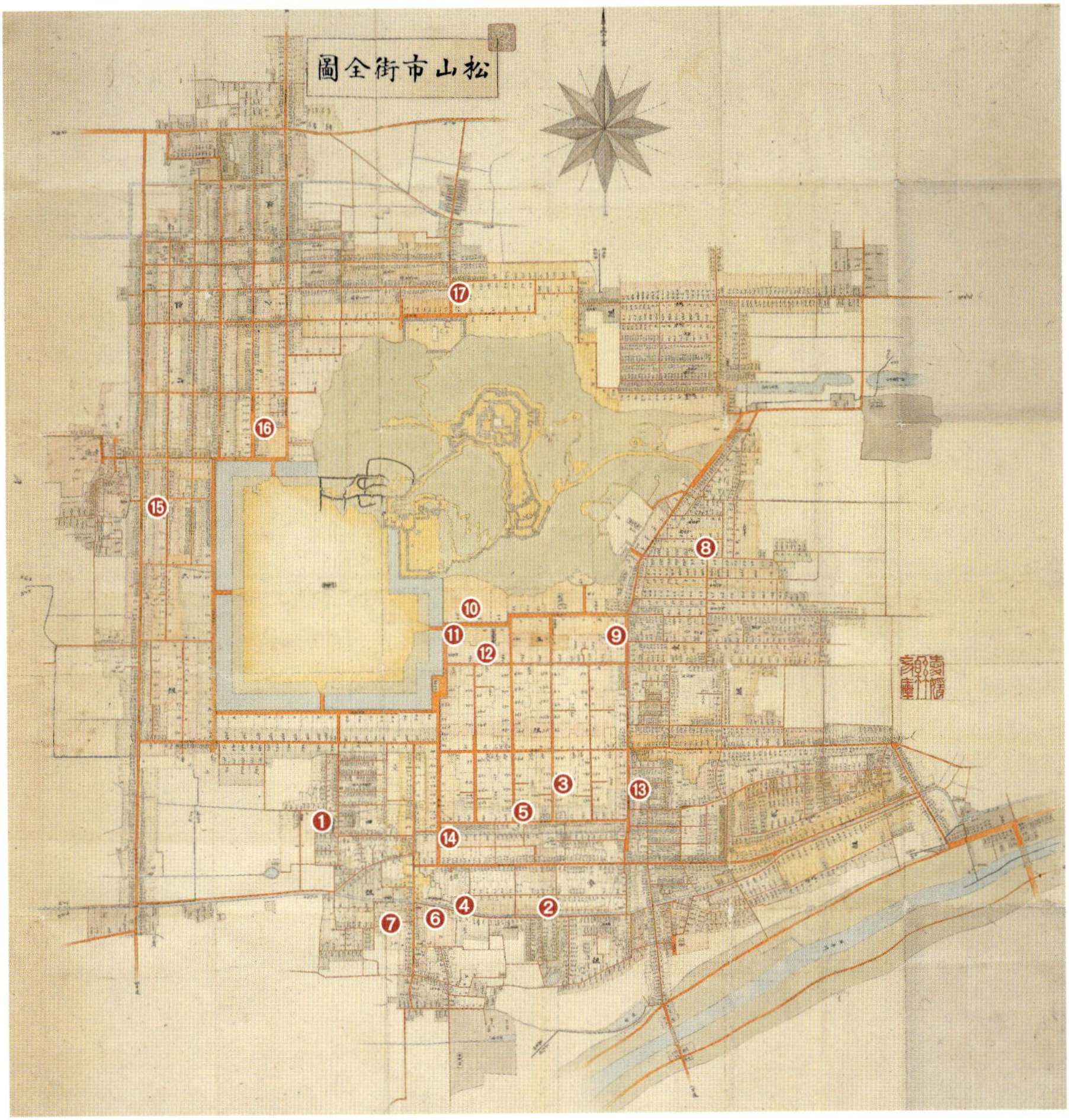

図３　「松山市街全図」愛媛県立図書館所蔵
❶子規生誕の地　❷正岡家　❸大原観山邸　❹土屋久明邸　❺河東静渓邸　❻法龍寺　❼正宗寺
❽秋山家　❾近藤元脩邸（謙塾）　❿愛媛県庁　⓫松山中学校　⓬勝山学校　⓭巽学校
⓮智環学校　⓯開通学校　⓰啓蒙学校　⓱清水学校

染みの三並良《みなみはじめ》とともに松山藩儒であった祖父大原観山《かんざん》のもとに通い、素読を教わった。通学の途中、近所の犬に吠えられ悩まされたというエピソードが伝わっている。現在の地図で子規の家から観山邸までの距離を測ってみると３００ｍにすぎない。わずかな距離でも、当時の彼らにとっては危険な道のりに感じられたようだ。

観山の死後、子規は近隣に住む土屋久明や河東静渓《せいけい》（河東碧梧桐《へきごとう》の父）などから教えを受けた。彼らはみな、かつて観山とともに藩校明教館の教官をつとめた人物たちであった。子規が幼少期のころには、まだ藩政時代の知識人たちが旧城下に居を構え、私塾や寺子屋を開き学問を教授していた。

少年時代の真之

秋山真之（幼名淳五郎）は、慶応4年（明治元、1868）3月20日に松山藩士秋山久敬の五男として中歩行町31番地に生まれた。現在、跡地には「秋山兄弟生誕地」として兄弟の銅像とともに生家が復元されている（図4）。図3では、城東周辺の町名を北から南へ鮒屋町→北歩行町→中歩行町→南歩行町と記載しているが、正しくは北歩行町→中歩行町→南歩行町→鮒屋町の順となる。

父久敬は廃藩置県後、小学校の教員や県の学区取締として教育に関与した。昭和11年（1936）の愛媛県教育会がおこなった調査によれば、明治維新前後には自宅で私塾を開いていたという。現在、愛媛県生涯学習センターに秋山家旧蔵の漢籍類が数多く所蔵されているが、これらは秋山家の私塾の存在を裏付けるものといえよう。この漢籍のなかには、真之や兄好古の名が記されたものも残る。

幼少期の真之は、近所にあった漢学者・近藤元脩《もとなが》の謙塾に通っている。この謙塾には、好古、加藤拓川《たくせん》（子規の叔父）、柳原極堂《きょくどう》（子規友人）らも在籍した。真之も子規と同様に、幼いころより江戸時代からの学問を学び、漢詩文の素養を身に付けていった。

子規・真之の学び舎

明治5年8月に「学制」が頒布され、近代教育制度に基づく小学校が全国に設置された。図3をみると、市街中心に勝山・巽・智環・開通・啓蒙・清水の6つの小学校を確認することができる。

明治6年、子規は当時法龍寺内にあった末広学校（のちの智環学校）に入学した。学校といっても寺の庫裏を利用した校舎で、子規の随筆「筆まかせ」によると、当初は授業内容も寺子屋と変わらず、習字がおもな学科であったという。

その後、子規は明治8年に小学科伝習所（のちの

図4　秋山兄弟生誕地

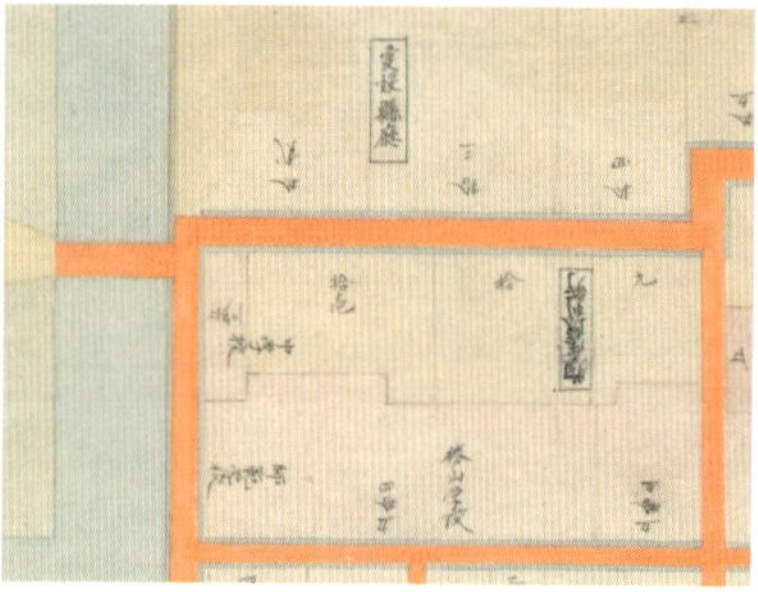

図5　勝山学校周辺（部分拡大）

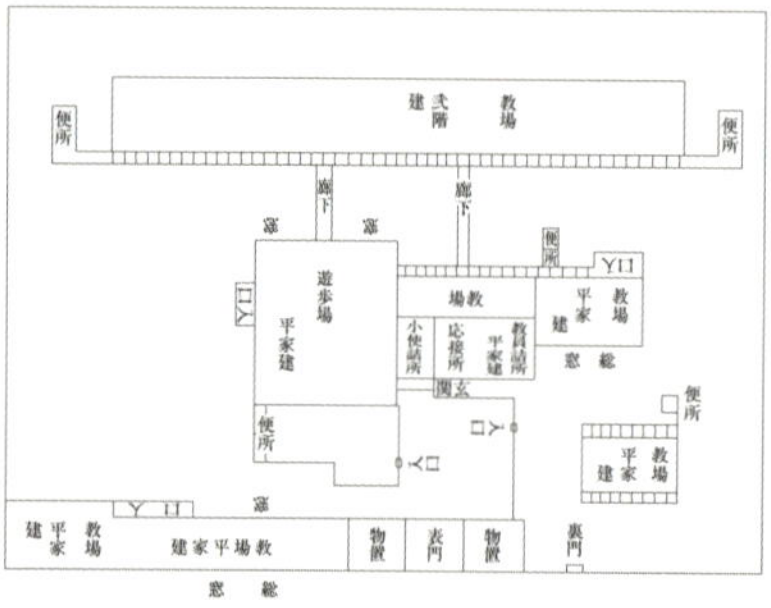

図6　明治16年ころの勝山学校平面図（愛媛県行政資料「明治15～17年小学校」より作成）

師範学校）の附属小学校となった勝山学校に転校した。同じころ、それまで謙塾で学んでいた真之も同校に入学した。彼らが学んだ勝山学校は、明教館があった街区の一角に設置された学校で、明治16年ころの校舎の図面をみると、平屋建ての旧来の建物のなかに2階建ての新校舎がつくられた様子がうかがえる（図5、6）。

　このの ち勝山学校は、明治18年に近隣の巽学校・智環学校の2校と合併したあと、外側尋常小学校、第一尋常小学校となり、現在の松山市立番町小学校へと受け継がれていく。番町小学校の校舎正門には、句碑とともに子規の像が建てられ、子規・真之の学び舎の伝統を今に伝えている（図7）。

図7　松山市立番町小学校の子規「旅たち」の像

松山中学校

　子規は明治12年12月、真之は同14年2月に勝山学校を卒業し、ともに松山中学校に進学した。当時の写真をみると、明教館の建物を利用した校舎の状況がよくわかる（図8）。写真左端に一部写っている大きな屋根は、明教館の講堂で、現在、松山中学校の流れを汲む愛媛県立松山東高等学校に現存する。

　松山中学校では、初代校長草間時福《ときよし》のもと演説会や討論会を取り入れた開明的な教育が実践された。ところが、子規や真之が入学したころには、すでに草間は松山を離れ、自由な校風は失われつつあった。中学時代の子規は、政談演説に熱中するが、教員らの干渉が強まり、次第に息苦しさを感じていく。子規は、明治16年6月に叔父加藤拓川の許しを得て上京する。真之もまた同年9月に好古の招きにより東京へ向かった。

図8　明治前期の松山中学校（出典:『四十年前之恩師草間先生』）

子規・真之が暮らした松山

　少年時代の子規・真之のゆかりの地は、図3の中心部約1キロ四方の範囲に収まる。現在の番町小学校区に相当するこの地域が、彼らのおもな行動範囲であったと考えられる。

　明治前期の松山は、当時の教育の在り方と同様に、江戸と明治の要素が混在した時代の過渡期にあった。松山城を中心に江戸の風情が残る一方、現代に受け継がれる、近代国家制度に基づく新たな施設がつくりはじめられていた。こうした光景は、子規や真之の記憶に残る松山の原風景であると同時に、現在の松山の原点といえるであろう。

子規・漱石が訪ね歩いた道後

川島佳弘

道後のシンボル

　明治23年（1890）に道後湯之町の初代町長となった伊佐庭如矢《いさにわゆきや》は、老朽化した道後温泉の全建物の改築を進めた。同27年4月、現在もまちのシンボルとして残る道後温泉本館（神の湯）が完成した（図1）。新たにできた建物は、和風の外観を保ちながら、内部にはトラス構造を取り入れ、三層楼の屋上にある振鷺閣《しんろかく》には赤色のギヤマン（ガラス板）を採用するなど洋風建築の要素を織り交ぜてつくられた。国の重要文化財の指定を受けながらも、現役の温泉入浴施設として今も利用されている。

　図5の「伊予道後温泉場真景及古跡名所」は、明治28年に作製された道後温泉周辺の絵図である。「道後ヨリ鉄道線路ヲ経テ松山三津高浜ノ真絶景」とあるように、道後のまちを中心に、そこに至る鉄道路線、高浜・三津—松山市街地を鳥瞰して描いている。道後温泉本館完成直後の賑わいを描いたこの絵図をみながら、正岡子規と夏目漱石が訪れたまちの様子を紹介したい。

明治28年の子規と漱石

　明治28年4月、子規は病身にもかかわらず、日本新聞社の記者として日清戦争に従軍した。しかし、間もなく講和条約が調印され、帰国の途につく。無理がたたり、子規は帰りの船内で大喀血し、神戸・須磨で療

図1　完成当初の道後温泉本館　坂の上の雲ミュージアム提供

図2　道後温泉本館（部分拡大）

図3　正岡子規（明治28年）松山市立子規記念博物館所蔵

図4　夏目漱石（明治29年4月松山中学校卒業記念写真）

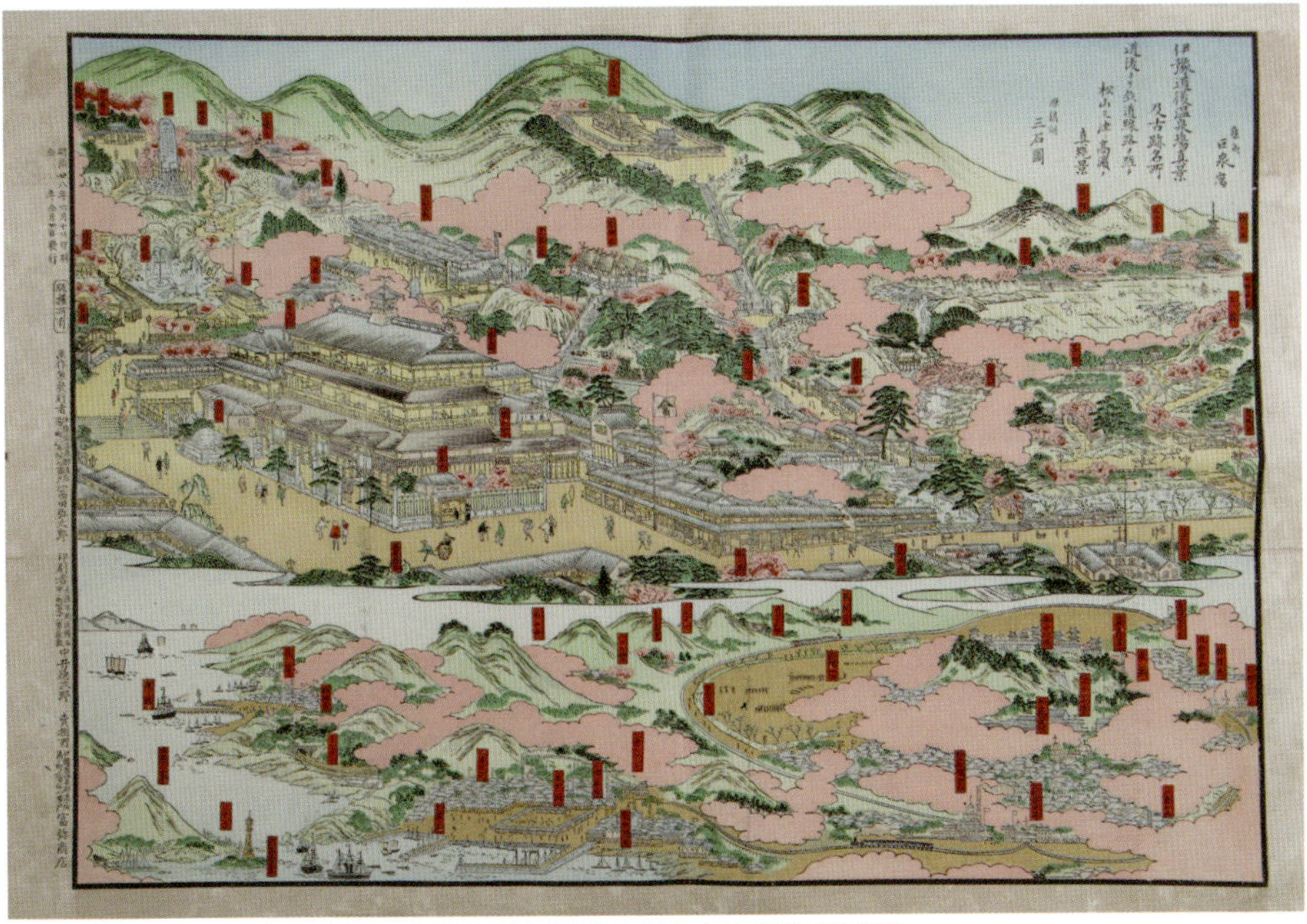

図５　「伊予道後温泉場真景及古跡名所」愛媛県歴史文化博物館所蔵
明治28年６月10日印刷、同月23日発行、画作兼発行者・富田弥太郎

図６　明治の道後（1/2万「松山」明治36年測図、同38年製版）

養する。

　同じころ、漱石は松山中学校の英語教師として松山に赴任している。4月に到着した漱石は、城戸屋旅館に宿泊し、ついで松山城山麓の愛松亭に滞在した。6月に市内二番町の上野義方宅の離れ（愚陀仏庵《ぐだぶつあん》）に転居する。

　その後、8月に子規が病気療養のため松山に帰省し、漱石が暮らす愚陀仏庵に寄宿することになる。ふたりは、52日間にわたって共同生活を送った。

　子規は、愚陀仏庵滞在中に松山近郊で散策吟行を数回試み、その記録を『散策集』としてまとめた。このうち10月6日の記録には、漱石を誘って道後界隈を訪ね歩いたときの様子が描かれている。

図7　道後駅（明治後期ころ）坂の上の雲ミュージアム提供

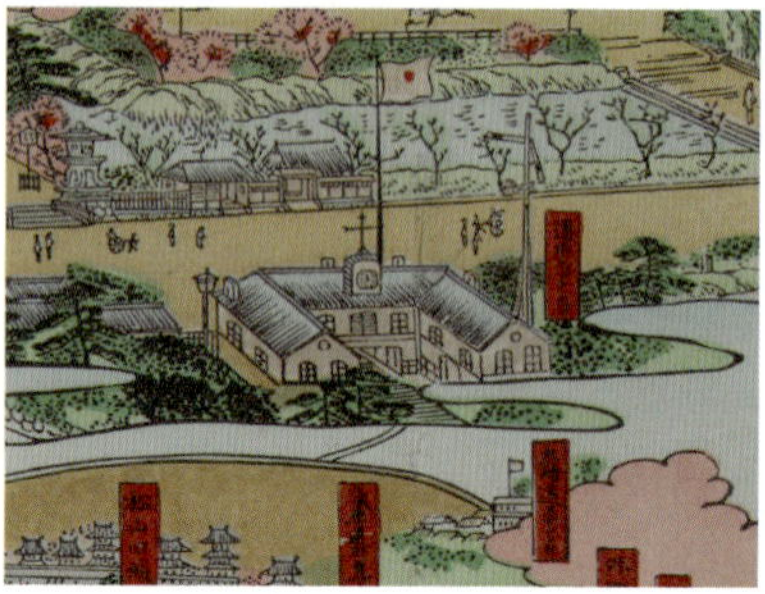

図8　道後駅（部分拡大）

図9　道後湯之町本通り（明治後期ころ）坂の上の雲ミュージアム提供

子規・漱石の行程

『散策集』の記述をみながら、子規と漱石の行程を確認していきたい。

子規は、「今日は日曜なり　天気は快晴なり　病気は軽快なり　遊志勃然《ぼつぜん》、漱石と共に道後に遊ぶ」と当日の状況を記している。松山市街から道後までの吟行の記述がないことから、ふたりは、同年8月に開通したばかりの道後鉄道（図7）を使って移動したと考えられる。

①道後温泉本館

道後に到着したふたりは、道後温泉本館を訪れ、三層楼にあがっている。ここで子規は楼上からの眺望を「柿の木にとりまかれたる温泉哉」と詠んだ。

漱石は、これ以前に何度か温泉に入浴していたようで、友人の狩野亨吉《かのうこうきち》にあてた手紙のなかで「道後温泉は余程立派なる建物にて、八銭出すと三階に上り茶を飲み、菓子を食ひ、湯に入れば頭まで石鹸で洗って呉れるといふ様な始末、随分結好に御座候」と感想を述べている。現在、道後温泉本館3階の一室を「坊っちゃんの間」に定め、漱石の写真や胸像などを展示しており、入館者は自由に見学できるようになっている。

②鷺谷墓地

つづいて、北の鷺谷方面に向かい、黄檗《おうばく》宗寺院の大禅寺を訪ね、隣接する鷺谷《さぎたに》墓地で子規の曾祖母小島久の墓を探している。子規は、「花芒《はなすすき》墓いづれとも見定めず」の句を記しており、曾祖母の墓はみつからなかったようだ。

この大禅寺は今はなく、鷺谷墓地は市営の共同墓地として受け継がれている。ここには初代町長伊佐庭如矢のほか、秋山好古、白川義則、中村草田男らの墓がある。

③花月亭

子規と漱石は、南に引き返して鴉渓《あけい》の料理屋花月亭に立ち寄っている（図10）。

鴉渓を流れる御手洗《みたらい》川沿いは、「新もみじ」と呼ばれ道後界隈の景勝地であった。子規は、「亭ところどころ渓に橋ある紅葉哉」と、この景色を詠んだ。現在の「ふなや」旅館内の庭園にその名残をみることができる。

④宝厳寺

花月亭を出たふたりは、時宗の開祖一遍上人誕生の地として知られる宝厳寺《ほうごんじ》を参詣している。当時、寺の参道が通る門前の松ヶ枝《まつがえ》町には花街があった（図12）。子規は、寺の山門に腰かけて、花街の賑わいと境内の情景を対比して「色里や十歩はなれて秋の風」の句を詠んでいる。

その後、子規と漱石は道後をあとにし、途中松山市街大街道の芝居小屋新栄座で狂言をみて、愚陀仏庵に帰っている。

子規・漱石と道後

子規と漱石の道後での足取りを辿ってみると、南北、東西に行きつ戻りつしているようにみえる。穏やかに語り合いながら歩く姿が目に浮かぶ。

子規は、10月19日に三津浜を出立し、東京へと戻っていく。その後、子規が松山に帰ることはなかった。子規の記憶に残る最後の道後は、漱石とみた景色であった。一方、漱石は翌年松山を離れるまで、高浜虚子などを誘い、たびたび道後温泉を訪れた。のちに小説『坊っちゃん』で「温泉だけは立派なものだ」と描いているのは、漱石なりの賛辞といえよう。

現在も道後には、子規・漱石がみた明治のまちの痕跡が随所に残っている。

図10　花月亭などの料理屋が並ぶ伊佐爾波神社参道（大正期ころ）坂の上の雲ミュージアム提供

図11　「新紅葉」の注記がある伊佐爾波神社参道付近（部分拡大）

図12　松ヶ枝町・宝厳寺参道（明治末～大正期）坂の上の雲ミュージアム提供

図13　宝厳寺周辺（部分拡大）

大胆なデフォルメで描かれた昭和初めの姿

吉田初三郎が描いた近代都市松山

平井 誠

「大正の広重」が描いた鳥瞰図

図1は、吉田初三郎（1884～1955）が描いた「松山道後名所図絵」（昭和2年）である。初三郎は、鳥が空から眺めたような鳥瞰図を得意とし、「大正の広重」と称された。

この絵図の特徴は、四国を東西からギュッと縮め、松山平野を囲むように左に高縄《たかなわ》半島、右に四国山地を描いていること。また、重信川や石手川を湾曲させてダイナミックに描く一方、半島やリアス式海岸は控えめに描くことで、松山平野や四国を丸く見せ、やわらかさを生んでいる。平野の黄、山々の緑、海の青、色のコントラストも見事である。

松山公園と歩兵第22連隊

では、いくつか切り出して空中散歩に出かけてみよう。図2は、松山城の拡大図である。明治43年（1910）、松山市が陸軍省から松山城を借り受け、「松山公園」として開放した。その後、大正12年（1923）に旧藩主の子孫が3万円で陸軍省から払い下げを受け、4万円の保存基金を添えて松山市に寄付した。天守閣からの眺望はすばらしく、松山平野を一望できる。春には桜の名所として、大勢が登山したという。城郭は封建時代の象徴として破却される時期もあったが、松山城の場合は近代都市に不可欠な公園として生まれ

図2　松山城と堀之内

図１「松山道後名所図絵」（昭和２年）愛媛県歴史文化博物館所蔵

変わり、松山市の象徴となったのである。

　松山城のふもとには堀で囲まれた「堀之内」（三の丸）があり、藩主や重臣の屋敷があった。明治になると陸軍省が「堀之内」から城山全体を所有して軍隊を駐屯させた。そして、明治19年（1886）に歩兵第22連隊が設置された。図2には兵舎らしきものが見える。松山市は観光都市だけではなく、軍都としての顔も持ち合わせていたのである。

湯のまち道後温泉

　図3は、道後地域の拡大図である。左に見える道後温泉は、松山城と並ぶ松山の二大観光地である。明治27年（1894）、道後湯之町の町長伊佐庭如矢《いさにわゆきや》（1828〜1907）の尽力によって、一般浴室である神の湯が改築された。神の湯は、総三階建てで、大屋根の中央に宝形屋根の塔屋を設け、温泉にゆかりの白鷺をすえた。明治32年には上級浴室である霊《たま》の湯が改築、皇族専用の又新殿《ゆうしんでん》が新築されている。さらに、大正13年（1924）、養生《ようじょう》湯（現神の湯の女子浴室）が改築された。図3は、道後温泉を南西から描いたもので、左に神の湯、奥に又新殿・霊の湯、右に改築後の養生湯を確認することができ、絵図の詳細さがうかがえる。

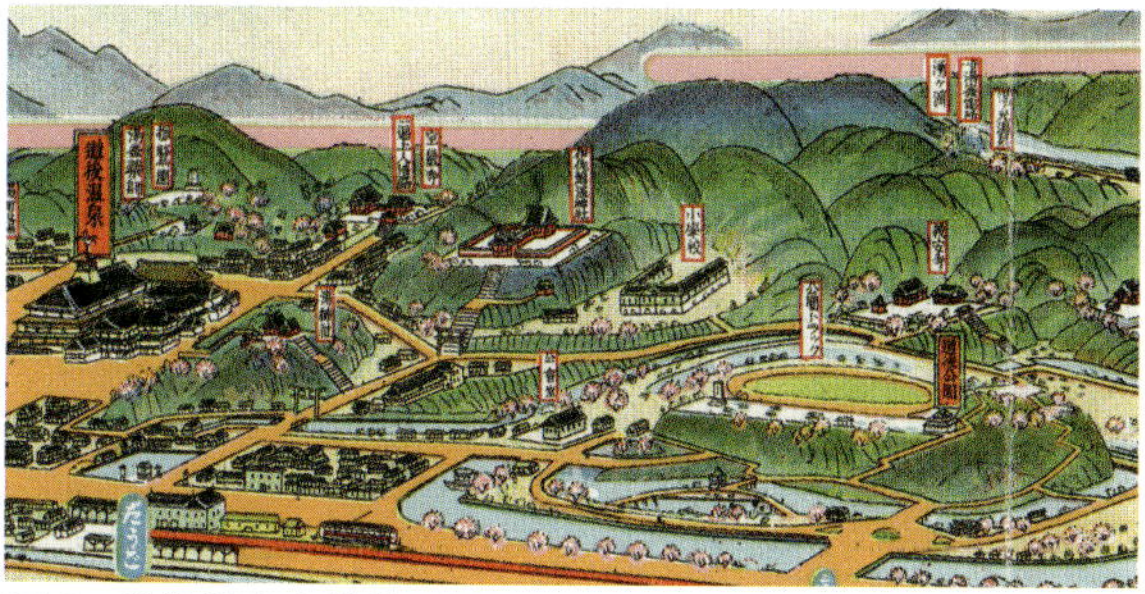

図３　道後温泉と道後公園

　道後温泉は、建築から百年を超え、1994年に公衆浴場として初めて国の重要文化財に指定された。少し熱めの温泉にゆっくり入浴し、浴衣に着替えて神の湯の二階で道後の街並みを眼下に一服するのもいいだろう。今日では国内だけでなく海外からの観光客も増えている。

道後公園とロシア人捕虜

　図3を見ると、道後温泉の近くに「道後公園」がある。伊予の守護大名河野氏が居城とした湯築《ゆづき》城址で、明治になって公園とされた。今日もなお堀や土塁が良好に遺されている。

　当初「道後公園」は「道後植物園」と称し、明治21

年（1888）になって公園化された。地元紙である『海南新聞』は、翌年8月15日、正岡常規《つねのり》が園内で陶器の破片を採取したと報じている。正岡常規とは、俳人正岡子規の本名である。彼も道後公園を散策していたようである。

　道後公園の東側は「東馬場」、「東トラック」と称され、明治20年代後半から30年代にかけて、競馬、競車、競輪がおこなわれた。日露戦争で松山には捕虜収容所が設置されたが、捕虜に対する扱いは穏やかで、道後温泉の入浴、道後公園の散策なども許可された。明治38年（1895）8月5日、「東トラック」で競輪大会がおこなわれ、日露で約3000人の見物客が集まっている。競輪は人気だったようで、大会の様子を掲載した絵葉書なども発行されている。

　1953年、道後公園内に動物園が設けられ、以後長年にわたり道後動物園として県民に親しまれた。しかし、場所が手狭になったため、1987年に閉園、近隣の砥部《とべ》町へ移転した。道後動物園には、動物だけではなく、メリーゴーランドなどさまざまな遊具もあった。そのため、道後動物園を動物園としてだけではなく、遊園地として記憶している方も多いことだろう。

陸上交通の発達―鉄道

　松山への国鉄延伸は昭和2年（1927）と遅く、先に私鉄が発達した。明治21年（1888）に伊予鉄道が松山（翌年外側《とがわ》改称、現松山市）～三津口（翌年古町《こまち》改称）～三津に全国初の民間軽便鉄道を開通させた。その後、明治25年に三津～高浜、翌年に外側～平井河原（現平井）を開通させ、順調に延伸した。

　伊予鉄道の盛況は企業家たちに影響を与えた。明治28年には道後鉄道が松山（現大街道）～道後～三津口（現萱《かや》町6丁目）に、翌年には南予鉄道が藤原（現松山市）～郡中に軽便鉄道を開通させた。そのため、伊予鉄道の外側と南予鉄道の藤原、伊予鉄道の古町と道後鉄道の三津口は、駅舎と線路を隣接させる状況であったが、明治33年に伊予鉄道が道後鉄道と南予鉄道を合併した。

　明治28年に英語教師として松山に赴任した夏目漱石

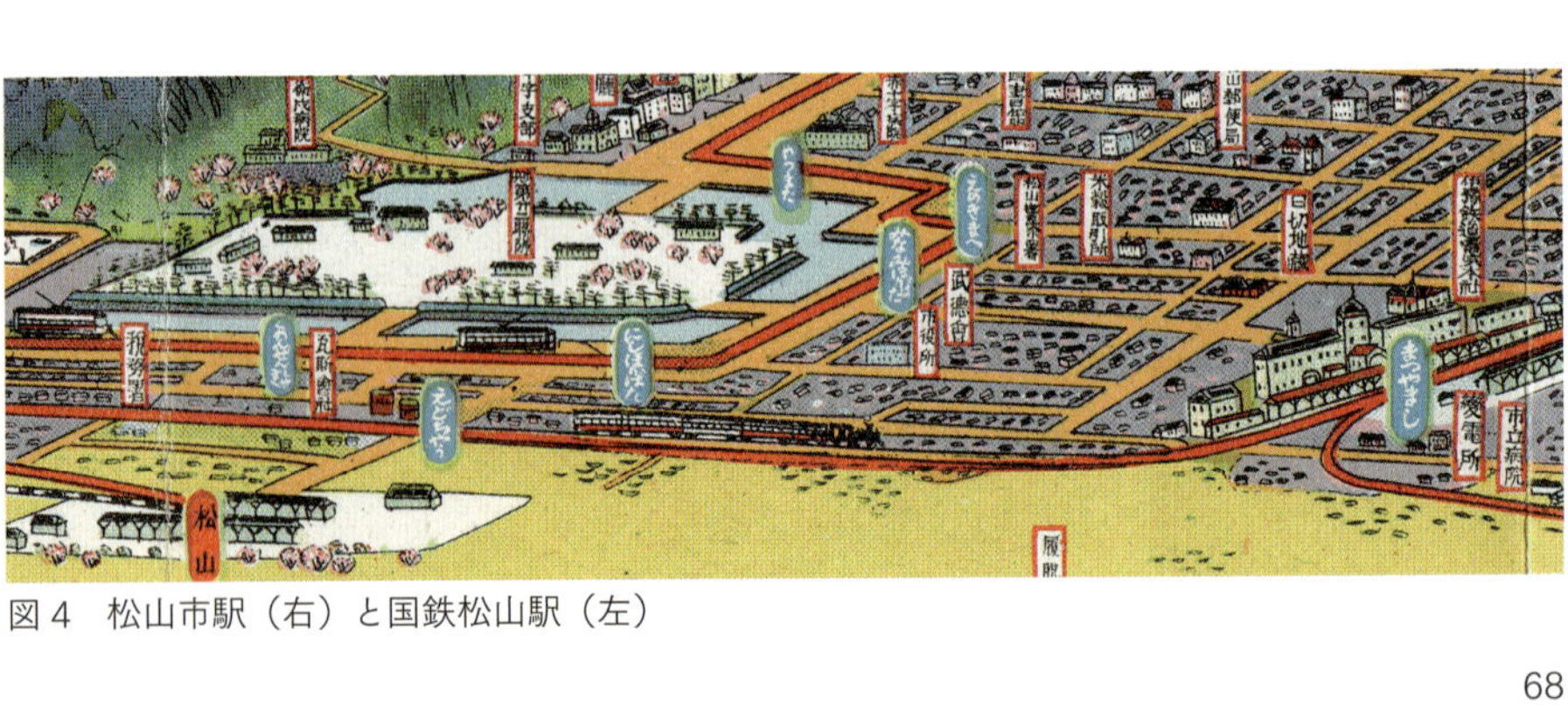

図4　松山市駅（右）と国鉄松山駅（左）

が、明治39年に発表した『坊っちゃん』で登場する列車は、伊予鉄道と道後鉄道を想定したものと思われる。続いて明治44年、伊予鉄道は、古町～道後～一番町の電化をおこない、松山に電車が登場した。

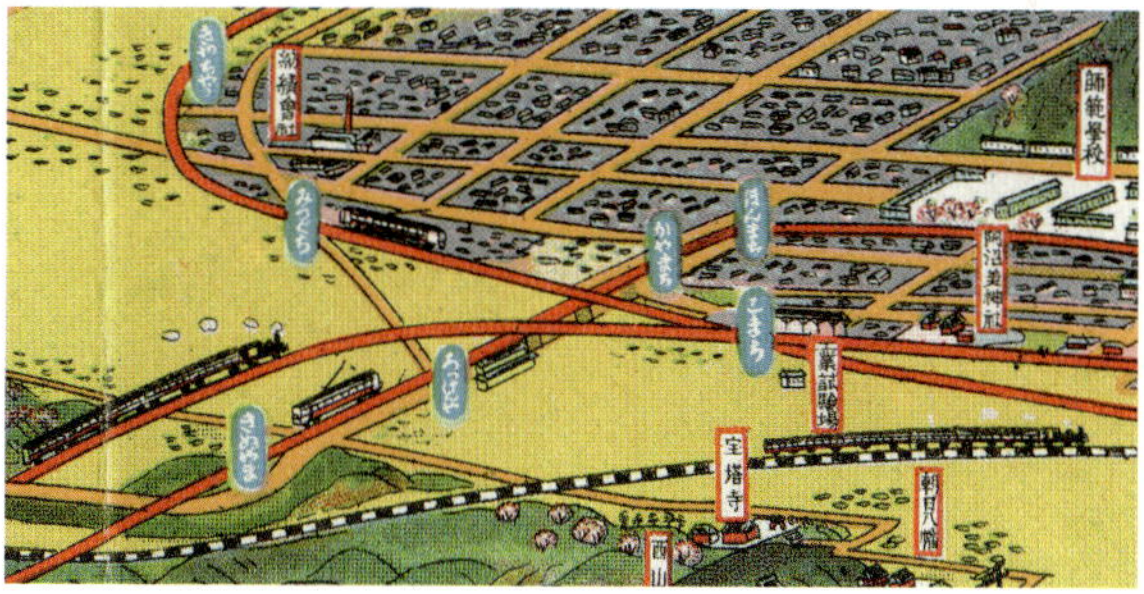

図5　古町駅付近の様子

明治25年の高浜延伸、明治39年の高浜開港に対して、三津浜有志と政友会が松山電気軌道を設立した。明治44年に道後～札の辻、本町～住吉、札の辻～本町、翌年に住吉～三津浜江の口を開通させた。一番町～道後は伊予鉄道との並行線であり、運賃割引などで激しい競争が続いた。その結果、大正10年に伊予鉄道は松山電気軌道を合併して経営基盤を強化するとともに、路線の整理・統合をおこなった。

図5は、市内線と郊外線が行き違う古町駅付近の様子である。電化された市内線、坊っちゃん列車が引く郊外線、国鉄松山駅への乗り入れが描かれている。

海上交通の発達―船

陸上交通の発達が遅れたのに対して、海上交通は早くから開け、阪神～九州航路の定期船が県内各地に寄港した。特に、岩崎弥太郎の三菱汽船と三井系の共同運輸の激しい競争の中で、明治17年（1884）に大阪の中小船主が合同して、住友の広瀬宰平《さいへい》を頭取に設立した大阪商船が有名である。

図6　高浜港の様子

明治45年、大阪商船は月6回運航の大阪～別府（当初佐伯）航路を開設し、県内では高浜に寄港した。使用船は「くれない丸」で、その豪華さから「瀬戸内海の女王」と言われたほどだった。その後、新造船「むらさき丸」の就航により、大正11年（1922）から週3回となり、更に翌年から毎日出航となった。図6は、大きな船が停泊している高浜港の様子である。

大阪商船で松山を訪れた観光客は、高浜から伊予鉄道の郊外線に乗って古町に向かい、古町で市内電車に乗り換えて松山城や道後温泉に向かった。海上交通と陸上交通がうまく連絡したことは、松山が近代都市として発展するのに大きく寄与した。

伊達宗利が描かせた300年前の宇和島

宇和島城下絵図屏風にみる宇和島城

井上淳

「宇和島城下絵図屏風」とは

　宇和島城が近世城郭として整備されたのは、文禄4年（1595）に宇和郡の内に7万石が与えられて入部した藤堂高虎《とうどうたかとら》の時代である。海に面した宇和島城は、南伊予を支配する拠点であると同時に、豊臣秀吉が進める朝鮮出兵を後方から支える軍備拠点として、慶長元年（1596）から6年頃にかけて急速に整備が進められた。

　その後、慶長19年に伊達政宗の長子秀宗《ひでむね》が宇和郡10万石を与えられ、翌年に入部、この頃に地名が板島から宇和島と改められる。2代藩主宗利《むねとし》の治政である寛文年間（1661～73）に、天守をはじめ城郭の大部分に改修が加えられるが、大改修後の宇和島城の姿が描かれた絵画史料が「宇和島城下絵図屏風」（宇和島市立伊達博物館所蔵）である。

　屏風は六曲一隻で、襖の引き手の痕跡が3カ所あることから、当初は襖《ふすま》に仕立てられていたことがわかる。左側には小高い山に築かれた宇和島城があり、海と内堀により囲まれた堀之内の五角形の特徴的な姿を正確に捉えている。折れ曲がった内堀に沿って武家屋敷が整然と並び、手前側の海に突き出すように浜御殿が見える。

　武家屋敷には、人名が記された貼札が7カ所残っているが、それら貼札の情報から、宝永元（1704）から3年頃に屏風が完成したものと考えられる。しかし、西側海岸線の描写が元禄12年（1699）以前の情報となっていることから、景観年代自体は、元禄終わり頃と推定されている。本書でも取り上げた「松山城下図屏風」とほぼ同時期の景観年代であるが、全国的に城下町が整備され、都市として成熟していく元禄時代、軌を一にして、二つの城下図屏風が登場したことになる。それでは約300年前の屏風に宇和島城がどのような姿で描かれているのか、細かく紹介していきたい。

本丸部分

　初めに城山の山頂、本丸の描写を見ていく（図1）。

　本丸の南東部に3階建ての天守が描かれている。白漆喰の惣塗籠《ぬりごめ》式、層塔《そうとう》型の天守で、正面最上層の屋根に大きな唐破風、二層の屋根に大きな千鳥破風、一層屋根は二つの千鳥破風が付き、一層の入口には、唐破風の屋根を架けた式台付の玄関がある。伊達宗利が建てた天守の姿が忠実に表現されている。

　宇和島城の最初の天守は、

図1　本丸部分(「宇和島城下絵図屏風」)宇和島市立伊達博物館所蔵　方位は上が東

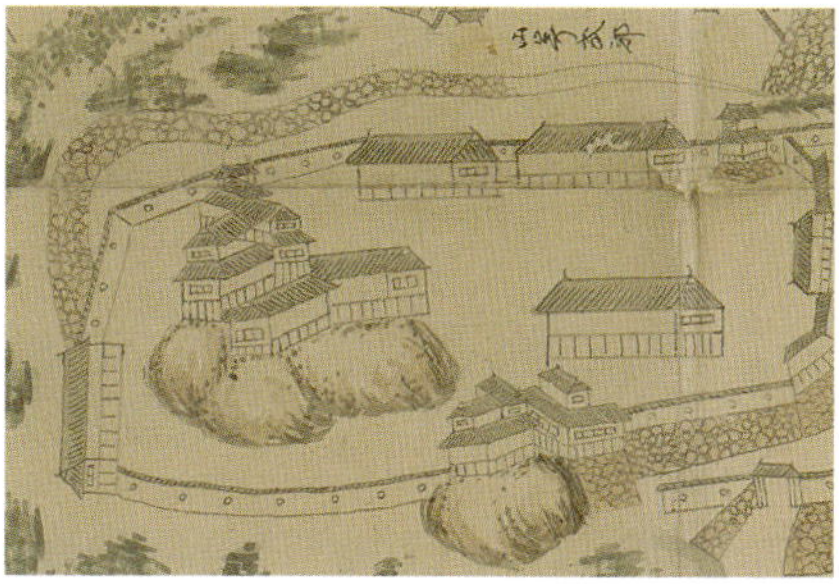

図2　天守(「宇和島城下絵図」)承応3年(1654)頃　伊予史談会所蔵

藤堂高虎が慶長6年に完成させたもので、自然の岩盤に直接建っていた。黒の下見板張りを腰板のように巡らせた旧式の望楼《ぼうろう》型の天守で、左右不対称の突出部があり、複雑な外観であった(図2)。高虎の天守は、天守台となる石垣がなく、自然の岩山に建っていたため、土台が朽ちるのが早く、破損も進んでいた。そこで宇和島藩が寛文2年(1662)に幕府に願い出て再建したのが、屏風に描かれた現存天守である。

　宇和島城の諸施設については、「御城所々御矢倉并間数覚」(以下、「間数覚」)に大きさや構造が記されている。以下それを参考にしながら天守以外の本丸にある建物を概観する。なお、1間は6尺5寸で、約2mとなる。

　天守の左側に見える大きな平屋の建物が御台所である。御台所は5間(10m)に9間(18m)で、北側には1間(2m)張り出して庇が付いていた。外見は平屋建てに見えるが、「間数覚」によると内部に二階があったことがわかる。御台所の上側にあるのが御弓櫓で、奥行きが2間(4m)、横側は折れ曲がりながら10間（約20ｍ）とある。そのうちの一部が二階建てになっており、二階部分が2間（4ｍ）四方と記されている。

　御台所の左側、本丸への入口には、3間（6ｍ）に9間半（19ｍ）の櫛形門櫓が描かれている。そのうち門になっている部分は、梁間が2間（4ｍ）で、その門の上に2間（4ｍ）に2間半（5ｍ）の二階部分が載っている。二階部分には左右に半円形の櫛形窓が付いているが、櫛形門の名称はこの窓の形に由来するものと考えられる。櫛形門櫓に東北側で接続しているのが北角櫓で、2間（4ｍ）に3間（6ｍ）の平屋建てになっている。一方櫛形櫓の南西側には、2間（4ｍ）に7間（14ｍ）の南角櫓、2間半（5ｍ）に8間（16ｍ）の鉄砲櫓、2間（4ｍ）に7間（14ｍ）の休息櫓が連続するが、そのうち南角櫓だけが2間（4ｍ）四方の二階がある。本丸部分の建物の描写は、「間数覚」が示す大きさや構造と一致しており、櫛形門の半円形の窓など、建物の特徴をよく捉えている。

海の出入口黒門と搦手口

　さらに堀之内に範囲を広げ、とくに宇和島城の出入口に注目しながら、その描写を見ていく。

　宇和島城は、藤堂高虎が築く城に特徴的な海城としての性格をもっており、海から直接に出入りができる門を設けていた。それが城郭の北東部、海に面してつくられた黒門である（図3）。黒門は2間半（5ｍ）に15間半（31ｍ）の海に面した平屋建ての長屋門で、その東側には二階建ての黒門脇角櫓が付属している。角櫓は2間（4ｍ）に7間（14ｍ）の折れ廻しに2間（4ｍ）四方の二階部分が載る。黒門と黒門脇角櫓については、明治41年（1908）に撮影された写真があるが（図4）、海に開かれた黒門が宇和島城の船着場として機能するとともに、二階建ての黒門脇角櫓が海を監視する役割を担っていたことがうかがえる。

　陸側については、堀之内南東の大手口、南西の搦手《からめて》口の2カ所から出入りしていた。大手口は最後に取り上げることとして、ここでは搦手口の描写を検討する（図5）。内堀に架かる木橋が豊後橋で、その先、外枡

図3　黒門と黒門脇角櫓（「宇和島城下絵図屏風」）

図4　明治41年撮影の黒門と黒門脇角櫓　愛媛県立図書館所蔵

図５　搦手口（「宇和島城下絵図屏風」）

形の搦手口には、二の門が設けられていない。豊後橋の手前には木札が立っているが、これは下馬札を描いている。この下馬札については、宇和島藩「記録抜書」の元和3年（1617）の項に、2代将軍徳川秀忠から初代藩主伊達秀宗が伏見城の千畳敷御殿を拝領し、宇和島の三の丸に移築した際に、「伏見御城之下馬札弐枚差添御拝領、宇和嶋追手搦手ニ被建《たてらる》之由」とある。真偽のほどは定かではないが、大手と搦手に設置された下馬札が、宇和島藩では、将軍家からの拝領品と認識されていたことを示している。

藩主居館としての浜御殿

堀之内を離れて搦手口の南側に視点を移すと、豊後橋の手前、海に突き出るように一際大きな屋敷地が描かれている。この屋敷地が浜御殿である（図6）。

浜御殿があった場所は、藤堂高虎の時代には城代屋敷が置かれていたと考えられるが、承応3年（1654）頃の景観年代とされる「宇和島城下絵図」には、67間（134m）に89間（178m）の長方形の土地に「御屋敷地」と記されており、すでに宇和島藩により御殿が整備されていた可能性がある。少し時代が下り、寛文5年（1665）の「目黒山争論裁許

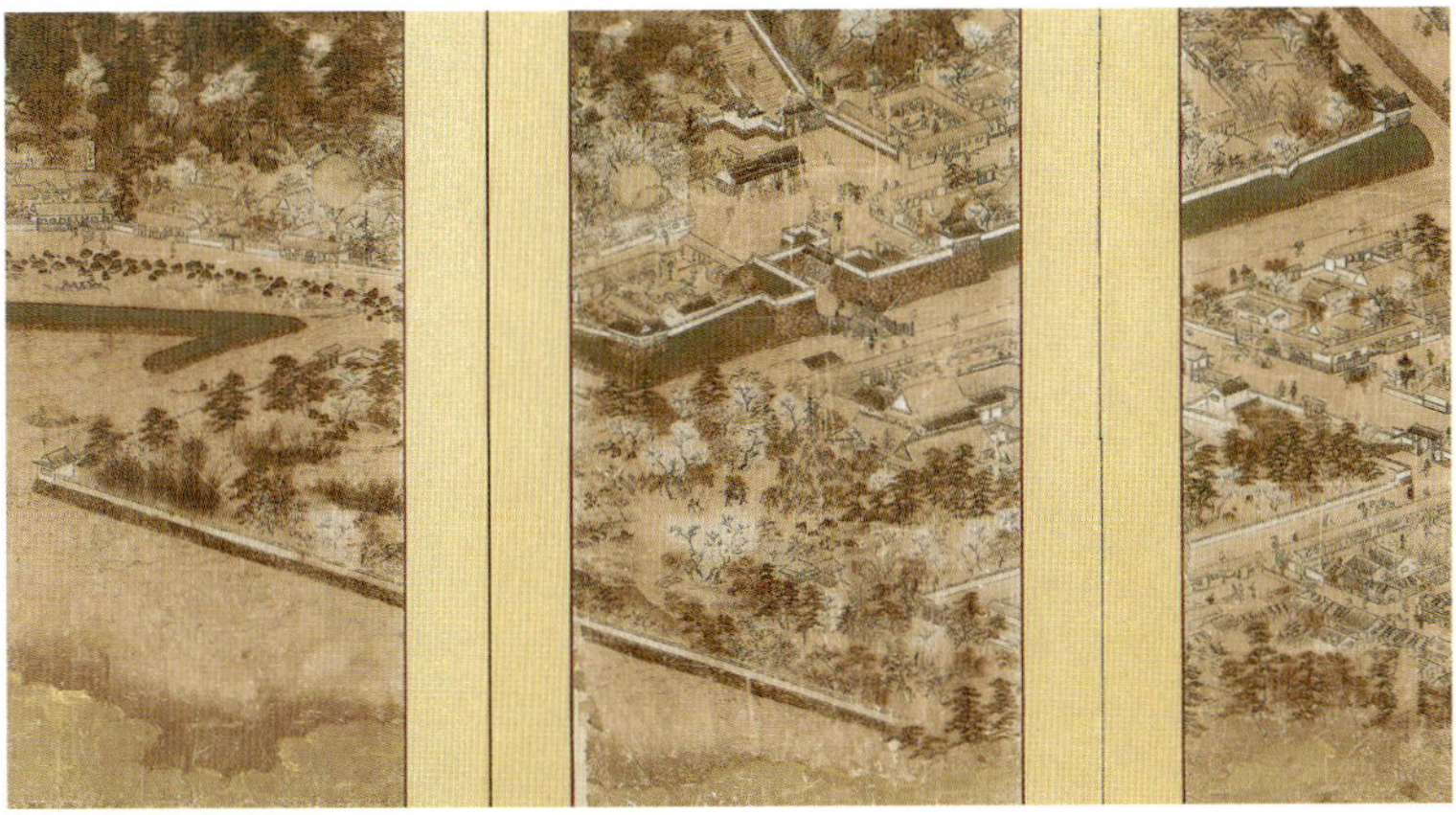

図６　浜御殿（「宇和島城下絵図屏風」）
上部が欠損した「□亭」と貼札がされた建物があるが、この「□亭」とは、宇和島藩２代藩主伊達宗利ゆかりの建物であろうか。庭園には木を植える職人の姿もあり、浜御殿が宗利の隠居屋敷として未だ整備中であったことがうかがえる。

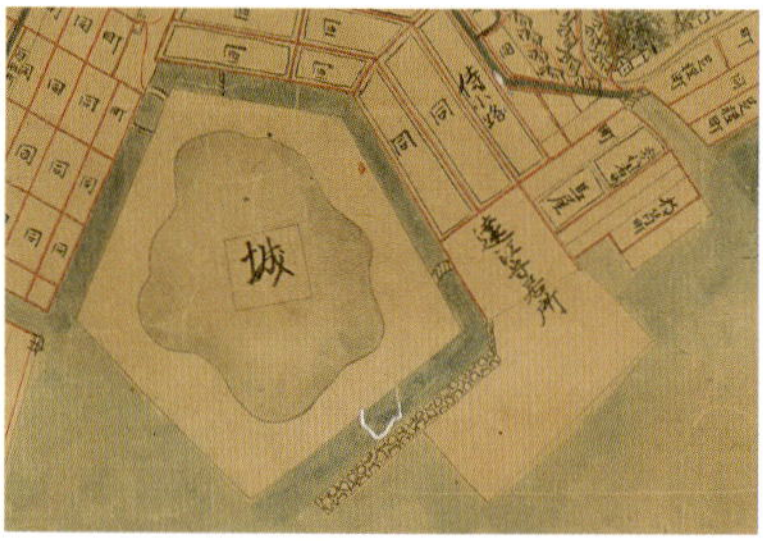

図7　浜御殿（「目黒山争論裁許絵図」）
愛媛県歴史文化博物館所蔵

絵図」になると、海側の埋め立てが進み、北側に折れ曲がった形の土地として描かれている（図7）。また、その土地に「遠江守居所」の文字が記されていることは注目される。遠江守は当時の藩主伊達宗利の官途名であることから、寛文5年には浜御殿が藩主居館としてすでに使われていたことが確認できるのである。

その後も寛文10年から延宝5年（1677）にかけての埋め立て工事により、南側にさらに土地が広がり、屏風に描かれた凸型の屋敷地が完成する。元禄6年（1693）に宗利が隠居すると、その翌年に宇和島に帰り、3代藩主宗贇《むねよし》が三の丸御殿を使うのに対して、宗利はそのまま浜御殿に入っている。屏風にはそれから間もない頃の浜御殿の様子が描かれていることになる。天守などの改修とともに、浜御殿の整備は宗利が力を入れた事業であることから、屏風ではそれらの要素を最も重視して、見栄えがする画面構成として、西から俯瞰する視点が採用されたのであろう。

堀端通りの武家屋敷

次に宇和島城の南東、内堀に面した堀端通りの武家屋敷を検討する（図8）。

図8　堀端通りの武家屋敷（「宇和島城下絵図屏風」）

堀端通りには、宍戸将監《しょうげん》、桑折《こおり》丹波、桜田大炊《おおい》といった家老をつとめるような上級武士の屋敷が建ち並ぶ。その屋敷を見ると、道路に面した表側にいずれも長屋門を備えている。宇和島で長屋門が現存するのは、家老をつとめた桑折家のものがあるが、屏風が描かれた当時、桑折家は宍戸将監と桜田大炊に挟まれて屋敷があった。その後桑折家は堀之内に屋敷地を移し、その長屋門が城山の北登城口に曳家、保存されている。城山登城口の長屋門は、向かって左側の大部分が切り取られ原形をとどめていないが、曳家以前に撮影された写真があるので紹介する（図9）。

図9　桑折家長屋門　村上節太郎撮影
愛媛県歴史文化博物館所蔵

長屋門の大きさは間口約

35m、奥行約4mで、向かって右側に馬屋、左側に門番や使用人はじめ、中間・小者が居住する空間があった。堀端通りの長屋門も同じような構造になっていたものと思われる。桑折家の長屋門は江戸中期の建築とされ、正面全体に腰板を巡らしているが、この板は奥州から取り寄せたという言い伝えがある。屏風に描かれた堀端通りの屋敷もやはり腰板をまとっており、桑折家の長屋門との類似点がうかがえる。

十万石に過ぎた追手門

最後に、大手口の描写を取り上げる（図10）。

大手口で存在感を示しているのは、渡櫓が載る巨大な追手門である。宇和島市教育委員会の発掘調査によると、根石の加工方法が藤堂高虎の城に共通して見られることから、その創建は慶長期にさかのぼる可能性が指摘されている。追手門は昭和20年（1945）の宇和島空襲で焼失するが、それ以前は国内に現存する城門としては最大級の門で、「十万石に過ぎた門」とされた（図11）。

その堂々たる追手門を備えた大手口に目を向けると、駕篭を中心とした武士の行列が進んでいる。それを出迎えようと追手門から駆けつける武士の姿も見える。行列の前方には膝をついて頭を下げる武士も描かれており、行列に敬意が払われていることもわかる。これはどのような情景が描かれているのだろうか。

「宇和島城下絵図屏風」については、その制作年代や藩主居館としての浜御殿が大きく描かれることから、伊達宗利を発注者とする見解が有力視されている。それをふまえると、大手の情景は、浜御殿に住む宗利が正門である追手門から入り、三の丸の御殿宗贇を訪ねようとしている場面を描かせていると解釈できる。自らが整備した宇和島城下が永く栄えるようにという宗利の願いが込められた描写といえよう。

図10　大手口付近（「宇和島城下絵図屏風」）
中央に巨大な櫓門の追手門が聳える。その追手門に向かって駕籠に乗り、草履取り、挟箱持、槍持などの供揃えを調えて進む武士の行列が見える。

図11　追手門　愛媛県立図書館所蔵　明治35年（1902）頃の撮影

宇和島城下図にみる恵美須町界隈の変遷

海端の城下の入口から宇和島随一の飲食店街へ

塩川隆文

宇和島における恵美須町の位置

恵美須町《えびすまち》は宇和島城の北、宇和島駅の西に位置する商業地域である。町の南端は辰野川《たつのかわ》により中央町と隔てられているが、両町を貫く「きさいやロード」により町並みが連続している。

現在の恵美須町は宇和島随一の飲食店街として知られ、郷土料理店や地元市民の行きつけの店が集中している。このような特徴は江戸時代を通じてどのように形成されてきたのか。

それに関連して、宇和島における芝居興行の場所は必ずと言ってよいほど恵比須町に設けられた。それはなぜだったのだろうか。

以上のような問題意識を踏まえ、本項では宇和島城下図の恵美須町界隈に焦点を当てて、その成立と発展の様相をみていきたい。

近世前期の宇和島城下図

図1は、寛永4年（1627）の「幕府隠密宇和島城見取図」である。城の北側には海が広がり、対岸には「舟頭町《せんどうちょう》」「舟入」「坂大津（大洲）へ之道」が描かれている。「記録書抜」等によると、恵美須町の前身である向新町《むかいじんちょう》の家建てが始められたのは正保4年（1647）のことであり、翌慶安元年（1648）に完成を見、樺崎《かばさき》にあった恵比須社を向新町に移したとされる。承応3年（1654）頃の宇和島城下を描いた図2では、辰野川河口の右岸に町並みが描かれ「足軽町」と書き込まれている。また、足軽町から「御船蔵」の間にも町並みが形成されたことがわかる。

しかし、この時期の宇和島市街の大半は城の南東部に展開していた。そのことは、元禄終わり頃の宇和島

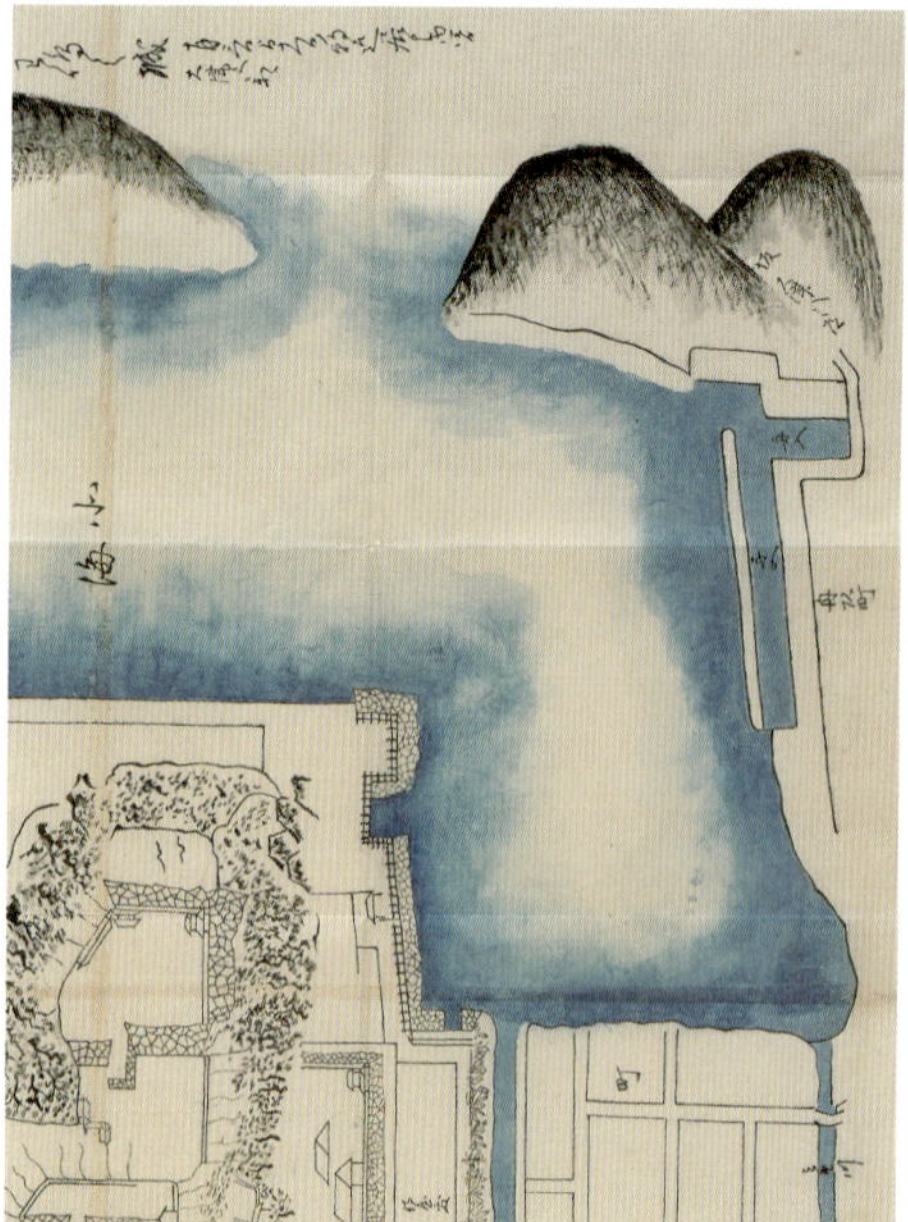

図1　「幕府隠密宇和島城見取図」（寛永4年〔1627〕）伊予史談会所蔵

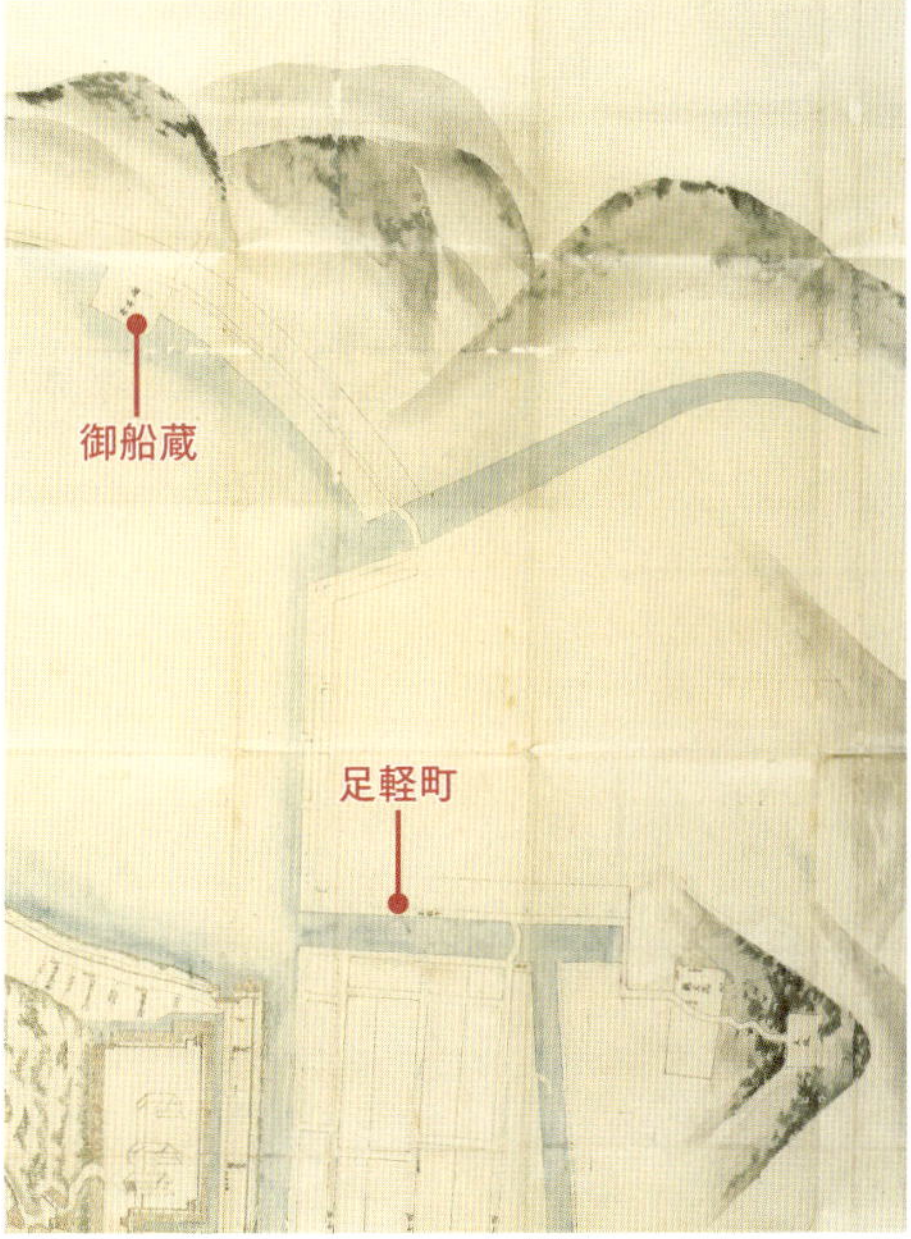

図2　「宇和島城下絵図」（承応３年〔1654〕頃）伊予史談会所蔵

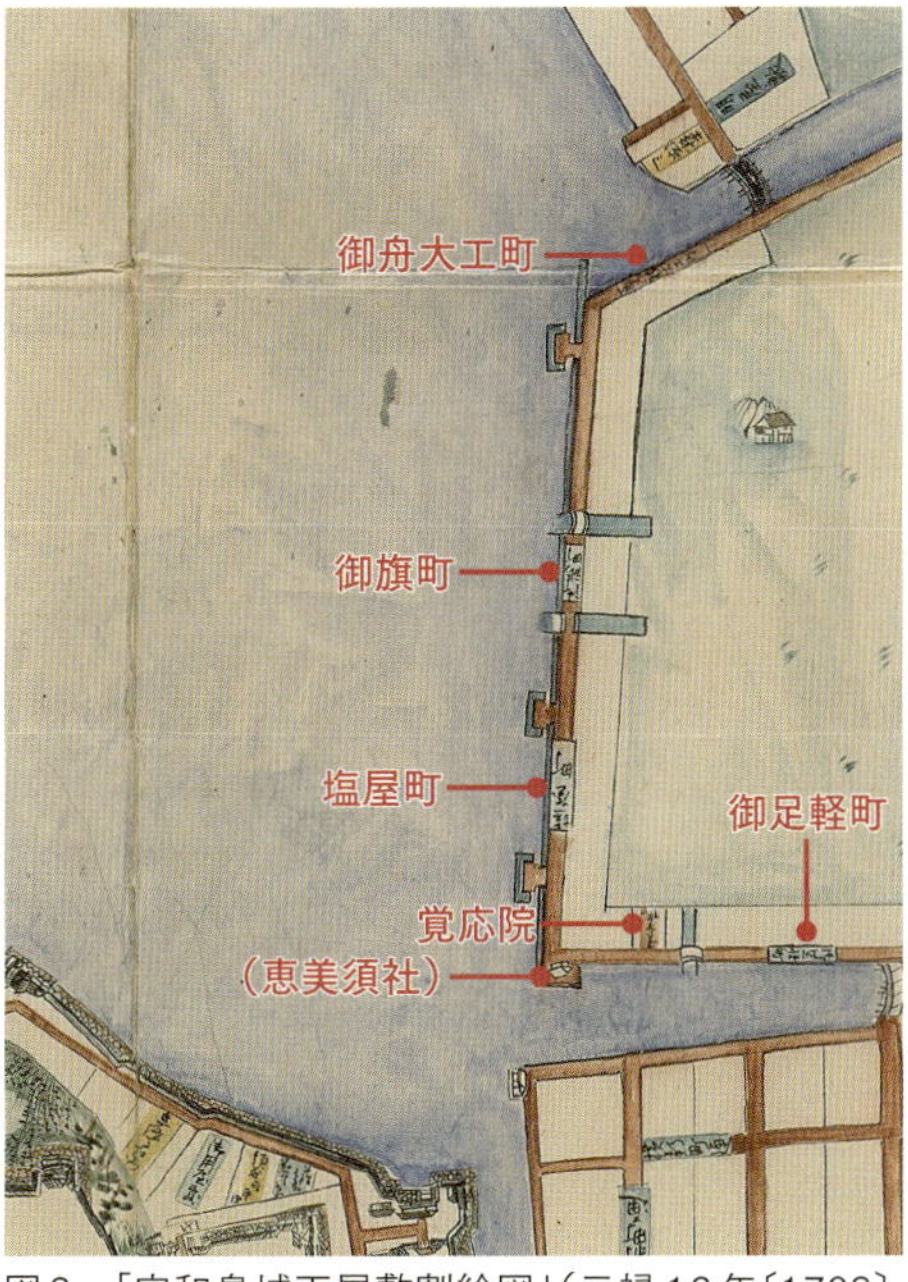

図3　「宇和島城下屋敷割絵図」（元禄16年〔1703〕頃）伊予史談会所蔵

城下を南方から描いた「宇和島城下絵図屏風」からも明らかである（本書・井上淳「宇和島城下絵図屏風にみる宇和島城」参照）。天守の北後方に家並みが櫛比しているさまが望見されるが、この時期の向新町はまだ両側町ではない。そのさらに北郊に位置し、宇和島城下の成立以前からあった須賀《すが》浦《うら》の集落ではないかと思われる。

元禄16年（1703）成立の絵図をもとにその後の屋敷替えの様子も描いた図3をみると、「御足軽町」の北側に「塩屋町」「御旗町」「御舟大工町」の記載がみえる。塩屋町に関しては、宇和島伊達家の家老を勤めた桑折《こおり》宗臣《むねしげ》の日記『文宝日記』寛文8年（1668）9月8日条に「松岡内記と云者、一宮祭礼ニ付来、昨日より塩屋町一宮之御旅館ニ於テかぶき狂言見ニ并からくり仕ニ付見物ニ行也」という記事がみえ、塩屋町に一宮社《いっくしゃ》（宇和津彦神社）の御旅所が設けられ、そこで歌舞伎と操りがおこなわれたことがわかる。塩屋町から御舟大工町にかけての通りの東側の内陸部には田畑が広がっていた様子がわかる。また、御足軽町に山伏の覚応院が居住していたこと、御足軽町と向新町の接点に恵比須社と思しき社殿があったこともわかる。

近世後期の宇和島城下図

図4は、安永5年（17

76）成立の「宇和島城下絵図」である。図3と比べると、町名が向新町から恵美須町に変わり、道の両側に町並みが形成されている。この図で注目されるのは、恵美須町と船大工町の間に、海に突き出た小島のような陸地が描かれていることである。ここは一体何であろうか。

安政・文久年間の宇和島城下を描いたとされる図5をみると、同じ場所に「芝居床」と書かれた、海に突き出た部分がある。

この芝居床については、「記録書抜」享保11年（1726）8月22日条に「筑前屋理兵衛、先年六月芝居向新町浜手築地仕芝居興行」と記され、6月の住吉祭礼に併せておこなわれた芝居興行のため、向新町の浜手に築地をしたという記事が注目される。

この芝居床なる築地は、高潮により破損を受けるなどしながらも幕末まで維持されたようである。同じく幕末期の宇和島を描いた図6にも芝居床が描き込まれ、さらにその先に「船造場」「千石浜」という陸地が出現している。芝居床の横、恵美須町の浜手にも「長山築地畑」という新地が築かれ、その北向かいの樺崎から御船蔵にかけてのかつての浜辺にも領内の有力商人や庄屋などが出資する新田が築かれた。江戸時代から現代にかけて、城郭と樺崎に挟まれた入り江の埋め立

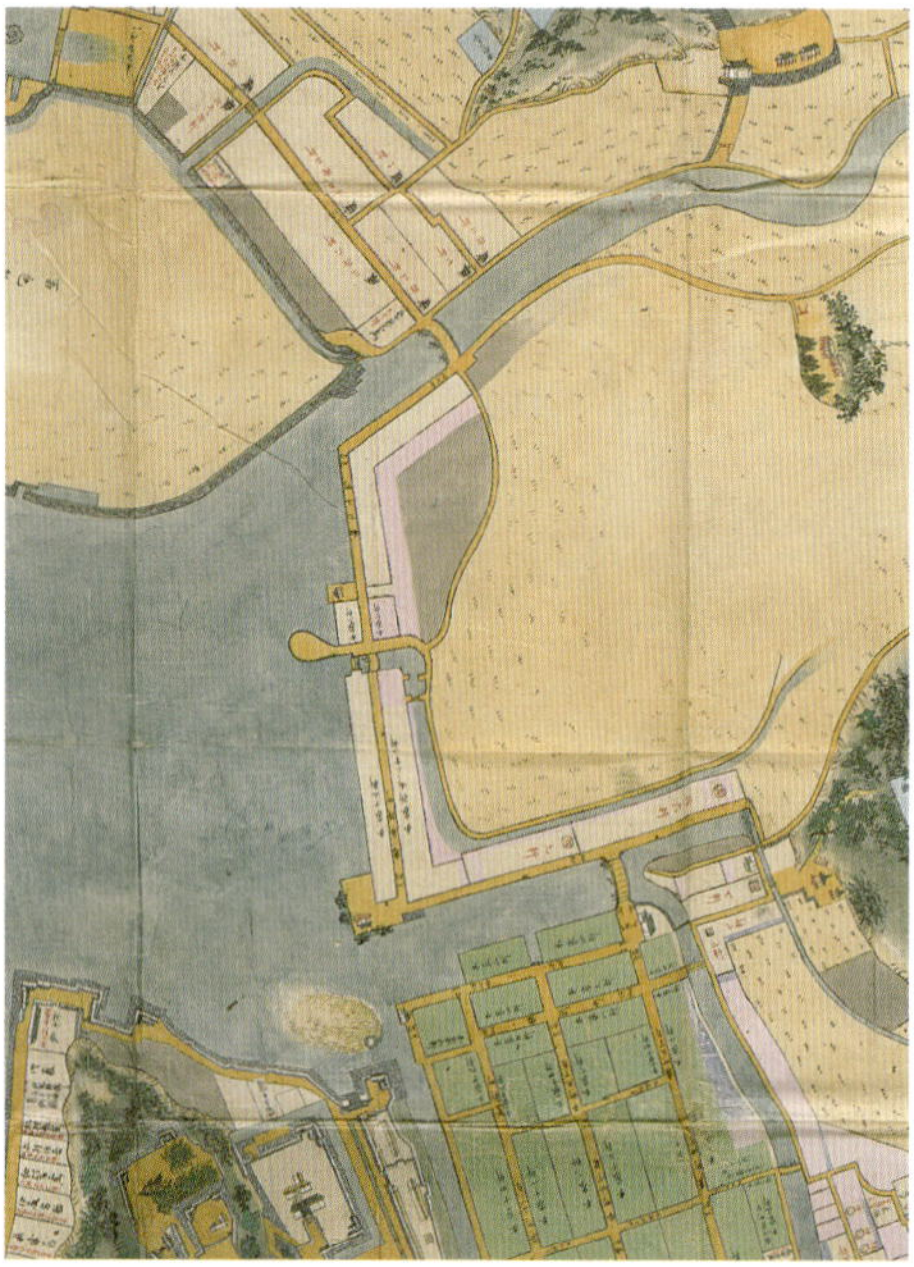
図4　「宇和島城下絵図」（安永5年〔1776〕）愛媛県歴史文化博物館所蔵

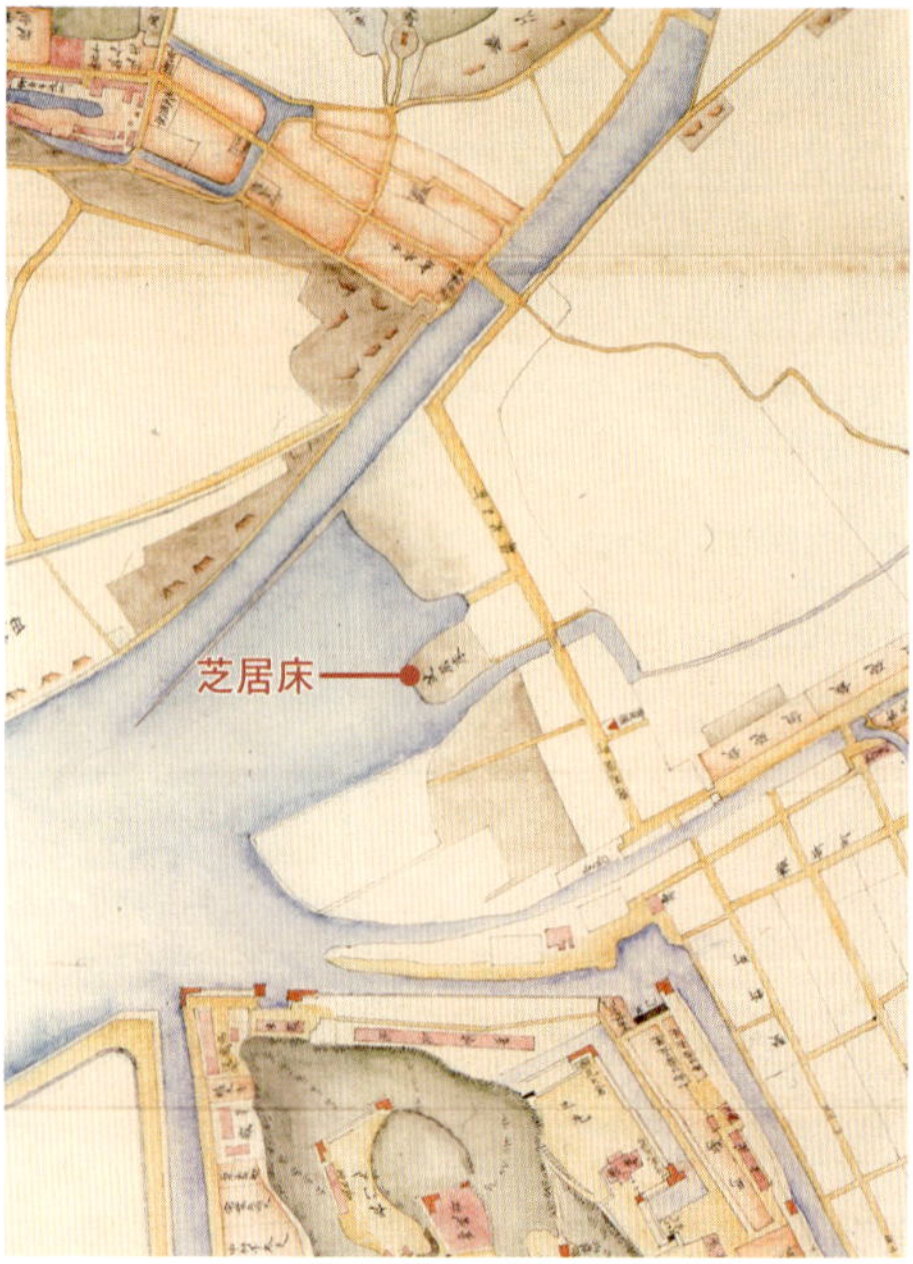

図5　「安政文久ノ頃　宇和島城下全図」宇和島伊達文化保存会所蔵

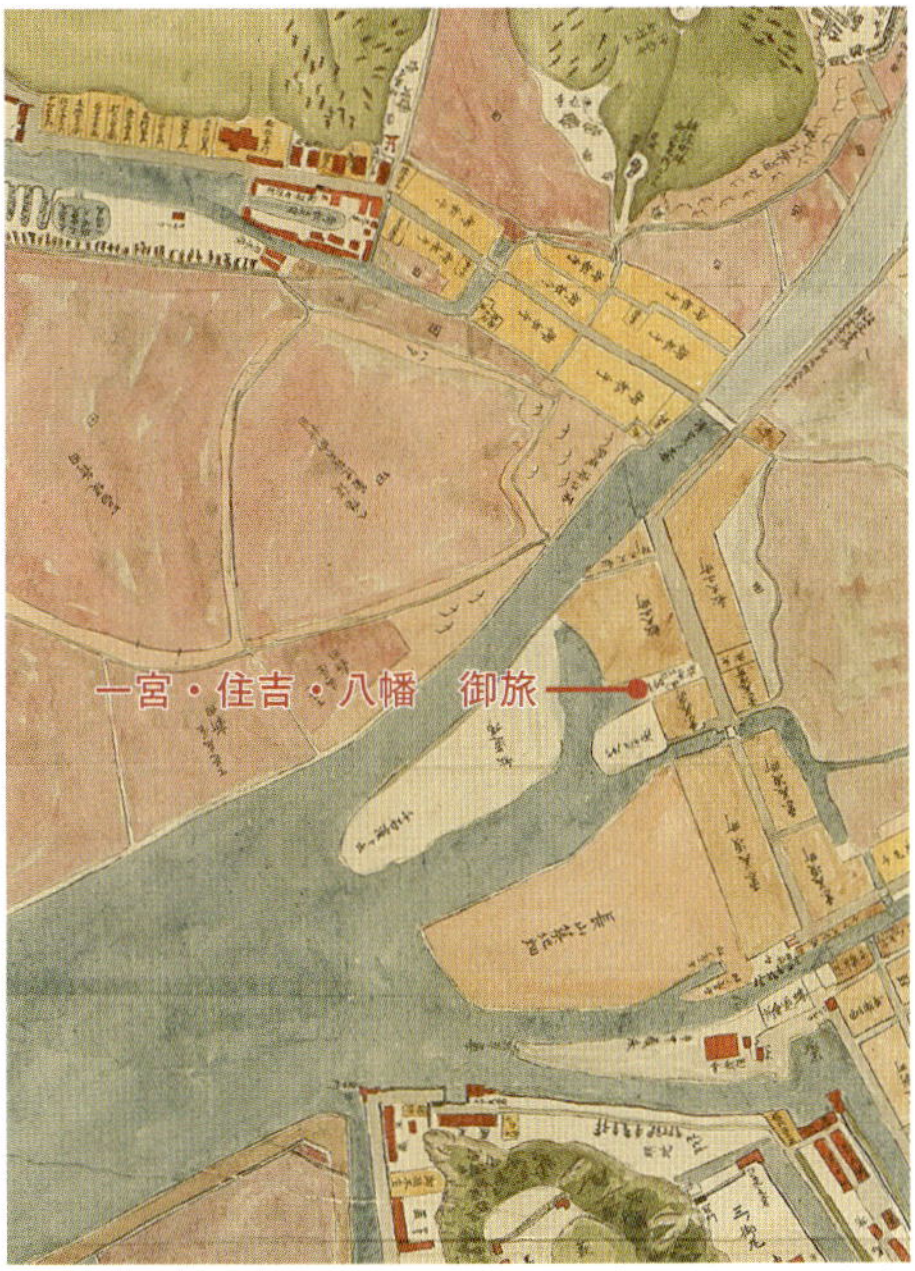

図６　宇和島御城下地図（幕末期）愛媛県歴史文化博物館所蔵

てが進められた結果、かつて恵美須町に隣接する港があった痕跡は「栄町港《さかえまちみなと》」という地名ぐらいにしか残っておらず、芝居床の跡地も市街地に埋没している。

この図でももう一つ注目されるのは、恵美須町と船大工町の間に「一宮・住吉・八幡　御旅《おたび》」と記載されていることである。つまり、ここは三社共同の御旅所であり、各社の祭礼の際に神輿がここに出御し神事が執りおこなわれたことを意味する。この御旅所は芝居床に隣接している。宇和島の芝居興行は祭礼に伴って許可されたものだったから、神事の場所と芝居の場所が隣接しているのは、名目的にも経済効果としても意味のあることであった。

宇和島城下図からみた恵美須町の特徴

最後に、本稿で明らかにしたことを補足しつつまとめておきたい。

①恵美須町は海を埋め立て造成された新地であった。

②宇和島城下の造成は南東部から始まり、恵美須町界隈は後発であった。

③恵美須町の東側には田畑、西側には海が広がっていた。

④恵美須町は城下の北の入口に位置しており、陸路や海路を通じて人や物資が集まる場所であった。

⑤恵美須町には一宮社等の御旅所が設けられ、それに付随して祭礼賑わいを目的とした市や芝居も立てられた。

本項では、恵美須町の成立の起源を探るという観点から、町の存在を所与の前提として叙述してきたが、実際のところは、恵美須町が成立してから御旅所や市や芝居が設けられたのではない。まず海辺に神輿の渡御があり、そこに市と芝居が設けられ、その人出を当て込んだ商人たちの仮設店舗が建ち並んだ。これが後年恵美須町と呼ばれることになる。

埋め立ての進行に伴う海辺の喪失は神事のあり方を変え、祭礼の時だけ芝居場所となる芝居床の存在意義を失わせる結果となった。しかし、飲食店街としてのこの町の特徴は失われることなく、さらに鉄道など新たな要素を加え現在に至っている。

安政の南海地震と宇和島

志後野迫 希世

安政の南海地震について

安政の南海地震は、安政元年（1854）11月5・7日に発生した。

四国にも地震が及び、宇和島では5日と7日の2度にわたって大きな地震が発生し、津波が押し寄せ、建物などが損壊し、多大な被害を受けた。だが、幸いなことに当時、御城下と呼ばれる現在の市街地では、地震による死者はなかったという。

被害状況を伝える資料

宇和島での地震と津波の被害の様子は、宇和島伊達文化保存会所蔵の文献資料『大扣《おおびかえ》』、それを典拠とした『稿本　藍山《らんざん》公記』（以下、『藍山公記』）などに、詳しく記される。そこには、宇和島城下にとどまらず藩領内各村浦の被害の様子についても詳しく記録されている。

その他、欠かせないのが、当時の宇和島藩を描いた絵図の存在である。

絵図は2つあり、一つは宇和島城下を描いた絵図「安政文久ノ頃　宇和島城下全図」（図1・以下、安政文久図）。もう一つは、宇和島領全域の村浦を色分けで図示した絵図「御領中色分絵図」（図2・以下、色分図）である。

文献と絵図とを照合することで、当時の津波の被害にあった場所について、より把握しやすくなっている。

前者は、宇和島城を中心とした御城下とその周辺の津波の被害の位置を、後者は、津島組の岩松村やその他の村浦の地震の被害にあった場所をそれぞれ確認できる。

以降の文章からは、文献に記される被害の場所と、絵図に描かれる場所を照合し、確認いただきたい。

御城下周辺の津波被害

御城下の被害は、同年11月5日の『藍山公記』に、

市中等モ夥敷《おびただしく》破損アリ、加之《しかのみならず》、汐（津波）ノ差引甚敷《はなはだしく》、近邊之新田ハ不残《のこらず》汐（津波）入トナリ、所々ノ土手鉄潰且ツ御濱（御殿）邊ハ勿論、御船手・須賀川筋・佐伯町川・新町口橋邊幷《ならび》ニ堀末・元結木《もとゆいぎ》・御持筒邊迠《まで》モ汐上り、不安堵ナリ（以下略）

とあり、宝永大地震の時と同じく、地震で家屋が破損したところに、津波が入り込んでいた。

ただし、宇和島城下の地形は、変遷があり、宝永の頃は海だった場所が、幕末になると埋め立てられ、いくつもの新田が造成されていった。

図１「安政文久ノ頃　宇和島城下全図」宇和島伊達文化保存会所蔵
幕末期安政・文久年間に作成された宇和島城とその周縁の御城下を中心に描いた絵図。町名、寺社名、藩にとっての要所、武家屋敷の所有者名などが書き込んであり、津波が入り込んだ位置が検証できる。

安政文久図を見ると、現在の朝日町から住吉町にかけて「冨堤新田」、寿町に「下村新田」、弁天町に「山下新田」、桝形町辺りに「兼助新田」、文京町の城南中・明倫小・宇和島南中等教育学校の辺りに「岡村新田」、城東中学校の辺りに「今蔵屋新田」がそれぞれ海に面した場所に造成された。

　これらの新田は、残らず津波によって土手なども潰された。また宝永の時と同様に、佐伯町・元結木・御持筒町・濱御殿に、津波が押し寄せた。

　それから、宝永の記録ではその被害が記載されなかった場所にも言及される。

　現在の多賀神社が所在する藤江や、宇和島駅周辺の龍光院辺りについても、『藍山公記』に、

図２　「御領中色分絵図」宇和島伊達文化保存会所蔵
宇和島藩領内の村浦を色分けし、村浦名を付した絵図。但し、吉田藩領は色分けされず、村浦名のみ付される。隣国土佐藩との篠山境界争い（1659 年）・吉田藩との目黒・二郎村山境界争い（1665 年）の結果が反映されていることから、17 世紀後半以降の製作と推定される。

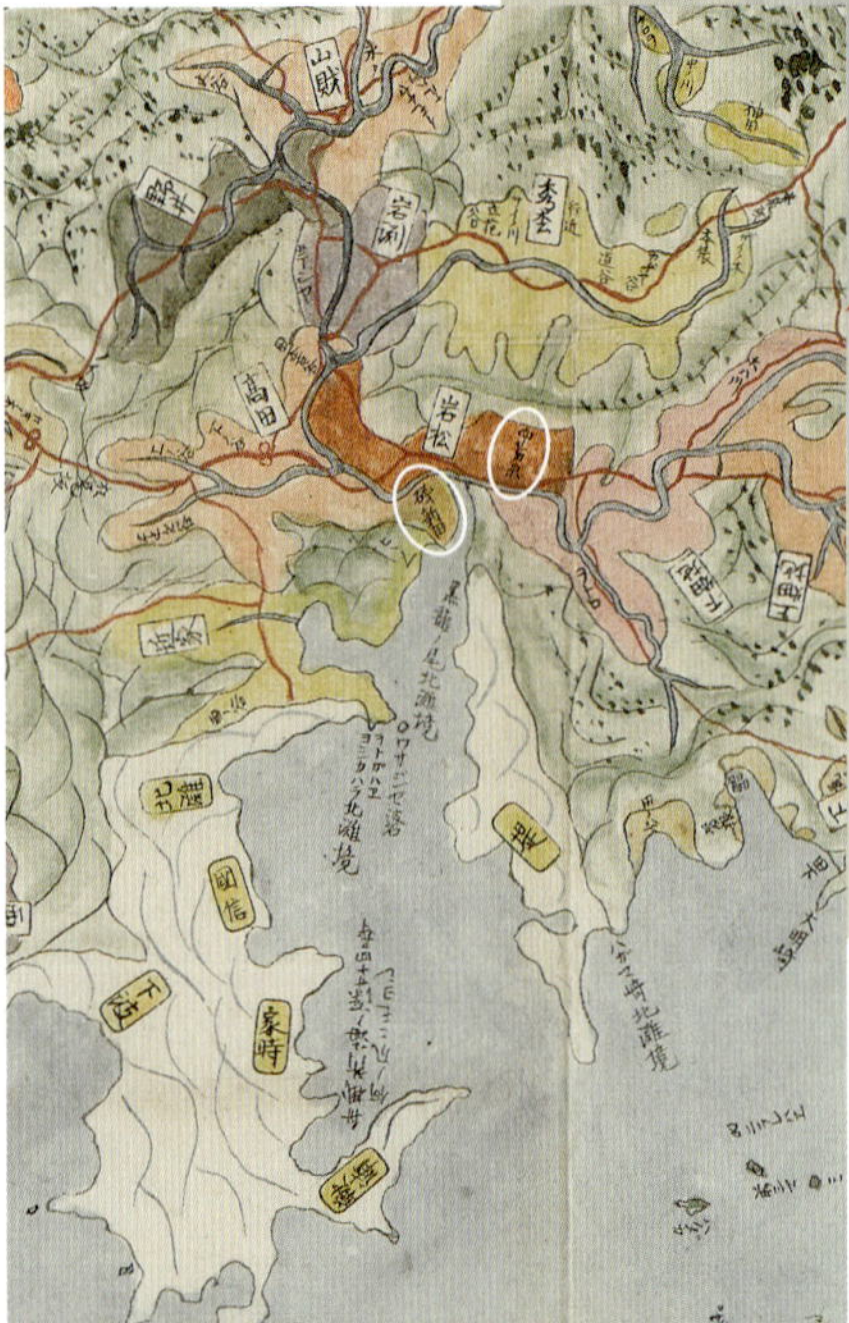

図３　「御領中色分絵図」宇和島伊達文化保存会所蔵
図２の岩松村付近の部分拡大図。津波が入り込んだ「礒新田」、「向芳原」の地名が見受けられる。

一、御船手後左田多賀社ゟ浄念寺迠《まで》差渡シ汐押上
一、向新町ゟ《より》恵美須町・船大工町後不残、龍光院横道下六七歩汐押上ゲ

とあり、多賀神社から浄念寺にかけて、龍光院の寺下にあたる向新町、船大工町という現在の鶴島町と御幸町一丁目手前辺りまで、津波が押し迫ってきた。

　その他に、絵図には記載のない来村《くのむら》川上流にあたる保田《やすだ》村は川の堤防が、宮下村では川の堤防と田に、津波が押し寄せ損害が出た。同じく樺崎の先にある大浦でも新田が損害を受け、17軒の家が大破した。

　宇和島城では、津波の被害はなかったが、宝永の時と同様に地震の揺れによる被害が大きく、本丸、二の丸、三の丸などの矢倉をはじめ多くの建造物が壊れたほか、天守や追手門の石垣がずれたり、くずれたりした。

津島組の地震後の様子

　続く、御城下以外の場所では、色分図と場所が照合しやすいので、津島組の地震後の様子を取り上げる。

　同じく同年11月9日『藍山公記』に、

一、過ル五日七半時頃、地震甚敷《はなはだしく》破損所々有之処、無間《まもなく》海嘯《かいしょう》（津波）ニテ、急潮数度打寄、一貳人乗之賣船抔《など》高田川上へ打揚候程ニテ、磯新田・芳原村田地一面潮込ニ相成、同夜モ地震少々ツヽ震、（以下略）

とあり、地震のためひどく家屋が損壊したとされる。地震後は、間もなく津波が川を遡上し、何度も打ち寄せた。また、高田村の磯新田（現在の津島中学校近隣）や芳原《ほわら》村の田にも、津波が入り込んだとされる。

　こちらは、色分図の岩松村周辺（図3）に、「儀新田」と「向芳原」と地名が書き込んであり（図中の白丸）、津波が入り込んだ範囲が把握しやすい。

　津島組の村浦では、家屋の破損などが出たようだが、主に岩松村の川周辺地域の事を中心に藩への報告がなされおり、その他の村浦については、わかり次第報告する旨が伝えられた。

その他の地域の被害

　現在の鬼北町・松野町にあたる川原淵組では、地震による被害はあったものの、御城下ほどの被害はなく、西予市にあたる山奥組、野村組、山田組、多田組も川原淵組と同様だとされる。

　また、八幡浜市・伊方町にあたる保内《ほない》組、矢野組では、保内は矢野よりは被害が軽かったとされる。矢野組の中では八幡浜浦で、地震後潰れたり破損した家があったようで、日暮れ頃からは津波が約150cm上がり、騒動になったと記されていた。幸いにも同浦ではけが人や牛馬の被害はなかったとされる。

　しかしながら、現在の愛南町にあたり、藩領では最南端に位置し、土佐藩とも隣接する御庄組では、番所のあった深浦をはじめとする海辺の村浦で甚大な被害をこうむったことが記されている。

正保今治城絵図を読み解く

藤本誉博

今治城とは

今治城《いまばり》は、現在の愛媛県今治市の海岸地帯に築かれた江戸時代の城郭である。

当代きっての「築城の名手」と評価されている藤堂《とうどう》高虎《たかとら》が、慶長7年（1602）から同12年頃にかけて築城した。寛永12年（1635）に藤堂氏に代わって久松松平氏が城主となり、以後、230年余にわたって今治藩久松松平氏の居城となった。

従来の通説では、今治城は藤堂高虎の築城によってほぼすべてが完成したと解釈されてきたが、最新の研究では久松松平氏による大規模な改修を重視する見解が出され、築城過程の再検討が求められている。

正保今治城絵図の特徴

現在確認されている今治城の最も大きな絵図が、「正保今治城絵図」（図２）である。

この絵図は、正保元年（1644）に江戸幕府が全国の大名に命じて制作させたいわゆる「正保城絵図」の一つである。本図の控えである可能性があるが、たとえ控えでも本図を忠実に写したものであり、その価値は高い。

正保今治城絵図は、①制作年代がほぼ特定され、当時の城郭の様子が判明すること、②今治城が完成した後に制作された最も古い部類の絵図であること、③各部の長さ・幅・高さ・深さといった寸法が記され、大きさが把握できること、④建物や石垣などの外観が描かれ、景観が把握できること、⑤城下町や、城郭の周辺の重要な景観も描かれていること、といった点で非常に重要である。

現在の城跡

この「正保今治城絵図」（以下では絵図と記す）に描かれた景観の一部は、現在の景観の中にも残っている。

現在の今治城跡は、四周を広い水堀で囲まれた総石垣の郭《くるわ》で構成され、再建された天守（模擬天守）や二重櫓三棟、多聞櫓、櫓門などが建っている（図１）。そして隣接して今治港があり、海（燧灘《ひうちなだ》＝瀬戸内海）も間近にある（図３）。こ

図１　現在の今治城跡

の景観は、現在の天守の最上階から眺めると、とてもよくわかる。

絵図を見ても、今治城は海に面していることがわかる。また今治城は三重の水堀に囲まれていたが、現在の今治城跡は、その一番内側の堀（内堀）と、内堀に囲まれた主郭部（本丸・二の丸）が残ったものである。残念ながら往時の建造物は全く残っていないが、郭や堀の形はほぼ元のままの貴重な遺跡であり、総石垣の様子も絵図の描写の通りである。

　また絵図では、三重の堀の真ん中の中堀が海側に出る所に方形の大きな水域が

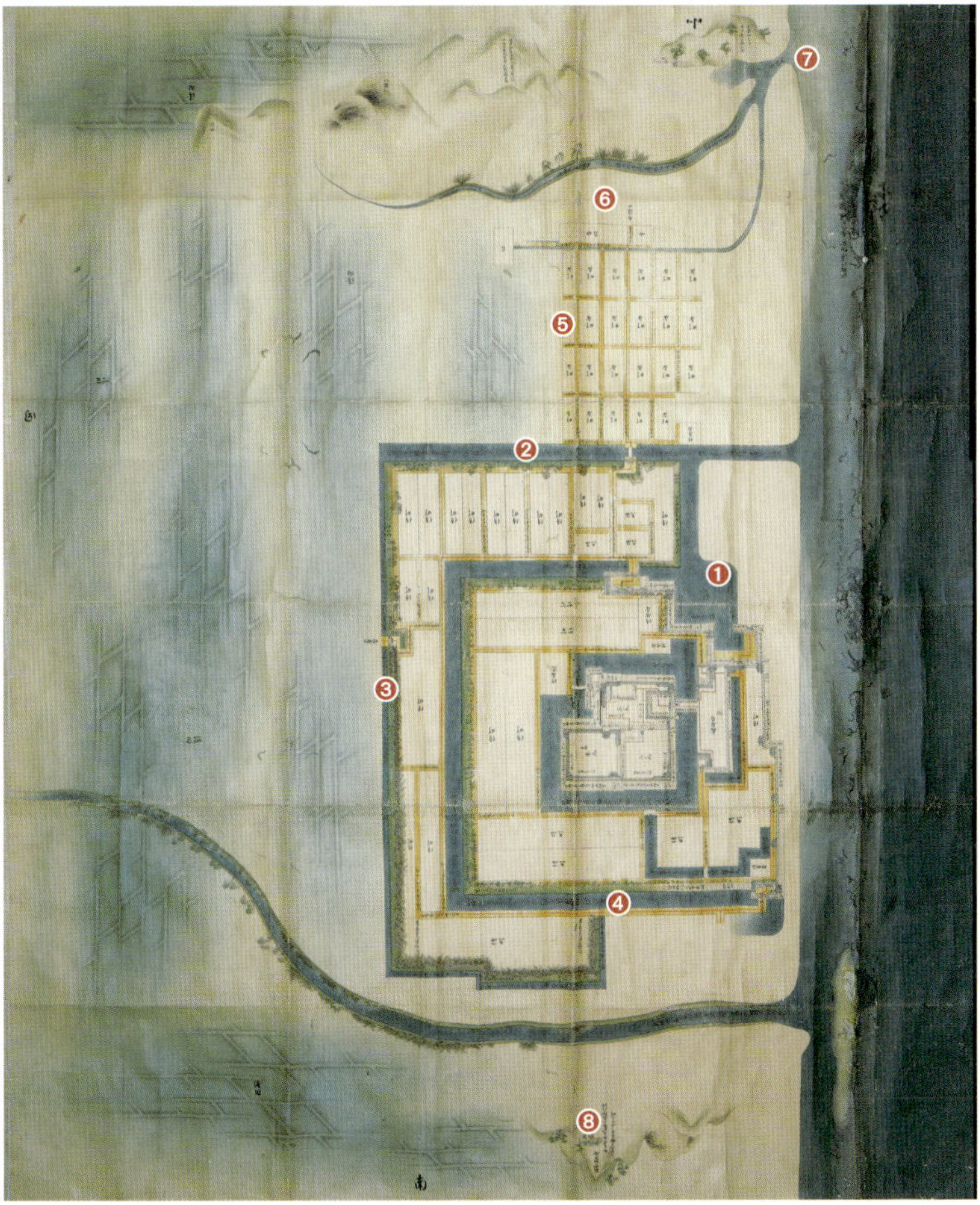

図２「正保今治城絵図」今治城所蔵（252 × 263㎝）方角は上が北。

図３　今治城跡と瀬戸内海。手前が今治城跡。その奥の港が今治港。

あり、その南側の奥まった所と共に「船入」と記されている（図2❶、図4）。船《ふな》入《いり》とは港のことであるが、この方形の水域の場所が現在の今治港に該当する。今治城内に設けられた港が、現在の今治港に継承されているのである。

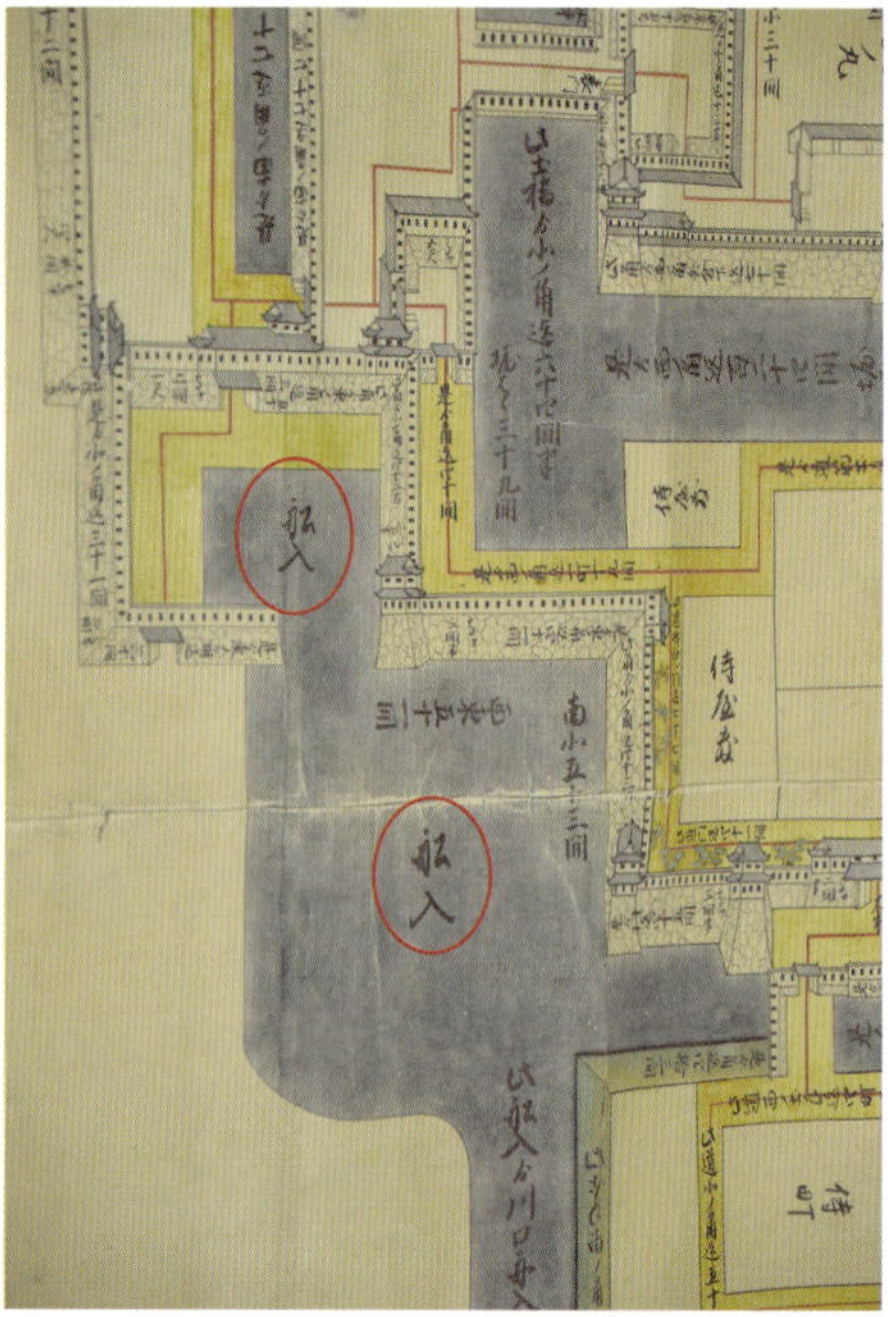

図4　城内の港「船入」。方角は下が北。

城下の痕跡

それでは港以外で、現在の今治城跡の周囲に、往時の今治城の痕跡は残っているのだろうか。

かつての中堀と外堀に囲まれた区域は、絵図では「侍町」と記され、主に武家屋敷地が展開していた。残念ながら、近代以降に進んだ市街地化と、太平洋戦争末期の空襲被害およびその後の区画整理によって、昔の面影はまったくといって良いほど残っていない。

図5　金星川。今治城の外堀北辺の名残り。

しかし今治城の一番外側を限る外堀については、その北辺（図2❷）の一部が、現在の商店街の裏を流れる金星《きんせい》川として残っている（図5）。また西辺（図2❸）は、現在の県道38号線が該当する。また中堀は、北辺と西辺はまったく地上から消滅しているが、北辺については、今治港の岸壁に中堀跡の水路の口が開いており、その位置を知ることができる。また南辺（図2❹）の一部は、現在は蓮堀《はすほり》川という水路として残っている。

これらの痕跡によって、往時の今治城の範囲や広さを現在の市街地の中でも体感することができるのである。

図6　現在の本町

一方城下町は、絵図では、城の北側に並行する複数の道路が直交する街区として描かれ、「町屋」と記されている（図2❺）。この地区は近代以降も商業地として継続し、現在もその町割や道筋の位置はあまり変わっておらず、本町《ほんまち》や風早町《かざはやまち》などの城下町の町名も継承されている（図6）。

　また城下町の北側には「寺町」があったことが絵図に描かれているが（図2❻）、この地区も現在まで残っており、複数の寺院が甍《いらか》を並べている。市街地の中で歴史を感じることができる貴重な空間になっている。

周辺地域の描写

　絵図では、城郭や城下町の周辺の景観の描写にも注目したい。

　今治城の北方には、「浅川」（現在の浅《あさ》川）と、その河口部から内陸に入り込む潟湖《せきこ》が描かれ、河口部には「古船入」と記されている（図2❼、図7）。これは今治城内の「船入」の記載と対応している。つまり、城内の船入＝港ができる以前の古い港がここにあったことを示している。江戸時代初期の今治では、港が移動したのである。

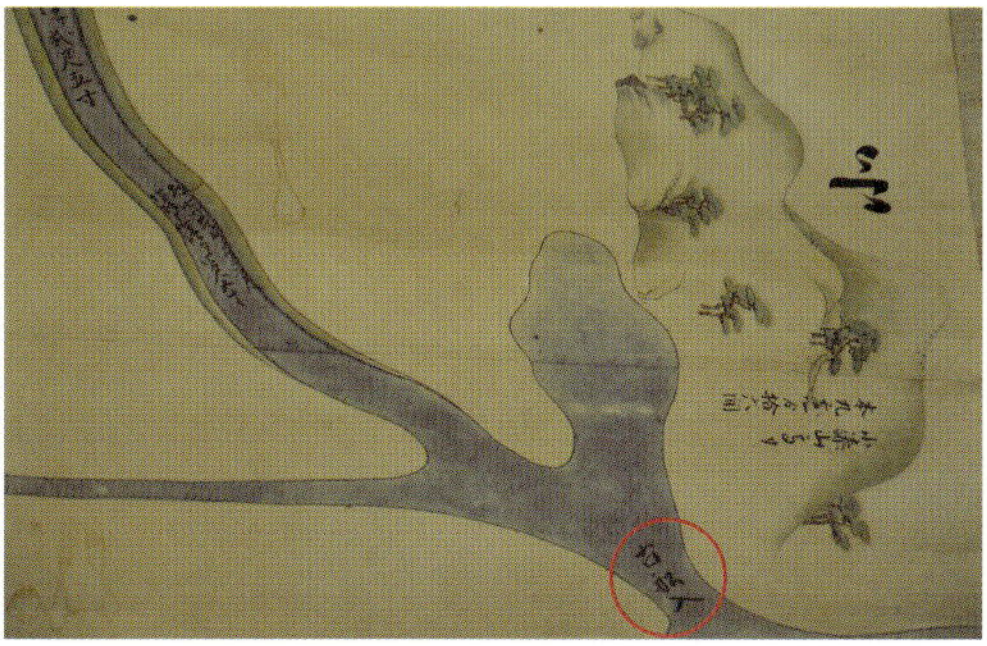

図7　浅川河口に記されている「古船入」。方角は右が北。

　また城の南方には山が一つ描かれ、そこには「国分山古城」と記されている（図2❽、図8）。江戸時代の前代である豊臣期に、国《こく》分《ぶ》山（別名唐子《からこ》山）の山上および山麓には、この地域の拠点城郭として国分山城が築かれていた。後に藤堂高虎が東予地域を領有した際、従来の国分山城を廃城にし、新たに今治城を築いたのである。「古城」という記載は、今治城の前代の城という意味が込められているのである。

　このように周辺部の景観には、今治城が確立する以前の地域の歴史が今治城と対比する形で表現されている。「正保今治城絵図」は、城郭や城下町だけではなく、周辺部の描写も含めて、非常に興味深い内容を有しているのである。

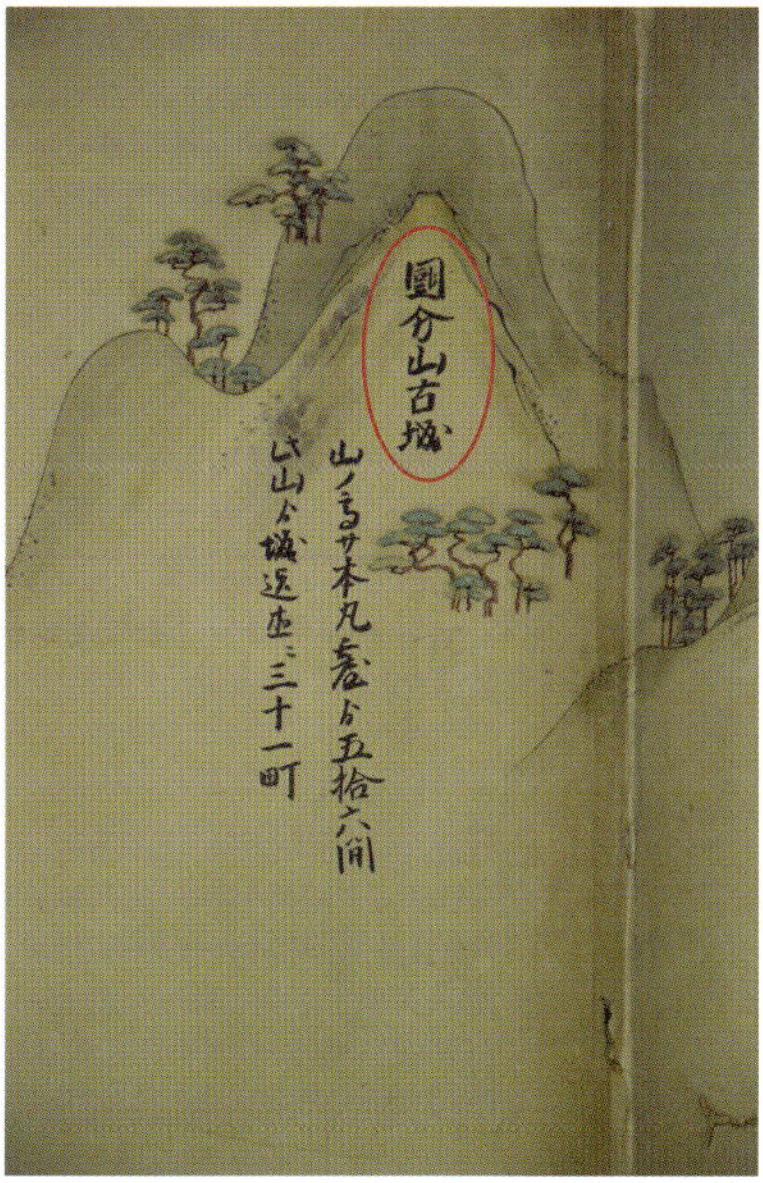

図8　国分山に記されている「国分山古城」。方角は下が北。

大洲城が持つ空間の意味

姿図から読み解く大洲城

白石尚寛

天然の要害大洲城

大洲《おおず》城は、大洲盆地の中心を流れる肱川《ひじかわ》に突き出た地蔵《じぞう》ヶ嶽《がたけ》と呼ばれる独立丘陵に築かれた城で、藤堂高《とうどうたか》虎《とら》、脇坂安治《わきざかやすはる》の時代を経て近世城郭として整備されたとされる。元和3年（1617）、伯耆国米子（鳥取県米子市）から加藤貞泰《さだやす》が入城して以降、明治2年（1869）の版籍奉還まで大洲藩加藤家6万石の居城であった。

図1は、元禄5年（1692）に描かれた大洲城の城絵図で、天守、櫓、城門など軍事的な建造物をはじめ、藩主が居住する御殿や土蔵にいたるまで、姿図として詳細に描かれていることが特徴といえる。本図は、大洲藩が藩政用に城郭全体を記録するために作成したものと考えられる。

大洲城の縄張りを見ると、北側に流れる肱川を巧みに利用し、丘陵全体に曲輪《くるわ》が配置されている。山上には2段に区画された本丸があり、上段の北西には4重の天守、天守の両側には多門櫓で連結された小天守とも言える台所櫓と高欄《こうらん》櫓が設けられている。さらに、本丸全体には多門櫓が廻され、強固な防御を築いている。

二の丸は、山の北面から西面、南面にかけて小さく区切られた曲輪が階段状に築かれ、西側の中段には藩主が住む御殿、東側の下段には土蔵、厩、鍛冶小屋などが建ち並んでいる。二の丸の西側と南側には内堀が巡り、その周囲に三の丸が配置されている。

三の丸には上級武士の武家屋敷が建ち並び、「侍屋敷」の文字の向きは玄関の方向を示している。三の丸の外側には外堀が鉤《かぎ》の手に巡らされ、その南側の堀幅は約40mあり、最も広い堀幅となっている。

開かれた門、閉ざされた門

防御施設として建築された天守や櫓は、江戸時代の平穏な時代になると、本来の役割とは異なり、普段は使用されない場所や建物となっていった。本図からは、日常の大洲城の様子を垣間見ることができる。

大洲城には本丸から三の丸まで大小含めて数多くの城門が設けられているが、絵図では開かれた門と閉ざされた門と2通りの描き方がされている。通常城門は夜間すべて閉ざされることを考えると、本図は日中の状況を描いており、三の丸、二の丸の開かれた門は、城に勤める家臣など人の往来があることを示している。

一方、天守がある本丸入口の城門や二の丸の搦手《からめて》となる菱門などは閉門しているこれは、人の往来がないことを示しており、戦闘時には最終防衛拠点となる本丸も、平和な時代となると、普段あまり人が立ち入らない場所となっていたものと推測される。

また、上下2段に描かれている御殿のうち、下段の御殿は、家臣が常駐し、藩主による政務がおこなわれるため御殿入口の門は開かれているのに対して、上段の御殿入口となる長屋門は閉ざされている。

上段の御殿は下段の御殿と比べると、規模も小さく対面所などの接客の部屋や書院などの儀礼的な部屋は見当たらないことから、この御殿は藩主の私邸として使用されていたものと考えられる。

図1　「大洲城絵図」（元禄5年〔1692〕）大洲市立博物館所蔵
大洲藩3代藩主加藤泰恒の時代の大洲城を描いた絵図。肱川と内堀に囲まれた本丸・二の丸については、天守、櫓、城門、御殿、土蔵、土塀などが姿図として描かれている。

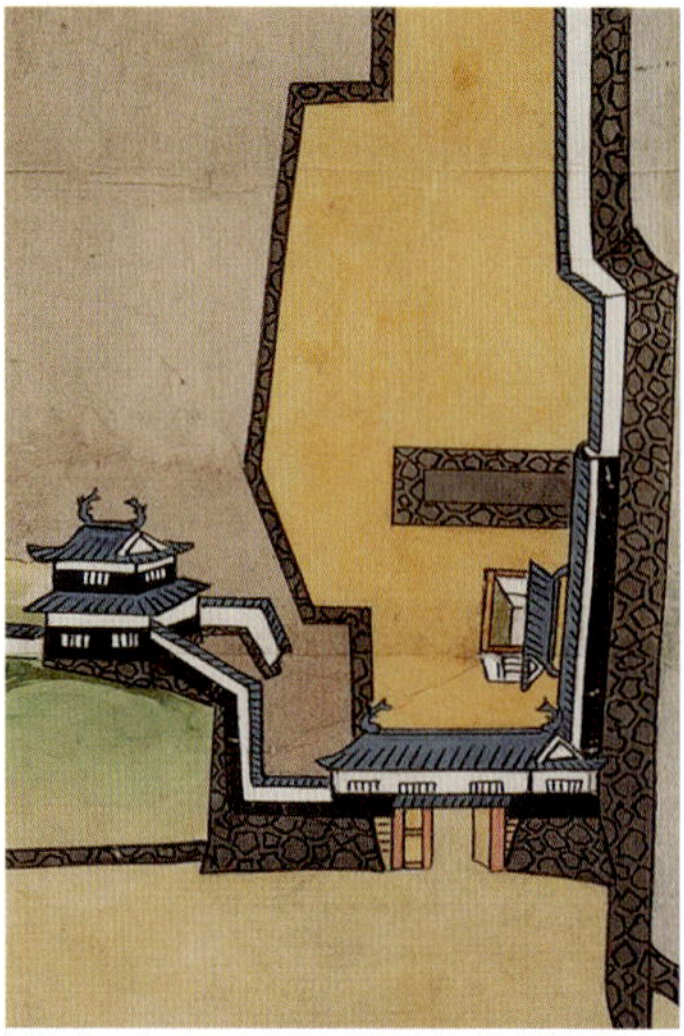

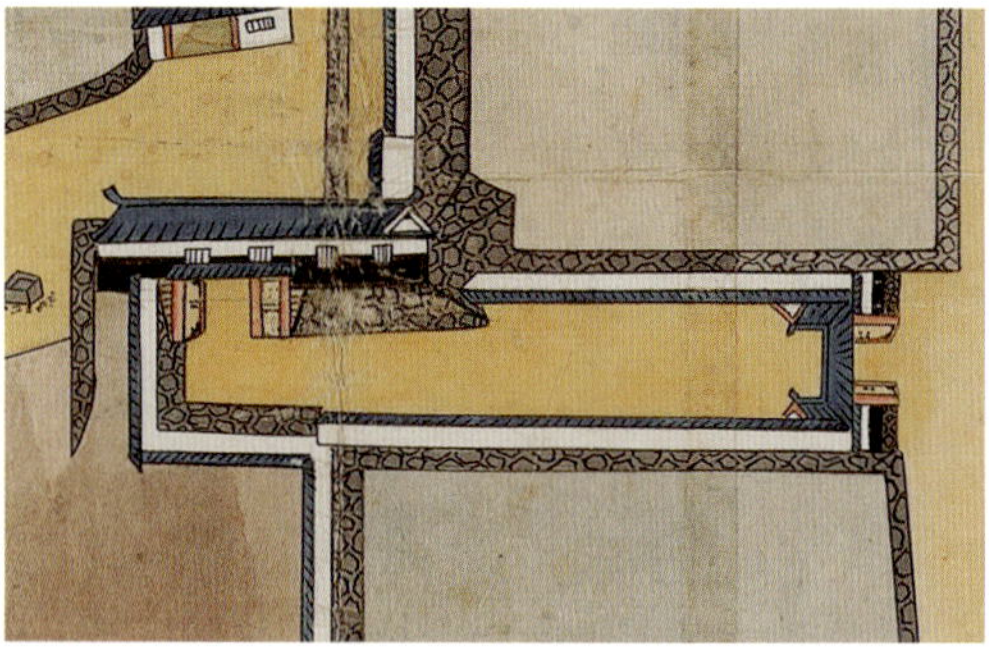

図２（右上）大洲城東御門
図３（上）大洲城西御門
高麗門と櫓門がセットになった東御門に対して、櫓門のみの西御門。

通常一般の武士が藩主私邸への出入りすることは厳しく規制されていることから、この長屋門はこうした状況をふまえて常時閉じられていたものと推測される。

城門の違いを見る

城門は、敵兵が城へ侵攻するのを防ぐ防御施設であるが、大洲城ではそれぞれの場所に適した城門の構造をとっている。

図2は、大洲城の正面玄関にあたる東御門（大手）である。この門は、外側の高麗《こうらい》門形式の小さな門と櫓門の二つの門で守備する枡形《ますがた》と呼ばれる四角形の構造で、枡形に入った敵を三方または二方から攻撃する厳重な構えとなっている。

これに対して、図3は西御門と呼ばれ、大洲城の最南端に配置された搦手の門である。西御門は、櫓門だけで構成されており、防御面からみると、図2の東御門と比べると弱いように感じられる。しかし、櫓門の後方には往く手を阻むように石積みが築かれており、櫓門が破られたとしても、敵が容易には進行できない上、左側の石垣の上から攻撃ができる構造とし、防御面を強めている。

建物の意匠を探る

姿図として描かれた本図には、特徴ある建物の意匠を見出すことができる。

図4は本丸にある高欄櫓で、2階部分に手摺である高欄と、屋根を丸く盛り上げ唐破風《からはふ》の屋根が設けられている。唐破風は、格式の高さを表しており、天守につぐ格調の高い櫓と位置付けられる。本図の外観の意匠は、下見板張りであるが、現存する高欄櫓は、白漆喰《しっくい》塗りとなっている。これは、安政4年（1857）の大地震で倒壊し、再建された際に、白漆喰塗りに仕様が変更されたためと考えられる。

図5は、御武具蔵と呼ばれる土蔵であるが、他の土蔵の外壁は、下見板張りや漆喰塗に描かれているのに

図4　大洲城本丸の高欄櫓

図5　大洲城二の丸の武具櫓

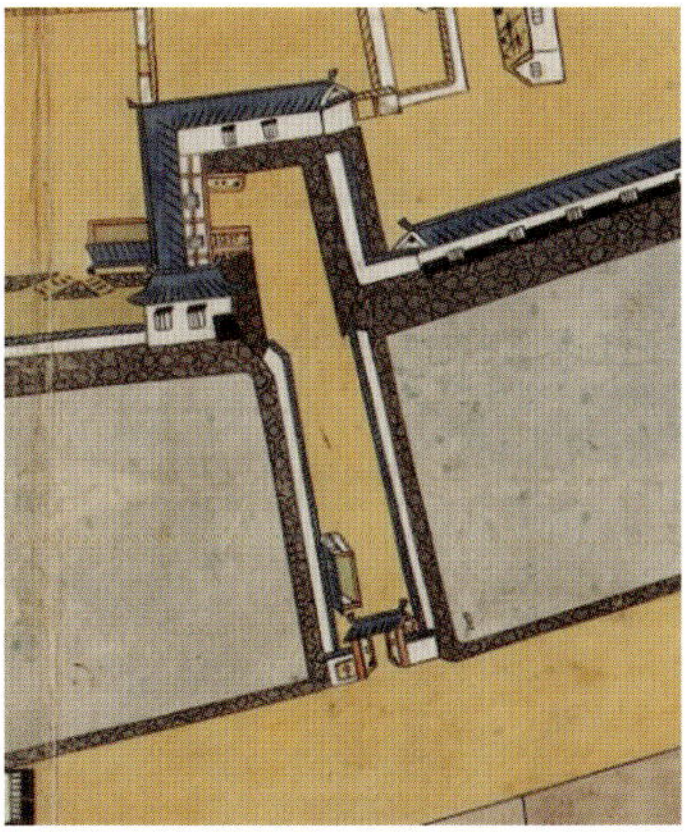

図6　大洲城櫓下御門
東御門や西御門と比べて番所が2カ所設置され、藩主の住む城内の厳重さが見られる。

対し、御武具蔵だけが海鼠《なまこ》壁となっている。海鼠壁とは、平らな瓦を壁に張りつけ、つなぎ目を漆喰でかまぼこ状に盛り上げたもので、発掘調査からも実際に海鼠壁に使用された瓦や漆喰が出土している。御武具蔵という名称から、藩主が用いる武具が収納されていたものと考えられ、防火や耐水を考慮した特別な仕様となっていたことがうかがえる。

図6は、二の丸の大手となる櫓下御門である。この門は東御門（図2）と同じく枡形の構造になっているが、描き方を比較すると違いがわかる。まず、外側の小さな門は高麗門形式独特の「コの字形」ではなく、2本の柱に切妻《きりづま》の屋根を乗せた形で描かれている。薬医門と呼ばれる形式で、室町時代から武家屋敷の表門として使用されてきた門であるが、防御面では劣るため城門として採用されることは少なく、主に格式を重んじる場所に建てられた。

また、本図に描かれた櫓門は主に図2、図3の櫓門に見られるように外壁が下見板張りであるのに対し、図6の櫓門では柱の木材を残し、それ以外は漆喰で塗られた仕様となっている。この仕上げを真壁造りと呼び、格調の高さを表す意匠とされる。

つまり、図6の城門の意匠の違いは、藩主の住む特別な空間と家臣の住む空間との区別化として、さらには藩主の権威を対外的に示す必要性から、他の城門と異なった意匠で造られたと考えられる。

大洲城の建物を忠実に映し出した本図からは、城の日常の使われ方をはじめ、それぞれの空間のもつ意味など、さまざまな情報を読み取ることができるのである。

【コラム】……1万石の大名、一柳家の小松陣屋

寛永13年（1636）、伊勢神戸《かんべ》城主一柳直盛《ひとつやなぎなおもり》が伊予西条に移封される途中で病死するが、その遺領のうち1万石を相続した3男直頼が、同15年に周布郡新屋敷村の塚村の松林を開墾して築いたのが小松陣屋である。図1は明治16年（1883）に首藤恵四郎が作製した陣屋町の絵図で、宮大工であった恵四郎は、200分の1の縮尺で絵図を仕立てている。左側に空堀を巡らした陣屋があり、その周囲に武家屋敷を配している。堀の内側には低い石垣の上に土塀を築き、陣屋西側の土手は松並木が続く。陣屋の北西に大手口である御竹門を置き、門前が広場となっている。内部の御殿は、北半分が玄関・使者の間・対面所・上下書院など政務用の空間、南半分が「奥」と記されるように私生活用の空間とに分かれている。

なお、図1と同じ時に恵四郎の父親で、絵師だった首藤豊慶が陣屋を鳥瞰図として描いており（図2）、1万石の大名が築いた陣屋の姿がうかがえる。（井上淳）

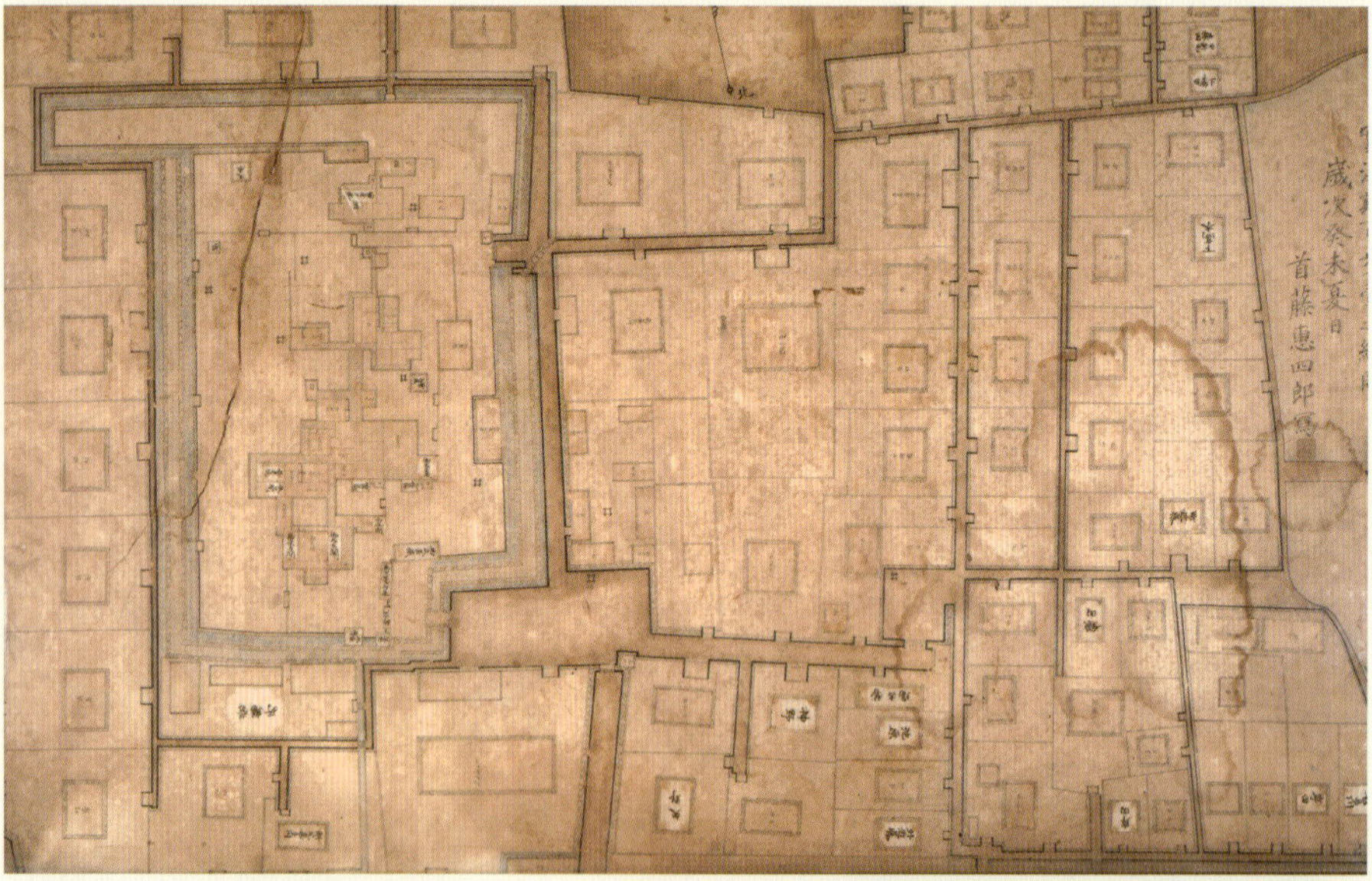

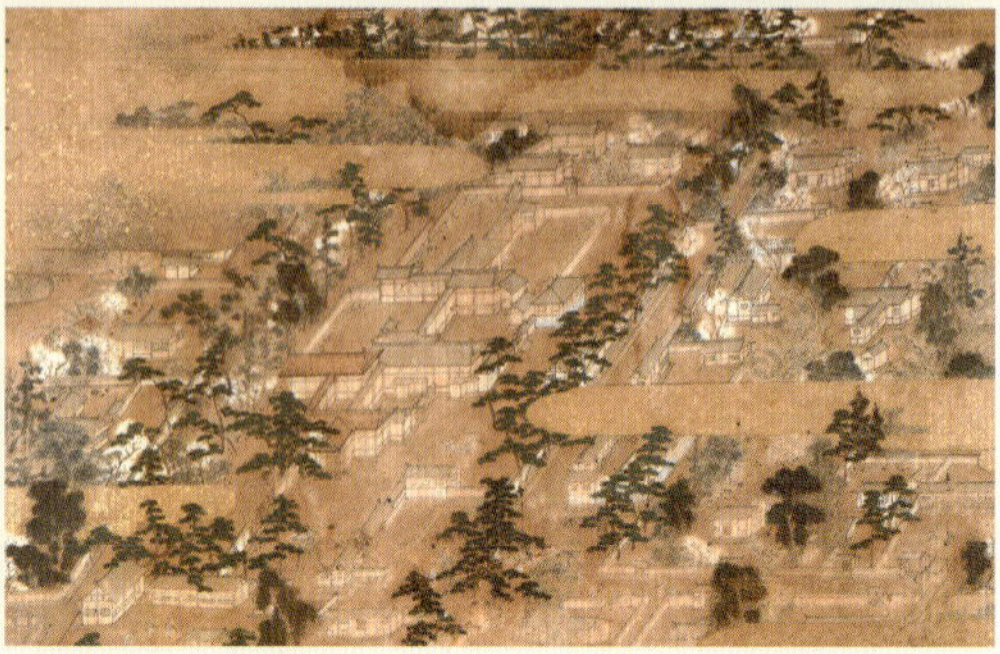

上：図1　旧小松藩模景（図面）
右：図2　旧小松藩模景（鳥瞰図）
明治16年（1883）小松温芳図書館・郷土資料室所蔵
図1、2とも南を上にして掲載している。図2をみると、政務用だった御殿の北半分が桧皮葺き、私生活用の南半分が亙葺きに描き分けられている。

Part3

海に開かれた伊予

島々に点在した海城と網の目のような海路

伊予国嶋々古城之図で読む海賊が活躍した舞台

山内治朋

描かれた島々と古城跡

戦国時代、宣教師ルイス・フロイスは「日本中で最高の海賊としてその座を競い合ってきたのはただ二人だけ」と記した。伊予の「能島《のしま》殿」と「来島《くるしま》殿」だ。航行中に彼は実際に「能島殿」と出会い、「日本最大の海賊」と評した。伊予周辺の海域は、かつて海賊が活躍した舞台であった。

海域の往時を偲ばせる絵図（図1）がある。江戸時代中期の松山藩の軍学者野《の》澤象水《ざわしょうすい》が描いたとされる絵図で、瀬戸内海の島々とそこに残る中世の城跡の分布がつぶさに描き込まれている。■印や□枠で城跡を示し、□枠には城主や由緒などを記す。

伊予に色付けし、東は備《びん》後《ご》鞆《とも》（広島県福山市）や讃岐荘内半島（香川県三豊市）から、西は周防三田尻《みたじり》（山口県防府市）や豊後（大分県）沿岸までと、西瀬戸一帯をカバーする。記された城跡は68カ所にのぼり、近世5城も含めると、総数73城となる。

画面右（東）寄りの越智《おち》郡島嶼部（今治《いまばり》市・上島町）が最も大きく強調され、城跡数も半数近くを占める。城絵図の力点がここに置かれているように思われる。

伊予本土へ目を転じると、松山藩領の記載が主である。城跡や沿岸部の村々のほか、松山城を中心に越智郡島嶼部へ向かう今治・波止浜《はしはま》街道、主要外港三津《みつ》までの三津街道、大洲《おおず》藩領米湊《こみなと》までの大洲街道と、三方へ伸びる幹線道路を示す朱線が引かれている。なかでも、波止浜への道筋が詳しく、やはり越智郡島嶼部への視線が感じられる。

城主の記載は、村上氏もしくはその一族・家臣が圧倒的に多い。村上氏の本拠地がある越智郡島嶼部を強調する構図からすれば当然なのかもしれないが、村上氏への関心度が推し量れる。

村上氏記載の分布を見ると、伊予本土沿岸付近に来島系、大島周辺に能島系、備後《びんご》の海域に因島《いんのしま》系とおおむね分けられる。実際の詳細な住み分けははっきりしないが、本拠地の周辺海域を縄張りとする構図で描かれている。

ただ、留意すべきはこの絵図が後世の作ということだ。例えば、村上武吉《たけよし》を「武慶」と記し、名乗った形跡のない「行政」「能登守」とも表記、武吉が安芸竹原（広島県竹原市）へ移住した年を実際にはまだ在予中の天正13年（1585）とし、天正年間の来島村上氏当主を一世代後の康親《やすちか》と記すなど、人名や年代などに事実

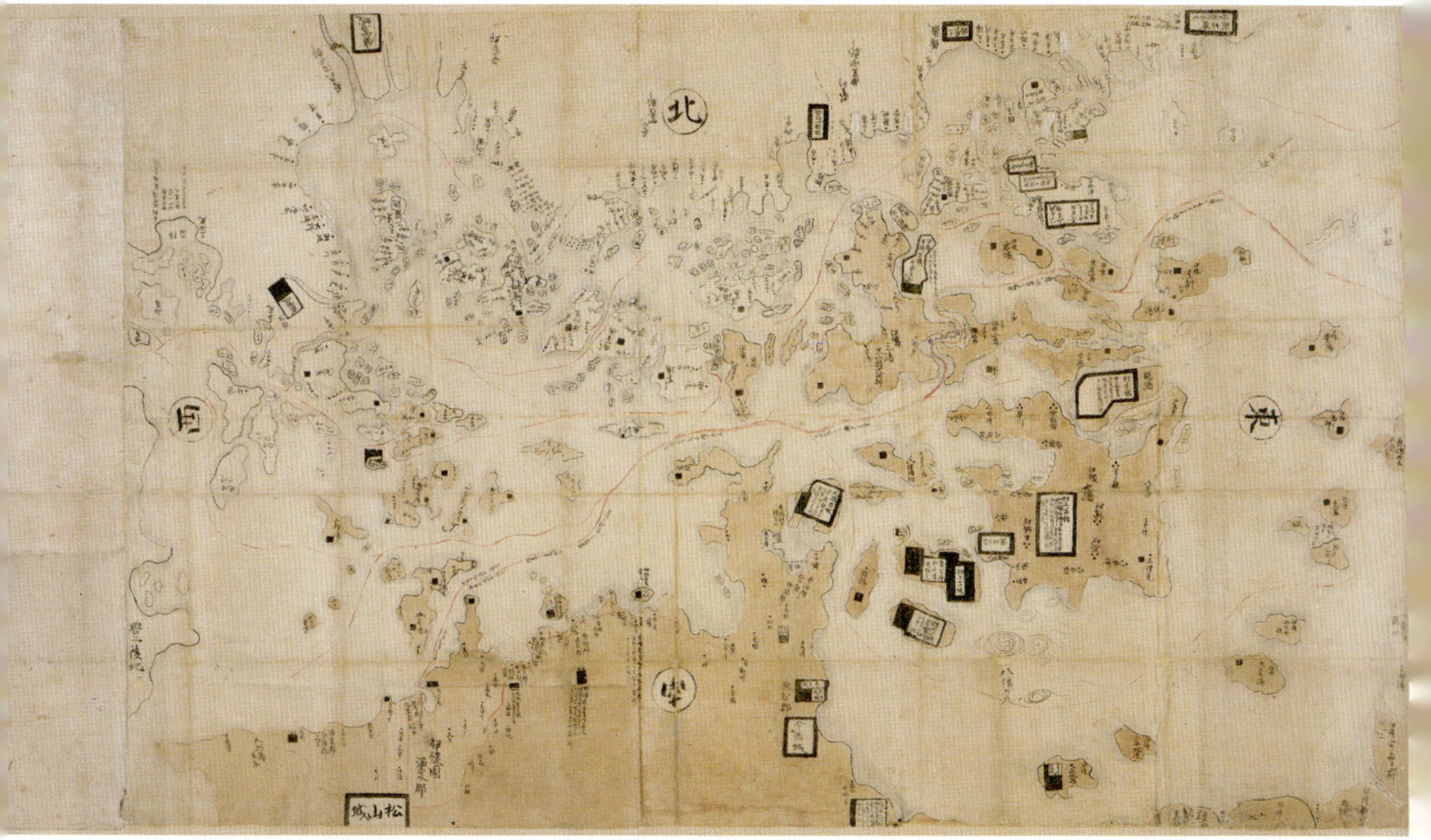

図１「伊予国嶋々古城之図」（江戸時代中期）個人所蔵
西瀬戸に点在する数多の古城跡が■印・□枠で示され、幾筋もの海路が朱線で描かれている。

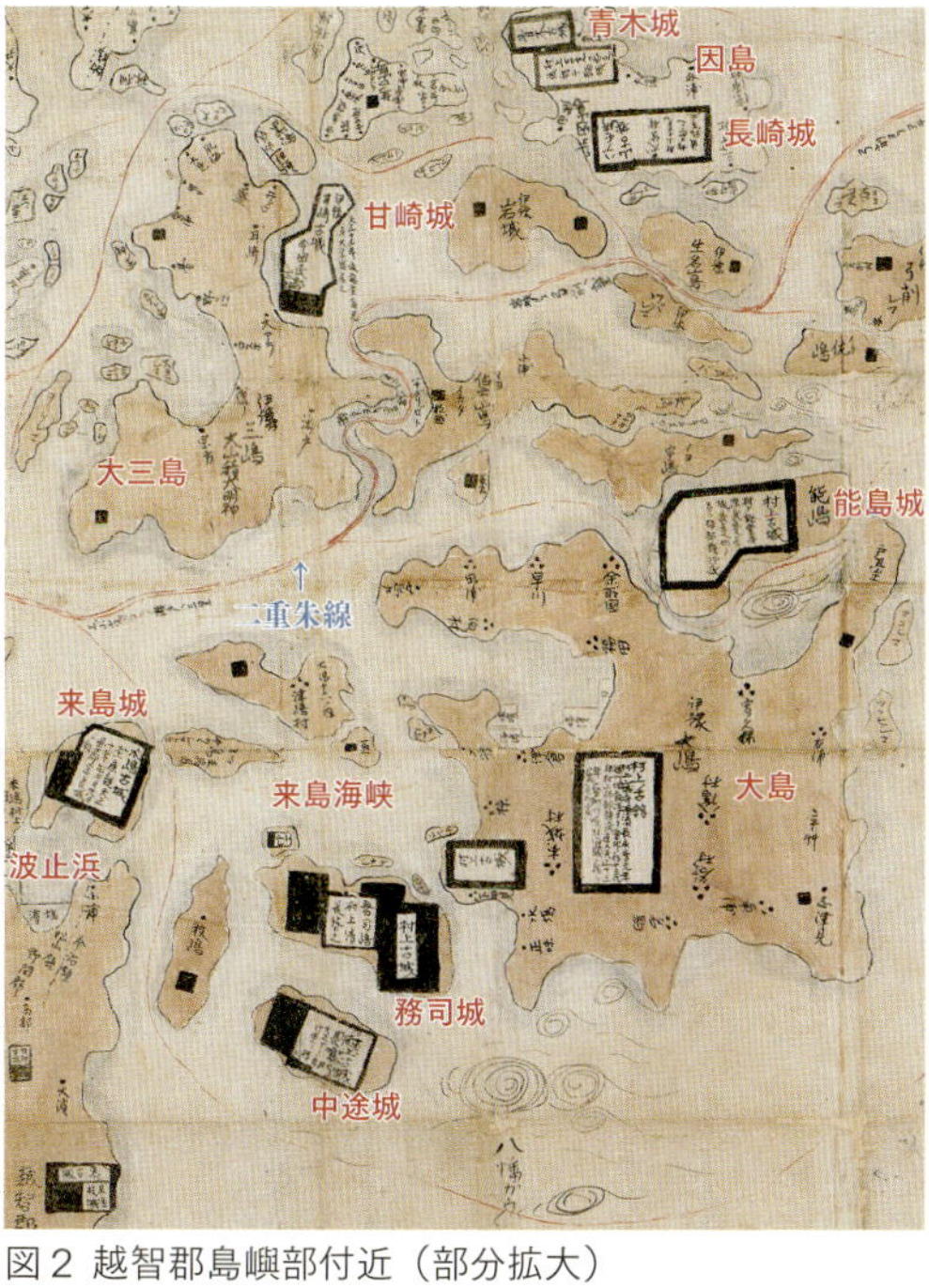

図２ 越智郡島嶼部付近（部分拡大）

誤認が散見される。すべてが史実に基づくとは限らないことを念頭に置いて読み解く必要がある。

村上諸氏の城跡

絵図の中でも存在感を放つ城跡に、最も広く描かれた大島の中央に見える「村上ノ古館」と、大島北東岸の能島の「村上古城」がある（図２）。「古館」には、村上山城守清長なる人物が永暦元年（１１６０）に讃岐塩飽《しわく》島（香川県丸亀市ほか）から移住したと記す。「古城」には村上能登守武慶（武吉）の居城とある。まさしく、能島城（図３）を居城とした能島村上

図3　能島城跡

氏の本拠地だ。

　大島の西、来島海峡も強調され、「村上古城」と記された「長鳴門（中途《なかと》城）」「務司嶋（務司《むし》城）」がある。やはり能島村上氏の城と認識されていたようだ。実際に戦国末期には同氏が支配した。

　大島周辺は、来島海峡・宮窪《みやくぼ》瀬戸・荒神《こうじん》瀬戸・船折《ふなおり》瀬戸といった海の難所が取り巻いている。それを示す

図4　来島城跡

ように、絵図でもこれらが所在する能島周辺や来島海峡には、渦を巻く潮の図柄が入る。海上交通の要衝に海賊の拠点が点在していた様子を物語っている。

　海峡西岸の波止浜湾には「来嶋古城」と記す来島村上氏の本拠来島城（図4）がある。来島村上氏は、戦国末期に高縄《たかなわ》半島西岸の風早郡（松山市）へも進出、賀島《かしま》（鹿島）城・恵良《えりょう》城も主要拠点とし、賀島（鹿島）城に一族得居《とくい》氏を配した。絵図の両城にも、得居氏在城を記す。

　また、大島の北西沖の「三嶋（大三島）」へ目をやると、東岸のいびつな多角形をした「甘崎《あまざき》古城」が目を引く。戦国末期には来島村上氏の城だったが、近世初頭には今治の藤堂高虎《とうどうたかとら》が支城とした。北に芸予《げいよ》国境を睨み、南に鼻栗《はなぐり》瀬戸を控え、国境や交通を管理するには絶好の城だ。

　甘崎城は、島の周囲の水際に、今も石垣の痕跡が見られることで知られる（図5）。藤堂期の改修の名残だ。実は、絵図のいびつな多角形表現は、実際に調査で確認されている島を囲む石垣の形状に似ているように見受けられる。島全体が

図5　干潮時に現れる甘崎城跡の石垣

石垣で要塞化され、輪郭が角張る特徴的な形状を反映した描画なのかもしれない。

　海の国境をまたいで備後に入ると因島《いんのしま》（広島県尾道市）があり、「長崎山古城」「青木古城」が見える。いずれも因島村上吉充《よしみつ》の居城として、初めに長崎城、後に青木城に移ったと記す。北面する向島《むかいしま》の「余サキ（余《よ》崎《ざき》城）」にも村上氏の名がある。因島村上氏は、初期に

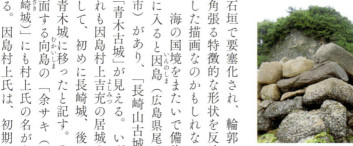

長崎城を本拠とし、後に余崎城を経て青木城に移ったといわれている。

難所の海路と城跡

この絵図のもう一つの特徴は、島々を縫うように走る海路が朱線で引かれていることだ。東に山陽沿岸、備後灘、燧《ひうち》灘と3本見える線が、芸予諸島に差し掛かると幾筋にも分岐する。防《ぼう》予《よ》諸島を抜けた所で再び山陽沿岸、周防《すおう》灘から豊前《ぶぜん》沿岸、伊予沿岸から九州の3本に戻る。山陽沿岸と伊予沿岸の各「地乗り」ルートと、沖合を行く「沖乗り」ルートを基本軸に、難所の多い島嶼部（図6）では、文字どおり一筋縄ではいかない複雑な地理環境に応じて、様々な海路が使われたのだ。

そのため、潮待ち・風待ちなど安全確保の意味からも、各海路沿線の多くの港が寄港地として利用されるようになる。そこでは港湾や航行を管理する施設も必要とされ、いたる所に城が築かれる結果となったのだろう。絵図に見る多くの城跡や幾筋もの海路がこれを物語る。

朱線をよく見ると、越智郡島嶼部の中央を抜ける1本が二重線だ。沖乗りの主要ルートで、元禄4（1691）年にはドイツ人医師ケンペルらも江戸参府のため利用、水中からそびえる甘崎城の石垣を目にしている。

また、松山藩の参勤交代の海路でもあった。それを表すように、二重線は斎灘《いつき》で二手に分かれ、1本が三津《みつ》へ入り、松山城へ直行する。藩主国入りの際、沿線では狼煙《のろし》が使われたが、狼煙場の中には絵図に城跡として描かれた甘崎・宮崎（今治市）・鹿島・白石（松山市）なども再利用されていた。航行管理に好都合だったのだろう。

図6　川のような潮流（上）と渦潮（下）（能島城跡付近）

絵図の城跡は、すべてが歴史の表舞台に登場する主要城郭とは限らない。作図の際にどのように選定したかは定かでないが、意図はあったはずだ。今回の観察を振り返れば、単に軍事的関心だけではなく、松山藩に縁の深い海域を把握して、交通や連絡に活かすことを意識したように見受けられるが、いささか考えが過ぎるだろうか。

藩政期に海賊の世界へ向けられた眼差しが見て取れると同時に、複雑な海路の中にかつて数多くの城が点在した西瀬戸の往時の姿を彷彿とさせる1枚である。

海の参勤交代

東 昇

大洲藩の参勤交代

海に囲まれた伊予の各藩は、参勤交代に船を利用し瀬戸内海航路を経由した。幕末の大洲《おおず》藩には、藩主の乗る御座船駒手丸（図1）をはじめとした4隻の関船、小早や水船・荷物船などがあった。普段は長浜（大洲市）の江湖《えご》の船囲場にあり、参勤交代で江戸へ出立する際、肱川《ひじかわ》河口に1番漁丸、2番常盤丸（家老船）、3番駒手丸、4番飛鹿丸（藩主召替船）の順に整列した。出発後、駒手丸は鯨船《くじらぶね》などに曳航《えいこう》され、その他の船は帆走し、藩領である中島（松山市）の大泊《おおどまり》に向かう。領海を出ると曳船はなく帆走し、およそ1日で安芸《あき》の御手洗（広島県呉市）に到着する。その後、大坂川口までは約10日を要したが、参勤時の4月は播磨灘の航海が危険であり、播磨の室津《むろつ》（兵庫県たつの市）に上陸し陸路を進んだ。帰国時には気候が安定している場合が多く、大坂から瀬戸内海航路をへて長浜へ帰帆した。

危険な船旅

このような海の参勤交代には、陸以上に危険がともなう。大洲藩の藩主・藩士の逸話を集めた「温古集」（天明6年〔1786〕跋）には、具体的な船旅の様子が登場する。2代藩主加藤泰興《やすおき》の参勤では、播磨灘辺で難風にあい危険なため召替船に乗り換え近くの港に上陸し、陸路大坂に到着した。その際、料理人井口長兵衛は、空腹の藩主にすぐに湯漬を作ったが、あまりの早さに不審がられた。井口は、難風になると即座に弁当を準備していた。その心がけが評価され100石加増、給人となった。

同じく加藤泰興は、船中で天気が回復したので出船するよう命じた。しかし大船頭阿部與惣右衛門は、今日の天気は心配なので船は出さないと主張する。泰興は怒り、手打ち寸前であったが、にわかに天気が変わり大時化となり、港へは破船が数多く戻ってきた。阿部の適切な判断が評価され、同じく100石加増、給人となった。いずれも藩士の機転を重んじた逸話であるが、危険な旅の状況がかいま見える。

また明和3年（1766）12月9日帰国の際、西宮沖で西風の大時化に遭い、藩船住吉丸は乗組員とともに消息を絶った。その後、堺（大阪府堺市）で住吉丸の楫が発見され、梶取《かじとり》10人の死亡が確定した。藩では、この遭難を戦場の討死と同様であるとして、藩

図１　駒手丸模型　江戸時代後期　住吉神社所蔵・長浜ふれあい会館保管
駒手丸の建造を担当した船大工が製作した雛型で、大洲藩主加藤家から住吉神社（大洲市長浜町）に奉納されたもの。

主の菩提寺如法寺《にょほうじ》の僧が大法事をおこない、米4石を後年の法事代とした。さらに、今後船手組の実子が7歳になった際には、藩から切米を支給することになった。誠に前代未聞のことと、長浜の年寄佐々木源三兵衛は「積塵邦語《せきじんほうご》」に記している。

ケンペルのみた常夜灯

帆を立てて航海する江戸時代の船は、天候に左右されやすいため、安全な航海を目指して、常夜灯・狼煙《のろし》場・遠見番所、さらには休息や宿泊に関する御茶屋・本陣などの施設が海岸部に整備された。

オランダ東インド会社の医官であったドイツ人のケンペルは、元禄3年（1690）長崎の出島にあったオランダ商館に着任した。ケンペルが商館長に随行して江戸へ参府した際、伊予と周防の国境に位置する松山藩領の津和地島《つわじじま》について、元禄4年4月27日の日記につぎのように記している。「われわれは早朝、順風に恵まれ、打ち寄せる波を切って、わずかの時間で津和の漁村まで帆走して行った。この港は半円形で、頂上まで耕された高い岬のすぐ近くにあった。その丘の一番外側の高い所に、航海者のために灯台が建ててあった」。西から航海してきたケンペル一行は、津和地に水の補給のためにわずか15分寄港しただけであるが、日記には当時の津和地の様子が詳しく描かれている。港や段々畑の景観、灯台や寺・磔柱《はりつけばしら》（刑場）・堂等の建物と当時150軒ほどの家があったことがわかる。

ケンペルがみた灯台は「常燈」と思われる。「常燈」はそれがあったことから名づけられた常燈鼻と呼ばれる岬の古城山にあった。寛永14年(1637)の天草島原の乱の発生により、幕府の検使が下向する際に設置されたものである。「常燈」の規模は9尺四方の瓦葺の建物、松山藩から2人扶持を給された番人が管理をしていた。いわば藩営の常夜灯といえる(図2)。

図2　津和地島の常夜灯跡

　常夜灯はケンペルが書いているように航海の安全のために建てられたものである。最初の目的は、幕府使節の通行に際して設置された政治的なものであったが、後には津和地沖を航海するすべての人々の目印となった。

海の接待をおこなう御茶屋

　ところで、なぜ常夜灯は津和地村などの地元に任せず、藩直営にしていたのであろうか。

　図3は、「元禄伊予国絵図」から忽那《くつな》諸島の部分を拡大したもので、上段の島のうち、左が津和地島である。津和地島の東に朱線で航路があり、その航路を辿って北にいくと、たくさんの航路が集まっている。九州、中国、四国からの主要な航路が集まる海の要衝。そんな重要なポイントであったため、津和地には、幕府役人・参勤交代の

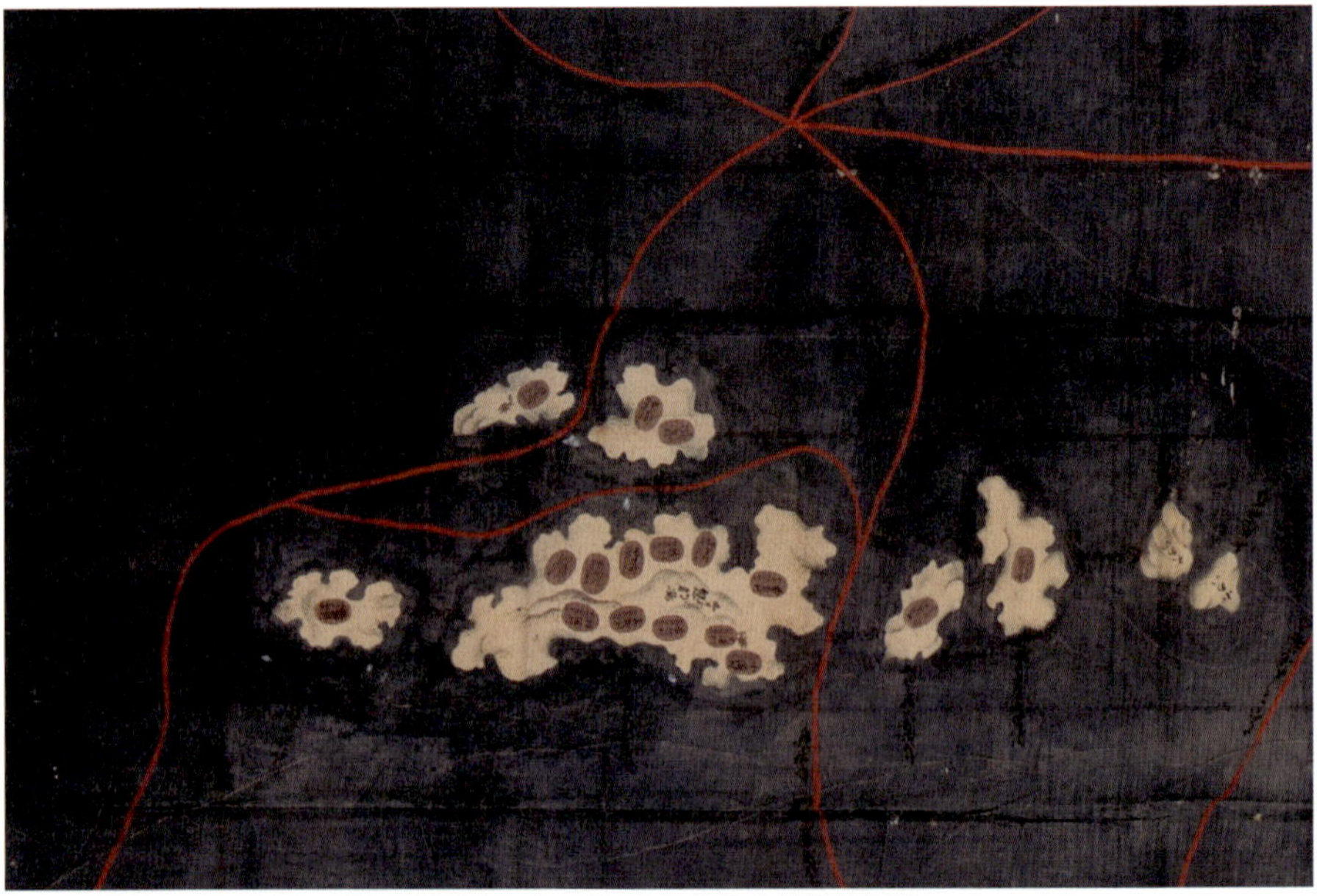

図3　「元禄伊予国絵図」(忽那諸島部分)愛媛県歴史文化博物館所蔵
忽那諸島は松山藩領と大洲藩領に分かれており、中島の大泊は大洲藩が参勤交代をおこなう際の寄港地でもあった。

大名・外国使節を接待するために、「御茶屋」と呼ばれる施設が藩により備えられていたのである。

　津和地御茶屋には、松山藩士八原氏が常駐し、長崎奉行や朝鮮通信使、大名の接待に当たっていた。御茶屋の敷地は狭い島のなかで260坪もあり、御書院・上御門・上御台所などを備えていた。御茶屋は、主に長崎へ向かう幕府の長崎奉行や目付などの宿泊に利用されたが、御茶屋に入らず沖を通過する際にも接待がおこなわれた。松山藩から、船を引く漕船、水や薪を供給する船、水先案内船などが提供された。また八原氏が使者となり、寒晒粉・干鯛・素麺・杉原紙・鰹節などを進物として幕府役人へ挨拶し、水や薪その他の御用をうかがっている。

　また明和8年（1771）には、小倉藩主が御茶屋に入り、滞在中に御忍で三嶋宮や洞源寺《とうげんじ》へ参詣したり、山へ上ったりして旅の疲れを癒やした。

　図4は「波止浜《はしはま》茶屋絵図」と墨書があることから、松山藩が波止浜（今治市）に設けていた御茶屋を描いた絵図と考えられる。享保2年（1717）や4年には、江戸から松山に帰る際、天候不順により藩主が波止浜に上陸したことが記録されており、このような場合に備えて整備されたものと考えられる。

　瀬戸内海において、常夜灯や御茶屋などが藩により整備されることで、安全な船旅が保障されていたのである。

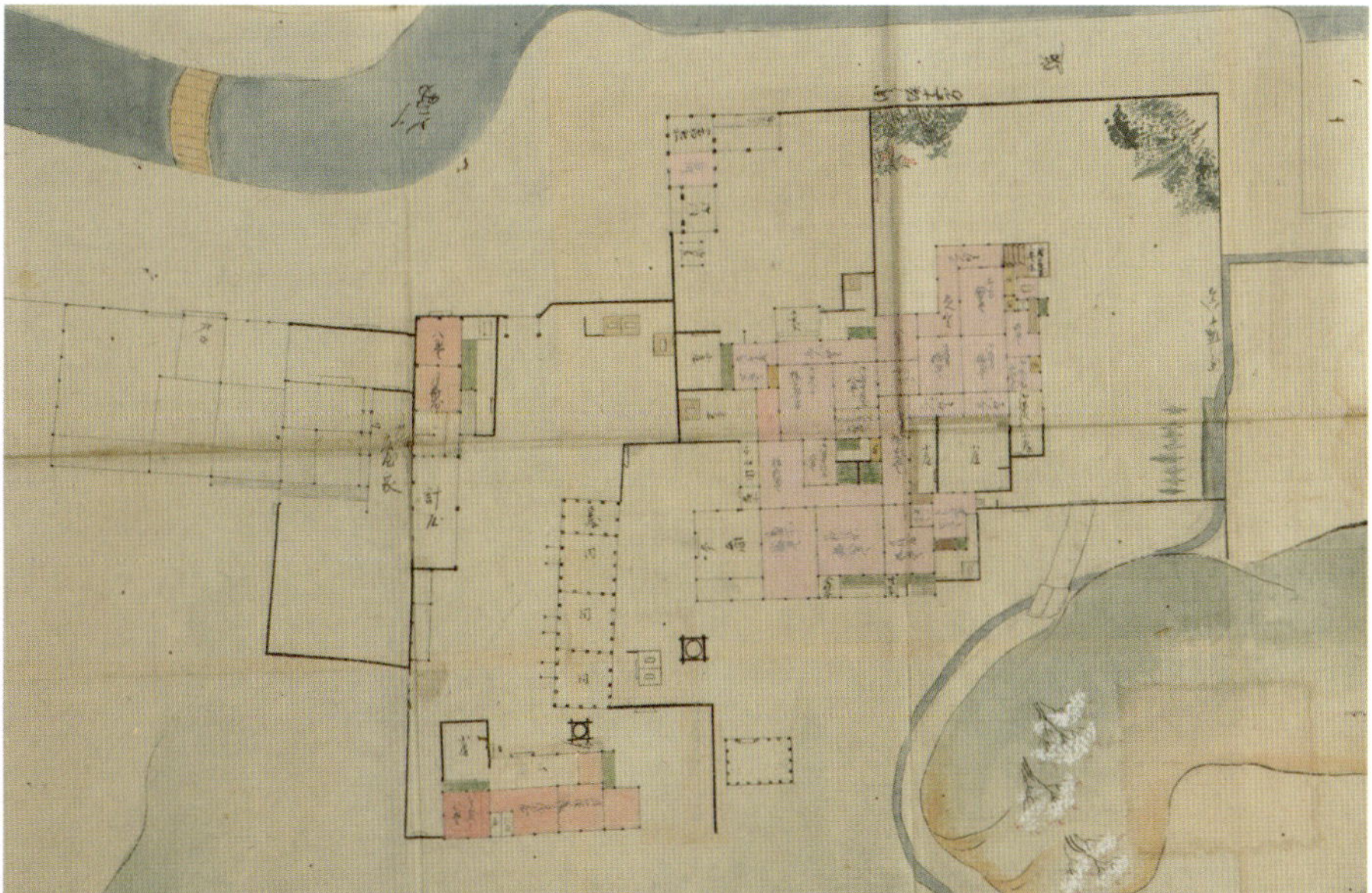

図4　「波止浜茶屋絵図」（部分）個人所蔵・愛媛県歴史文化博物館保管
松山藩の普請方が作成した波止浜御茶屋の絵図。10畳の広さの上ノ間、御居間、御次方など、藩主の滞在を想定して部屋が設けられている。

海面に広がる船の道

大阪商船の瀬戸内海遊覧絵図

甲斐 未希子

吉田初三郎が描く瀬戸内海

霞み空に緑の山々、澄みわたる瀬戸内海に広がる鮮やかな虹の放射線。縦25cm×横107cmの空間に、大阪から中四国・九州を大胆に湾曲させて描いたのは「大正の広重」こと吉田初三郎である。

図1は、大阪商船株式会社の「瀬戸内海遊覧絵図」という観光パンフレットで、瀬戸内海を回る航路と、各地の観光名所が紹介されている。本書でも初三郎の作品を何点か紹介しているが、この作品は特に広範囲を凝縮した構図となっており、初三郎の独特な視点が楽しめる。鳥のように本州側の上空から瀬戸内海を見おろせば、大阪から広がる色とりどりの航路を表す放射線が目を楽しませてくれる。航路線の鮮やかさから、大阪商船の繁栄がうかがえるだろう。このパンフレットの作成年代は不明であるが、鉄道や航路状況から大正末期から昭和初期のものと推測できる。当時の人々がこのパンフレットを片手に瀬戸内海遊覧を楽しんだように、今もなおこれを手に取り眺めれば、瀬戸内海クルーズに胸を躍らせることだろう。

充実の瀬戸内海航路

図1の左端、そこに大阪商船株式会社がある（図2）。明治17年（1884）

図2　大阪商船株式会社周辺

図1　瀬戸内海遊覧絵図
愛媛県歴史文化博物館所蔵

に設立された大阪商船は、瀬戸内海航路を主力航路としており、「天保山桟橋」から各地へ向けて出航していた。大阪商船は、「世界の公園」と称されていた瀬戸内海の絶景と各地の名勝を、一遊の価値は充分にあると絶賛している。「瀬戸内海遊覧絵図」にある航路と色分けは次の通りである。

・大阪山陽線（黄）
・大阪四国線（ピンク）
・大阪細島線（黄緑）
・大阪別府線（赤）
・大阪門司線
　甲便（白）・乙便（茶）
・宇品別府線（グレー）
・大阪徳島線（白）
・大阪高知線（黄）
・大阪勝浦線（グレー）
・大阪名古屋線（赤）
・別府宇和島線（黄）
・大阪鹿児島線（グレー）

このように、13本の航路で、大阪と中四国・九州は繋がっていた。また大阪商船は、定期便だけではなく、遊覧船も運行しており、瀬戸内海地域の観光に一役買っていたのである。

松山の玄関口高浜港

愛媛に寄港する航路は、大阪四国線・大阪別府線・大阪細島線・大阪門司線（甲乙）・別府宇和島線・大阪鹿児島線の7本である。これらの航路では、東予の川之江から南予の宇和島に至る17カ所の港が利用されていた。特に今治港は4航路、高浜港は6航路が集まる主要港であった。

松山の玄関口となっていたのが、高浜港である。図3を見ると高浜港の正面には、「伊予の小富士」と呼ばれる興居島が描かれ、近くに松山城や道後温泉がみえる。また、四国遍路八十八ヶ所霊場である第51番札所・石手寺や第52番札所・太山寺も記されており、観光都市としての要素が細かに描かれている。

瀬戸内縦断・大阪別府線

瀬戸内海航路において、大阪商船が力を入れていた航路の一つが、大阪から香

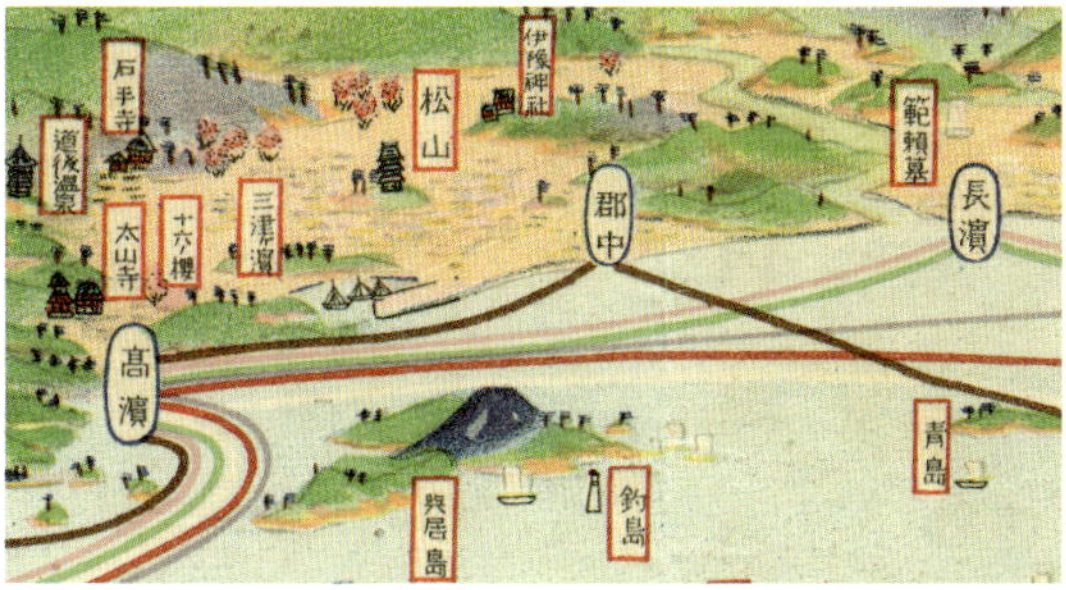

図3　高浜港周辺

川・愛媛を経由して大分へ向かう「大阪別府線」であった。とくに大阪商船は、芸予諸島などの島々の景観を称賛していた。初三郎もこの島々を繊細に描いており（図4）、その多島美を船中から眺め楽しむことが醍醐味でもあった。

図4　芸予諸島周辺

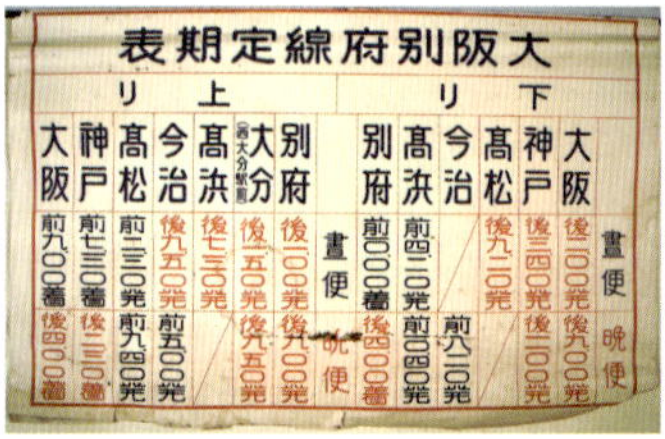

大阪別府線定期表

	下り 大阪	神戸	高松	今治	高浜	別府	上り 別府	大分（西大分経由）	高浜	今治	高松	神戸	大阪
晝便	後二〇〇発	後三四〇発	後九二〇発		前四二〇発	前一〇〇〇着	後一〇〇発	後二五〇発	後七三〇発	後九五〇発	前二三〇発	前七三〇着	前九〇〇着
晩便	後九〇〇発	後一一〇〇発		前八二〇発	前一〇四〇発	後四〇〇着	後九〇〇発	後九五〇発		前五〇〇発	前九四〇発	後二三〇着	後四〇〇着

図5　みどり丸ポスター
愛媛県歴史文化博物館所蔵

図5は昭和3年（1928）に就航した新造優秀客船・みどり丸のポスターと、それに付随している時刻表である。では、この時刻表を基に、大阪から別府までの船旅を体験していただこう。

　乗船するのは大阪発の昼便午後2時の船。神戸港を経由し、淡路島や小豆島を遠目に、日が沈みゆくなか瀬戸内海を進む。星が空に輝く午後9時20分には、香川県高松港へ寄港する。船中で一泊し、翌朝午前4時20分、霞み空のもと愛媛県高浜港へ着岸する。

　ここで一度下船し、松山観光に出てみよう。パンフレットでは、「高浜に上陸し伊予鉄道にて松山に到り市付近の名勝を探り道後温泉に浴し高浜に帰る」と松山を案内してある。大阪商船は伊予鉄道との連絡をアピールし、松山や道後へ多くの観光客を送り込んでいた。松山観光や道後の湯を楽しみ、ゆっくり一泊したら、大阪別府線の夜便が午前10時に高浜港を出航するので、再び乗船しよう。高浜港からは真っすぐ別府港を目指す。日が暮れはじめる午後4時、船旅の終着点・別府港に到着である。

　別府温泉を全国的な温泉地として広めた功労者・油屋熊八は、愛媛県の宇和島の人であった。熊八の「山は富士、海は瀬戸内、湯は別府」というPRは有名で、大阪別府線を利用して別府の湯に入りに来た観光客は多いだろう。

　大阪から別府までの10時間におよぶ航路は、往復2

便で人々の足として活躍していた。瀬戸内海を悠々と泳ぐ大阪商船の船は「瀬戸内海の女王」と称されており、その姿は女王の名に恥じぬものであった。

自慢のモダン船

では、大阪商船が誇る、大阪別府線を行き交う船たちを紹介したい。

明治45年（1912）に初代紅丸《くれない》が就航するも、大正10年（1921）に紫丸が就航したことで、他線へ転じる。同12年、屋島丸が就航するが、翌年には2代目紅丸に代わることとなり、紫丸・紅丸の2隻体制となった。

紅丸一等客室にはフランス式と純日本式があり、食堂はルネサンス式、床はモザイク張り、高い天井にはステンドグラスのドームが飾られ、細部には和風な細工が施されていた。図6の大阪商船のポスターには、上品な船内でくつろぐ和服女性が描かれている。このポスターからも伺える様な、和風とモダンを兼ね備えた独特の「日本式」でしつらわれた豪華な船室は、大阪商船の自慢であった。

昭和3年ごろ、1日1往復だった便が2往復に改正され、その年に緑丸、翌年に菫丸《すみれ》、撤退していた屋島丸も復帰し、昭和4年には紫丸・紅丸・緑丸・菫丸・屋島丸の5隻が瀬戸内を行き交っていた。この頃の運賃は、一等が18円、二等が12円、三等が6円であった。その後、他の商船会社との競争などで価格改定があり、昭和10年（1935）の時刻表では一等が15円、二等が10円、三等が5円に改正された。交通環境が整い、移動手段の選択肢が多様化するなかで、船旅の「商品化」は進み、近代的な「旅行」が楽しまれるようになったのである。

昭和10年、松山商業が夏の第21回全国中等学校野球大会で初優勝すると、選手は大阪商船の菫丸に乗って高浜港まで帰ってきた。そして、船を乗り継ぎ三津浜港へ帰還した。深紅の優勝旗を掲げた選手が下船したら、市民が盛大に出迎えたという。

大阪商船の船は、さまざまな人とその思いを乗せ、瀬戸内の海原を走っていたのだろう。

図6　大阪商船株式会社ポスター（大正4年〔1915〕頃）愛媛県歴史文化博物館所蔵

港とともに発展した八幡浜

井上 淳

漁村から港町に発展

八幡浜（八幡浜市）は、古《ふる》薮《やぶ》の山中から流れ出て八幡浜港に注ぐ千丈《せんじょう》川（河口付近は新川）の右岸に位置する一漁村であった。寛文7年（1667）の「西海巡見志」によると家数が99軒で、「何風にもよし、百石以上之船八十艘かゝる」とあり、天然の良港であったことがわかる。その後、宝暦期（1751〜64）から埋め立てによる町並みの整備が始まり、江戸時代後期になると、「伊予温故録」に「豊後日向土佐等の商賈《しょうこ》来集し、商業繁栄富豪の家多し」とあるように、四国や九州方面への海運基地・商港として発展していった。

激しい旅人の争奪戦

宇和島藩の在町として発展を遂げた頃に八幡浜を訪れた旅人がいた。松山藩領桑村郡新町（西条市）の商人西角屋文八郎である。九州旅行をするため、天保15年（1844）2月22日に国元を旅立った文八郎は、25日に八幡浜に入っている。

この日、文八郎一行は内子（内子町）を出発、大洲城下から少し行った所の仕出屋で弁当を食べた後、夜昼峠の「大イ坂」を登り始める。夜昼峠の中程で、八幡浜の人と道連れになったため、この人に八幡浜の宿はどこがいいか聞いたところ、自分の所に来るようにいわれ、この人の所に泊まることを約束している。そして、足が達者な八幡浜の人は先を歩いていく。

ところが、この八幡浜の人と出会う前に、一行は九州へ渡海する出家と道連れになっていた。この出家にも八幡浜の宿のことを尋ねると、塩屋茂平がいいという返事を得ていたが、宿の約束はしていなかった。この出家も先に歩いていってしまうが、塩屋に何度も泊まり、世話になっていた出家は、自慢顔で自分が客の手引きをしてやったから、出迎えに行ってくれと話したとのことで、塩屋の女将さんが途中まで出迎えに来てしまう。そして、一行を見かけるやいなや、土に手が付かんばかりに深々とお辞儀して、「私は塩屋茂平の女房ですが、御出家様の手引きで私方にお泊まりいただけるということで、お迎えにまいりました」と話すのを聞き、一同びっくり仰天。「それは誠に気の毒ではあるが、今回は鍋屋勘助方に約束してしまったので、帰るがよい」と声をかけると、女房は残念顔で帰っていく。それから一行は、約束どおりに八幡浜船場の鍋屋勘助方で宿を取っている。

九州に渡る旅人、逆に九州から渡ってくる旅人など、多くの旅人が集まる土地だけに、八幡浜では宿泊客をめぐり激しい争奪戦が繰り広げられていたようだ。歌川広重の有名な「東海道五十三次」の御油《ごゆ》宿には、旅人を強引に勧誘する留女《とめおんな》が描かれているが、文八郎の道中日記にも、旅人の情報を得るやいなや外に出て迎え撃ち、自分の旅籠に強引に引っ張り込もうとする女性が登場する。八幡浜の繁華な土地柄を示すエピソードといえよう。

九州への渡海港

文八郎が八幡浜を訪れた江戸時代後期の様子については、宇和島藩が実測にもとづき作製した図1により知ることができる。八幡浜には外海の影響を直接受けない内港が設けられており、その北側には橋が架けられている。商業の発展につれて、低湿地や海側が埋め立てにより造成されていき、そこに道路が碁盤の目状に付けられ、町並みが広がっている。町並み南側の道路の先には、飛び出した小さな敷地が描かれているが、そこには矢野組の代官所が置かれていた。図1からは、八幡浜がこの地域における政治・経済の中心であったことがうかがえる。

また、幕末期の八幡浜については、半井梧菴《なからいごあん》が著した地誌『愛媛面影《えひめのおもかげ》』にも「筑紫国へ渡る湊にして、四方の旅客よりつどへば最《もっとも》賑はし」とあり、九州への渡海港として紹介されている。商人から旅人まで、多くの人が訪れる賑わいは、図2の挿絵からも伝わってくる。

近代化する港町

近代に入ると、八幡浜の発展は著しく、それにともない海岸部の埋め立てが一

図1 宇和郡向灘浦・八幡浜浦・粟野浦絵図（部分、江戸時代後期）愛媛県歴史文化博物館所蔵
縮尺約6000分の1の実測図。右側に八幡浜浦の町並み、その上に向灘浦の集落が連なる。

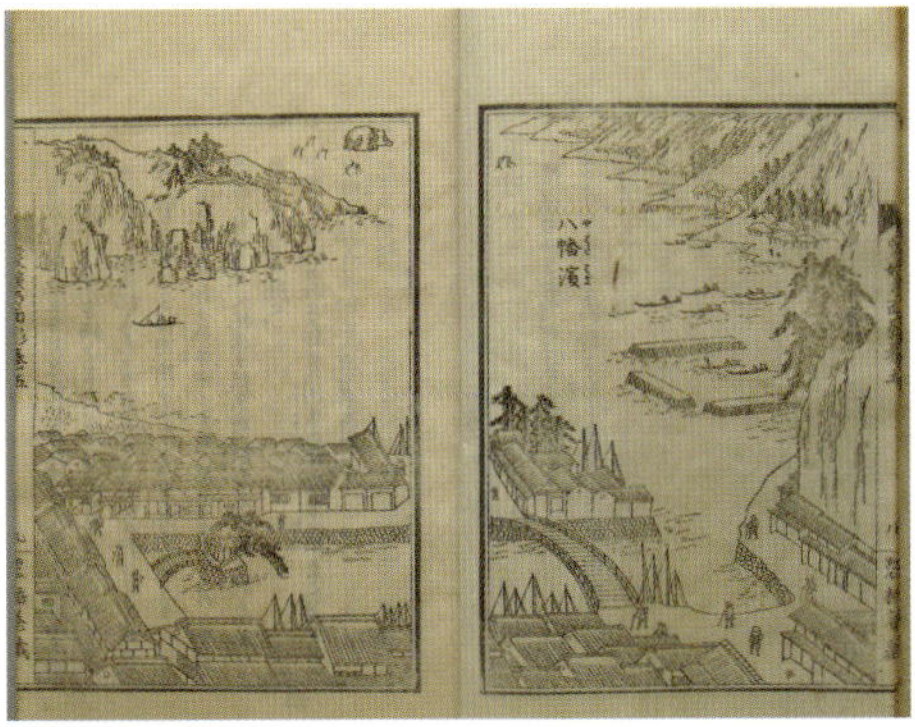

図2 八幡浜（出典：『愛媛面影』巻5）愛媛県歴史文化博物館所蔵
海運基地であった内港には、多くの廻船が帆を休めている。港の周辺には瓦葺きの商家が並ぶ。

段と進められた。海運で財をなした商人が出資したほか、町や県の公共事業としても埋め立てが繰り返され、八幡浜市街は海へ海へと広がっていった。

図3は近代化した八幡浜の姿を捉えた鳥瞰図である。図1に比べると、海の埋め立てがさらに進み、市街地化している様子がうかがえる。町の中を見渡すと、繭市場、乾繭《かんけん》所、蚕業取締所など、養蚕関係の施設が目につく。八幡浜の繭取引は活発におこなわれており、中四国・九州の繭相場を支配するとまでいわれていた。

また、近江帆布工場、岡田織布工場など、煙突をもつ工場の姿もある。岡田織布工場は、機屋を営んでいた岡田虎三郎が設立した工場で、イギリス製や日本製の広幅織機を多く導入し、綿布を年間30万反生産し、八幡浜で一番の機屋に成長していった。その製品は、「南洋美人」の商標で海外にまで販路を拡大、博覧会にも度々出品され、数々の賞を受けた。

海際には魚市場、製氷会社、魚類共同販売所があり、水産業関係の施設も揃っている。大正7年（1918）に真網代《まあじろ》の柳澤秋三郎が一艘びき機船底びき網漁（トロール漁）を始めるなど、新しい漁法の登場もあって、漁獲量は伸びていき、昭和7年（1932）末調べの県内町村別水産物取扱高は、八幡浜町が第一位であった。

市街のすぐ上に描かれた山に目を転じると、斜面が黄色に塗られている。向灘《むかいなだ》

絵に添えられた文章に、国鉄の開通や市制の施行が近いことが記されており、昭和10年（1935）より少し前の景観を描いたものと考えられる。

のみかん栽培の情景である。太陽が降り注ぐ南側の斜面につくられた石積みの段々畑で栽培されたみかんは高品質で、現在でも「日の丸みかん」の名前で知られる。みかん栽培の歴史は、明治27年（1894）、向灘の大家百次郎《おおいえひゃくじろう》が福岡を視察して、夏柑・温州・ネーブルの苗木3000本を持ち帰ったことに始まる。その後栽培農家が増えていき、昭和3年頃には生産者による同業組合が結集し、大阪天満市場へ出荷するなど、販路を拡大していった。

図3には、近代に入り、養蚕、紡績、水産業、柑橘栽培とバランスよく発展した八幡浜の姿が描かれている。そして、さらに八幡浜には、これらの諸産業を流通に結びつける交通網も整備されていった。

海上交通では、埋め立てにともない港の位置が変わり、旧港と新港という2つの内港がつくられている。新港の北側に位置する出島の先には、昭和5年に浮桟橋がつくられ、九州や大阪に向かう大型船が発着できるようになった。図3にも浮桟橋に停泊する大型船が見えるほか、佐田岬沿岸、宇和島をはじめ、遠くは九州各地へと張り巡らされた航路が白い線で表現されている。沖合には大型船、小型船、機帆船が多く浮かんでおり、海運業の充実ぶりがうかがえる。また、陸上には主要な道路を走る乗合自動車も描き込まれている。市街中心部には、三社共同自動車などの営業所があり、松山・大洲・宇和島・卯之町などの各地と結んでいた。

政治的につくられた城下町とは異なり、商人の力により一漁村から県内でも有数の港町に発展した八幡浜は、「伊予の大阪」と称された。図3には、自らの力により近代化を遂げた港町の姿が余すことなく描写されている。

図3　金子常光「八幡浜大観」（昭和初期）愛媛県歴史文化博物館所蔵
八幡浜の市街を中心に据え、上部に細長く伸びる佐田岬、そのすぐ先に海を隔てて別府・大分・佐賀関があるという巧みな構図。

【コラム】……宇和島藩の水軍基地

参勤交代制度により、各藩の大名は１年おきに江戸と国元を往来した。参勤交代のために瀬戸内海を渡らなければならなかった伊予の大名は、それぞれの経済力に応じて、藩の船を保有していた。

図１は、幕末期の宇和島御城下地図のうち、宇和島藩の港があった須賀浦を中心に掲載している。右下の海に面して描かれた山が住吉山で、その麓の樺崎《かばさき》の鼻からは、藩主が御座船《ござぶね》に乗船する際に用いる「御《お》上《あが》り場《ば》」が突き出ている。「御上り場」の左上には、藩の港がある潮入堀への入口があるが、住吉山側には常灯（灯台）や船の出入りを監視する番所が設けられていた。入口から船を進めていくと、左右の両岸に藩船を置くようになった一画にさしかかる。下側に赤色の細長い四角が並んでいるのが船蔵で、御座船の大鵬丸など８艘の船を格納していた。上側には帆柱を入れる蔵のほか、鯨船など小型の船を繋いでおく船堀も見える。

藩船を置く一帯を通り抜けてさらに左に進むと、船作事場に辿り着く。その内部はドックになっており、藩船の新造や修理がおこなわれた。ドックの周囲には、職人が作業する細工所や船板や材木などを入れておく蔵などが配置されている。船蔵の左側には船奉行役宅とその配下の藩士の屋敷が並ぶほか、船作事場の左側には、藩船に乗り込む水主が住む長屋が続く。宇和島藩の水軍基地の様子が詳細に描き出されている。

ところで、この御船手《おふなて》のエリアは、江戸時代後期から幕末期にかけて大きく変化を遂げる。海に張り出した広大な新田の存在である。御船手の前方の海は段階的に新田開発が進められ、八幡浜菊池茂兵衛新田、冨包新田、下村庄屋新田、金毘羅新田が成立している。（井上淳）

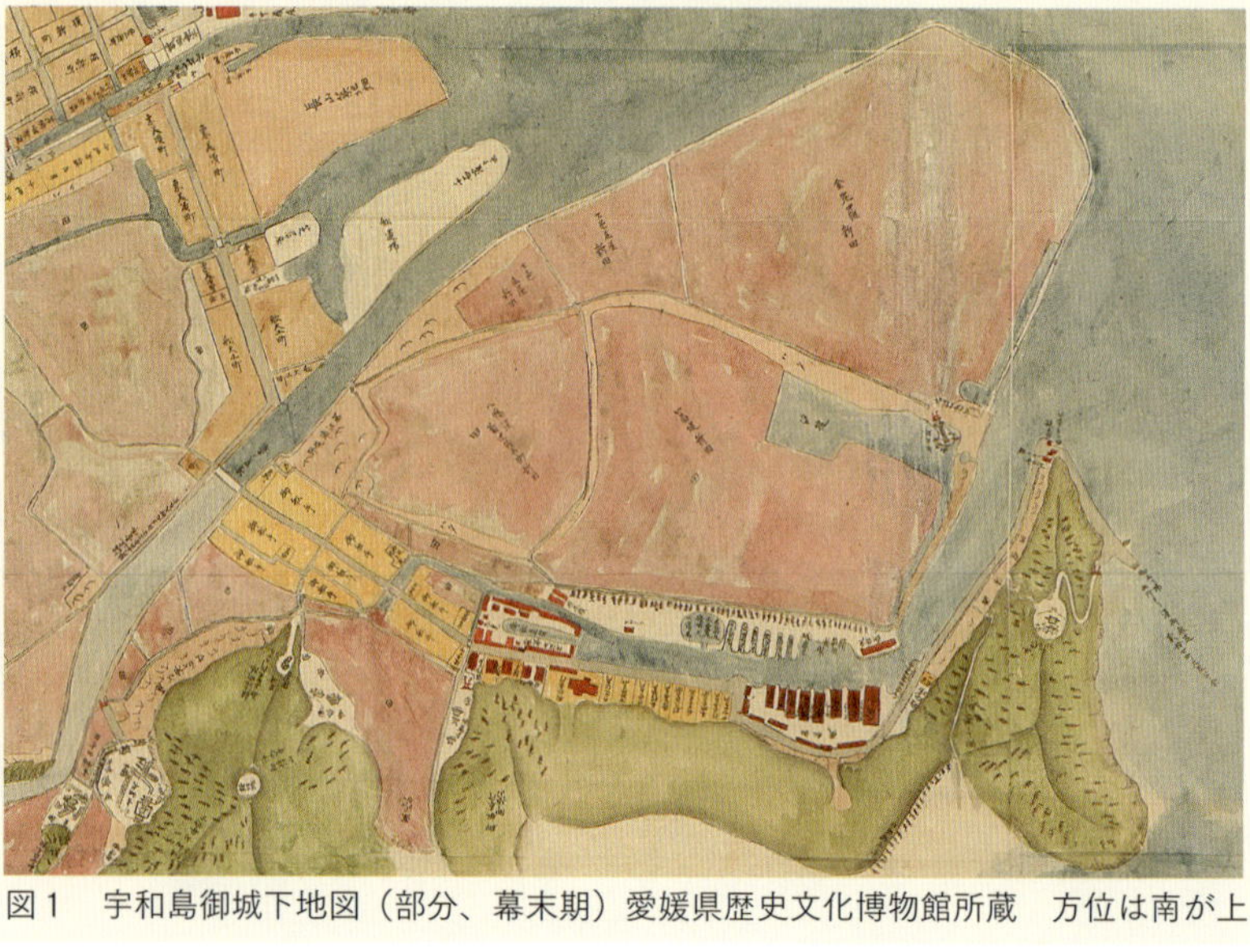

図１　宇和島御城下地図（部分、幕末期）愛媛県歴史文化博物館所蔵　方位は南が上

Part4

伊予の遍路道を歩く

松尾峠から観自在寺

井上 淳

国境の松尾峠越え

順打ちの遍路が土佐から伊予に入るには、国境にある標高300mの松尾峠を越える。松尾峠の登り口に近い大深浦（高知県宿毛市）には、土佐藩の松尾坂番所があり、土佐に入国時に甲《かんの》浦《うら》番所で与えられた日々附《ひびづけ》を提出しなければならなかった。この日々附とは、宿泊した村の庄屋から何人泊まったという証明の印鑑を受けたもので、これを持たない遍路は、土佐で宿泊することが許されなかった。

大深浦から松尾峠までは約2㎞。高低差270mを登るが、弘化2年（1845）の筑前国津屋崎村（福岡県福津市）の豪商佐治家の「四国日記」は、松尾峠を「伊予土佐の堺にて殊の外高山」で、「きひしき大坂」としている。また、天保7年（1836）に遍路をおこなった松浦武四郎は、松尾峠からの眺望を、「西は柏しま、沖ノ島、姫島等粲《さん》然《ぜん》と見え、また雲間ニ九州を望」むと書き残している。

松尾峠を挟んだ東側と西側には、土佐藩の「従是《これより》東土佐国」、宇和島藩の「従是西伊予国宇和島領」という2本の石標が立てられていた。このうち宇和島藩による国境の目印は、当初木の榜示杭であったが、貞享4年（1687）に長さ8尺（2m40㎝）、幅7寸（21㎝）四方の御影石に取り替えられている。この石標は取り除かれ、橋の一部に再利用されていたが、現在は修復が行われ、後述する小山番所（愛南町）の近くに移設されている。

図1は、明治43年（1910）に松尾峠で撮影された古写真であるが、右側に「従是西伊予国宇和島藩支配地」と刻まれた石標が見える。松尾峠に現存する石標で、「藩」や「支配地」の文言が使われていることから、明治初頭に立てられたものと考えられる。宇和島藩は、天保5年（1834）にも立て替えをおこなっているので、現存するものは3代目の石標となる。

遍路を統制した小山番所

松尾峠を下ると、宇和島藩領で最初の村である小山村にさしかかる。小山村には、宇和島藩が境目番所として小山番所を設置していた。番所の建物は茅葺きで、奥10畳と取り調べに使う12畳の部屋があった。番所では旅人の往来手形を改めるとともに、領内の村からの欠落人の捕縛、他領からの穀物や商品の移入を監視していた。

江戸時代中期になると、境目番所には新たな役割が

図1　松尾峠の古写真（明治43年〔1910〕）個人所蔵
伊予側から土佐側へと松尾峠を登る旅人３人。明治時代の行政資料によると、松尾峠の道幅は平均１間（1.8 m）であった。写真右側には、「従是西伊予国宇和島藩支配地」と記された石標が見える。左側にある建物は旅人が休憩をとる茶屋と思われる。その付近から松浦武四郎が「其眺望筆紙ニつくしがたし」と賞賛した眺望が広がっていた。

付与される。当時増加しつつあった遍路への対応である。遍路の増加にともなう治安の悪化、領内を托鉢《たくはつ》して歩く渡世遍路の存在を問題視して、宇和島藩は宝暦4年（1754）、明和6年（1769）に相次ぎ法令を出して、遍路統制に乗り出したのだ。

遍路が通る道筋はすべて藩が指定し、それ以外の脇道は通行できないとされたほか、領内の滞在日数も7日以内に制限された。遍路の人数と7日以内に通り抜けることを記した藩独自の通行手形を発行するなど、小山番所は遍路統制に関わっていた。文化元年（1804）の『海南四州紀行』には、「此所ニテ宇和領七日限リノ書付ヲ出ス」とあるが、この書付とは、小山番所で発行した通行手形のことを指している。

絵図に描かれた遍路道

図4は宇和島藩が作成した絵図で、表題は見当たらないが、中央部に「上大道村」の貼紙があることから、松尾峠から城辺村（愛南町）までの道が描かれていることがわかる。この道は、40番観自在《かんじざい》寺（愛南町）に向かう遍路が歩くルートに当たる。

平野や盆地を黄色、山地を緑色で塗り、濃淡を使うことで、尾根筋などを立体的に表現している。絵図には家が散在して描かれており、集落の位置を示している。平野部には青色で川を描くとともに、街道を赤い線で引いており、それらの情報を総合的に読み取ることで、遍路道の様相を知ることができる。

図4右下が松尾峠に当たるが、そこには宇和島藩が立てた石標（図4❶）が描き込まれている。松尾峠を蛇行しながら下りていき、下りたところから谷間の道をしばらく進んでいくと、左側の山際に2軒の家が見えてくる（図2、図4❷）。この2軒の家から、北側の

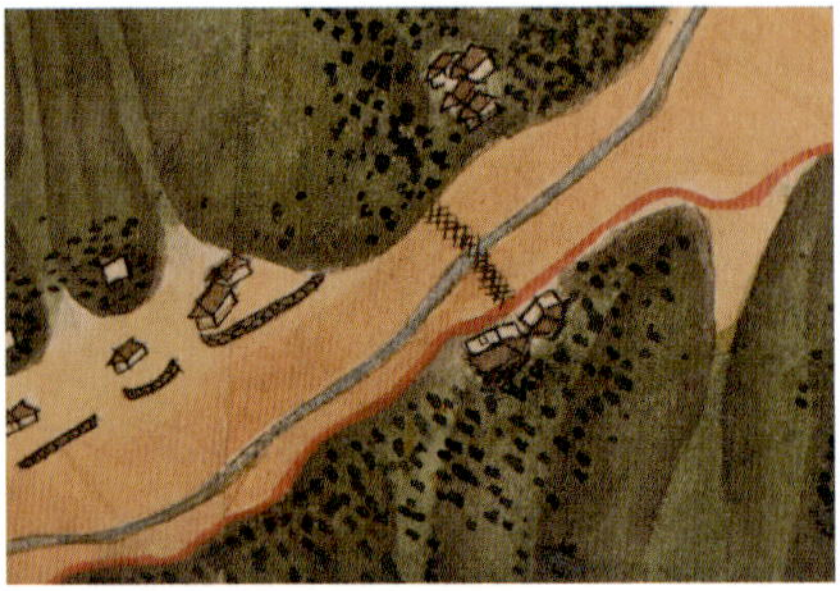

図2　竹矢来のある小山番所

山際に向かって竹矢来《たけやらい》が描かれている。2軒のいずれかが小山番所で、狭い谷間の地形を利用して、人の往来などを監視していたことがわかる。

　小山番所で7日限りの通行手形を与えられた遍路は、しばらく谷間の道を西に坂石（図4❸）まで進む。坂石からは北西に進路を変えて広い原野を歩き、弓張などいつくかの集落を通過し、広見村札掛（図4❹）に至る。

　この札掛は、番外札所の篠山権現に向かう篠山道との分岐点であったが、本図には北東に向け分岐していた篠山道が描かれていない。篠山権現は標高1065mにあり、しかも難路であったことから、行かなくても札を納めることができるように、札掛には遙拝所が設けられていた。また、篠山に行く遍路は、札掛に荷物を置き、観自在寺に参詣して戻ってきたため、遍路宿や絵図などの土産を売る店も多かったという。

　札掛から西に進むと、北方約3㎞離れた山奥に源流をもつ惣川により形成された赤坂の谷（図4❺）にさしかかる。南北に深く刻

図3　分岐点に描かれた大きな木

まれた谷を蛇行しながら歩き、川を2回渡っている。明治12年の「道路橋梁取調書」によると、赤坂谷には、長さ2間（約3・6m）、幅8合（約1・4m）の土橋、長さ6間（約10・8m）、幅5合（90㎝）の木橋が付けられていた。

赤坂谷を過ぎ坂道が続くが、その途中、南西の深浦への道が分岐する所に、大きな木が描かれている（図3、図4❻）。『海南四州紀行』には、赤坂谷から登ったあたりに大きな松があったと記しているので、この松を描いたものであろうか。また、その付近には、菓子・総菜・ところてんなどを売る店が2軒あったことも記されており、遍路が足を休める茶屋があったことがうかがえる。

この分岐点で右側の道を西に進むと、再び分岐点が現れる（図4❼）。そのまま西に進み観自在寺に至る道と、北に向かい緑村などを経て宇和島に至る中道との分岐点である。中道の方向に向かっても途中の峰地で西にルートを採ると観自在寺に行くことができた。

灘道は太場《だいば》（図4❽）を過ぎ、尾根を下って細い谷間の道を進むと、僧都《そうず》川の左岸に突き当たる。ここで南西に進路を変えてしばらく歩き、城辺の町並み（図4❾）を通過する。さらに西に進み、絵図の左端辺りで僧都川を飛び石伝いに渡ると、間もなく観自在寺に辿り着く。

図4　松尾峠から城辺村までの絵図（江戸時代後期）愛媛県歴史文化博物館所蔵
宇和島藩が測量をもとに作成した分間図で、縮尺は約6000分の1程度と考えられる。赤色の実線が観自在寺道、❼から北に向け分岐した破線が中道である。観自在寺道のうち、伊予の遍路道の起点となる松尾峠部分は、2018年に「伊予遍路道・観自在寺道」として国史跡に指定されているが、本図が描く松尾峠のルートは、国史跡のルートより西側の尾根筋に描かれており、江戸時代の遍路道を示すものとして興味深い。

観自在寺から宇和島城下

井上 淳

真念が記す3つのルート

貞享4年（1687）に真念の著書として板行され、ロングセラーとなった『四国辺路道指南《へんろみちしるべ》』によると、40番観自在寺《かんじざいじ》（愛南町）から41番龍光寺《りゅうこうじ》（宇和島市）に向かう宇和島藩領の遍路道には、3つのルートがあったことが記されている。「一すぢ　なだ道　のり十三里。一すぢ　中道大かんだう越　のり十三里。一すぢ　さゝ山越　のり十四里半。三すぢともニ岩ぶち満願寺ニ至ル」とある。ここでは、江戸時代の遍路が通行することが多かった灘道《なだみち》、篠山道《ささやまみち》を中心に紹介する。

宇和海沿岸を進む灘道

第一のルート灘道は、西寄りの海岸に沿って歩き、標高462mの柏坂《かしわざか》を越えて岩松に至るルートである。3つのルートの中では最も低い峠を越えていき、海沿いの人家が多い所を進む道筋であることから、多くの遍路に利用されていた。筆者が収集した江戸時代の遍路による道中記録のデータを見ると、20例のうち、11例が灘道を選択していることがわかる。

観自在寺を参詣後、灘道を行く遍路は長洲村、菊川村、柏村（愛南町）と宇和海の海岸線に沿って進む。柏村の集落に入り、柏川に架かる柏橋を右折して、川の右岸をしばらく進むと、柏坂越の登り口付近に里程を記した道標があり、「坂上り二十一丁　よこ八丁　下り三十六丁」の文字が刻まれている。多くの遍路が苦労したのは、標高450mまで登る21丁（約2㎞）続く急勾配の坂道である。承応2年（1653）の澄禅《ちょうぜん》による『四国辺路日記』には、「夫（観自在寺）ヨリ二里斗往テ柏ト云所ニ至、夫（柏）ヨリ上下二里ノ大坂ヲ越テハタジ（畑地）ト云所ニ至ル」と記されている。

柏坂の道幅については、明治12年（1879）の「道

図1　柏坂付近（明治42年〔1909〕）個人所蔵

路橋梁調」に8合（約1・4m）から1間（約1・8m）とある。明治14年の「県道並木新規植付見込御届」を見ると、柏坂に1間につき1本の割合で松を2880本植え付ける計画であることが、南宇和郡柏村戸長から県令に対して報告されている。実際に柏坂付近で撮影された古写真（図1）には、カーブする狭い道に沿って松並木が写っており、明治後期の遍路道の姿を現在に伝えている。

　遍路にとって苦しみだった柏坂は、その一方で宇和海を見晴らす眺望で知られていた。天保3、4年（1832、3）頃の安芸国鞆浦（広島県福山市）の住人による『四国紀行』には、柏坂がこの周辺で最も高く、峠からは宇和海を見渡し、東南は土佐、西は筑紫路から日向の岬までがほのかに見えるとある。そして、多くの島や山をばらまいたようで、「四国路の眺望ハこの所を第一とす」と絶賛している。

　鞆浦の遍路が四国第一と評価した柏坂からの眺望であるが、それを絵に仕立てた人物がいる。江戸時代後期に遍路をおこない、その途次に見た風景を描き残した大和国田原本（奈良県田原本町）の仏絵師、西丈である。彼の絵は「中国四国名所旧跡図」というタイトルが付いた画帖にまとめられているが、図2はその中の1枚で、右上に「与州宇和嶋柏村図」とある。

　近景には色が入るのに対して、中景と遠景は墨だけで表現されており、遠景の九州は淡くシルエットとして浮かび上がる。西丈の絵は、実景のスケッチというよりは、旅の途次に見た景色を巧みに合成して鳥瞰図にまとめたものといえるが、その一部には柏坂から見た景色が使われているものと考えられる。西丈の絵からも、柏坂からの眺望が、多くの遍路を惹き付けるものであったことがうかがえる。

　柏坂を下りてくると、上畑地《はたじ》（宇和島市）大平茶堂の集落に至る。この集落には、明治終わり頃に5軒の

図2　与州宇和海柏村図「中国四国名所旧跡図」愛媛県歴史文化博物館所蔵
近景には大きな網が3枚干されており、漁村としての柏村の姿が描かれている。中景になると、左から鹿島、横島などが浮かび、右から柏崎、タラノハナ（由良半島の先端であろうか）が突き出ている。遠景には手前に佐田岬、そのはるか先に豊後鶴崎から日向にかけての九州が描かれている。

遍路宿があったという。上畑地大門を経て、芳原《ほわら》川沿いに岩松に出て、岩松川を渡る。保木、熱田と進み、松尾坂（232m）を越えて、中道との合流地点柿の木（宇和島市）に到着する。

遍路の通行が禁止された中道

真念が第二のルートとして記す中道は、僧都《そうず》川をさかのぼりながら、555mの小岩道《しょうがんどう》、588mの大岩《だいがん》道を越える宇和島城下と土佐宿毛を結ぶ最短コースである。「寛永伊予国絵図」（11ページ）においても、中道のみが太い朱線で表現されており、幕府の巡検使が通る幹線道路であった。しかし意外なことに、江戸時代の遍路が残した道中記録20例を見ても、この中道を選択した者は1例も見出すことはできない。

その理由としては、宇和島藩が明和6年（1769）に遍路が通るルートを灘道と篠山道に限定して、それ以外の道を通ることを禁止したことがあげられる。真念が『四国辺路道指南』を書いた江戸時代前期には、中道は遍路も通行できたが、宇和島藩の遍路統制により遍路道としては使われなくなっていったものと考えられる。ある意味、中道はまぼろしの遍路道ともいえる。

最も険しかった篠山道

第三のルートは、標高1065mの篠山を越える最も険しい道である。この篠山道は、中世以前からの山岳信仰の霊場で、四国遍路の番外札所でもあった篠山権現に立ち寄る遍路が歩いた。『四国辺路道指南』には、「初遍路ハさ、やま（篠山）へかくるといひつたふ」とあり、初めての遍路は篠山を参詣する風習があったことが記されている。実際に遍路の道中記録20例のうち9例がこの篠山道を選択しており、相当数の遍路が篠山道を利用していたことがうかがえる。

観自在寺を参詣した遍路が、篠山道を進む場合、広見村（愛南町）札掛までは来た道を戻り、板尾村、正木村と東に進む。この板尾村から正木村への道は峠越えで、弘化2年（1845）の筑前国津屋崎村（福岡県福津市）の豪商佐治家の『四国日記』では「小笹道」と記し、すべて山道の「殊之外難所」としている。この峠を越えて篠川と突き当たり、川に沿って北に進むと正木村庄屋蕨岡《わらびおか》家がある。蕨岡家は、古くから篠山権現の加護によって富み栄え、戸を閉めなくても盗難にあったことがないという伝説から「戸たてずの庄屋」として知られる。

この蕨岡家から約1㎞北に登山口である御在所がある。麓の御在所から山頂まで58丁（約6㎞）は急峻な尾根道が続く。文化6年（1809）に遍路をおこなった京都の商人升屋徳兵衛の『四国西国順拝記』には登山道が「近郡第一の難所」で、左右に険しい嶺がそびえ、ある時は非常に深い渓に臨み、道が高い山を切るように付けられていると説明している。さらに、篠山は麓に至るまで古松老柏が枝を接するように鬱蒼とし

↑図３「篠山絵図」（江戸時代前期）愛南町教育委員会所蔵
伊予と土佐の国境に位置した標高 1065 ｍの篠山とその周辺村落を描いた絵図。江戸時代の参詣道が赤色の線で描かれているが、とりわけ広見村札掛から正木村の御在所を経て、篠山に至る道は篠往還といわれ、多くの遍路が歩く道であった。
←図４　篠山山頂部（「篠山絵図」の部分拡大）
すでに遍路屋があり、江戸前期から多くの遍路が参詣していたことがうかがえる。

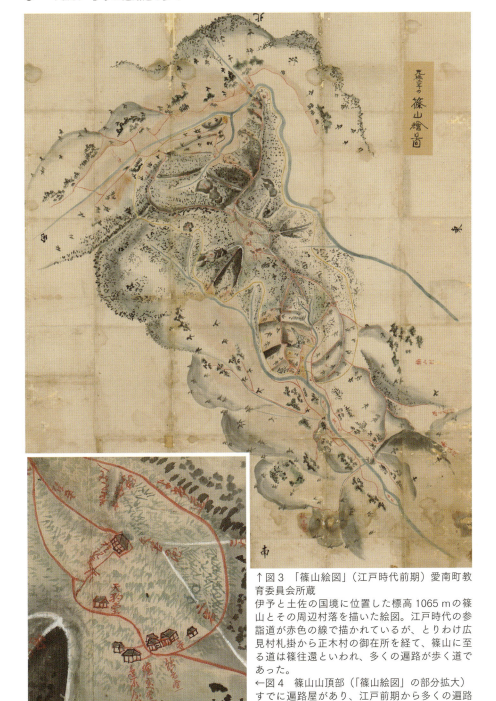

ており、大陽を遮り日陰ばかりで、暗くて視界がきかないとその印象を書き残している。

篠山権現とその周辺については、「元禄二年」という後世の紙が貼られた篠山絵図で当時の様子を知ることができる（図3）。元禄2年（1689）とする根拠は定かではないが、江戸時代前期の景観を描いた絵図と考えられている。絵図は篠山の山頂部を大きく描いており、距離感は正確とはいえないが、南西の板尾村から正木村に入り、篠川に沿って北上し、尾根道を通り篠山権現に至る遍路道を確認することができる。

尾根道の途中、槙の尾という場所に篠山権現の鳥居があり、一の王子堂（2間4面）が設けられている。そこからさらに登ると、篠と小さな枯れ木で覆われた一帯に差し掛かり、折れ廻した石垣の上に立ち並ぶ建物が現れる。最初に篠山権現の別当寺の観世音寺（4間×10間）、次に寺と廊下でつながった観音堂（3間4面）がある。道を隔てた所には2階建ての鐘突堂（1丈4面）、遍路が宿泊する遍路屋（2間×4間）と続く。そこから3丁（約300m）登った所に方形の屋根で肘木が付いた天狗堂（2間4面）、そして山頂部には三つの堂が連なり、その前に拝殿（2間×3間）を付けた権現堂、その脇に矢筈《やはず》池がある。これらの建物の位置関係については、篠山絵図の部分拡

図5 「祝森村絵図」（江戸時代後期）愛媛県歴史文化博物館所蔵
宇和島城下の南、来村川の上流域に位置する。東と西を200～300m級の山に囲まれた谷間に田がつくられている。

図6 庚申堂付近
（祝森村絵図部分拡大）

大（図4）のほか、絵図と同時期の元禄2年に刊行された『四国遍礼霊場記』の「篠山図」によりわかる。双方の篠山の描写は一致する部分が多く、江戸時代前期の神仏習合の霊場、篠山の姿を忠実に伝えているものと判断できる。

　篠山権現を参詣した遍路は、佐治家の『四国日記』に「殊之外急坂」と記された北斜面の道を37丁（約4km）下りていく。その麓は祓川で、権現湯とも呼ばれた硫黄が匂う鉱泉が湧出している。さらに道を下り松田川の右岸を少し西進し、川を渡ると槙川村（宇和島市）である。槙川村には番所があり、往来手形を改めていた。峠を越えて身内村（宇和島市）に進み、谷間の道を下っていくと、山財村（宇和島市）に至る。山財村から北上すると、途中で中道と合流し、野井村（宇和島市）に進む。野井村から先、急峻な野井坂を越えると柿の木で、灘道とも合流する。

合流地点が描かれた村絵図

　3つに分かれていた遍路道が合流し、最終的に1つになるのが祝森村《いわいのもり》（宇和島市）の柿の木である。この祝森村については、宇和島藩が江戸時代後期に実測にもとづき作製した村絵図が残されている（図5）。

　絵図の余白部には、保田《やすだ》村（宇和島市）境から村の中央を抜けて野井坂に至る道を「壱里四反余」（約4km）と記している。それとは別に柿の木の庚申堂から分岐して松尾坂に至る道を「拾八町五反余」（約2km）としている。前者の野井坂を越えて祝森に入る道が中道、後者の松尾峠を越えて祝森に入る道が灘道である。文化元年（1804）の『海南四州紀行』には、「大坂（松尾坂）アリ、下リテ庚申堂一丈四方瓦葺右手ナリ、前ニ茶屋アリ」と記されている。

　図6は祝森村絵図の庚申堂付近を拡大したもので、図7は庚申堂の現況である。庚申堂付近は、灘道を進んだ遍路と篠山道を進んだ遍路が合流する結節点で、かつては付近に遍路を相手にした仏絵を売る土産物屋があった。中務茂兵衛《なかつかさもへえ》が明治21年（1888）に遍路百度目を記念して建立した道標の1つには、「宇和島城下より五十丁手前／仏絵一切表具所／祝森村字清水本家とら屋」と側面に刻まれている。「本家とら屋」がその土産物屋で、子孫宅には、弘法大師像をはじめとする仏絵の版木が伝わっている。

　庚申堂を過ぎた遍路は、来村川《くのむら》を横に見ながら山際を北上、祝森村内では2カ所の橋を渡る。最後は村境の橋を渡り、保田村を経ると、まもなく宇和島城下へと到着する。

図7　庚申堂（左の舗装された道が中道、右の未舗装の道が灘道）

宇和島城下から明石寺

自転車遍路を苦しめた歯長峠と長大な柵を備えた東多田番所

井上 淳

宇和島城下の遍路道

　宇和島城下で遍路が歩く道については、宇和島藩が明和6年（1769）に町奉行に宛てた法令により定められていた。そこには、遍路が武家屋敷を通行するルートとして「佐伯町通り大森新兵衛前より堀江四郎左衛門前通り本町口迄」、また町人町を通行するルートとして「佐伯町御番所より新長屋角迄、播磨屋横町より本町通り横新丁通り新丁御番所迄」と指定されているが、それらを具体的に示すと図1のようになる。

　南から宇和島に入る遍路は、神田川《じんでんがわ》に架かる佐伯橋を渡った所の右手にある佐伯町番所（図1❶）で往来手形を改める。番所を抜けて佐伯町を真っ直ぐ進み、浜御殿の塀とぶつかった所にあるのが「新長屋角」であり、右側に藩の御借長屋（図1❷）が設けられていた。遍路はこのT字路を右折して長屋沿いに少し行き、交差する道を抜けたすぐ右側に「大森新兵衛屋敷」（図1❸）があった。「大森新兵衛屋敷」を右に見ながら遍路はさらに進み、次の四つ角で左折してすぐの所に三角形の広場のような所がある（現在の桜町児童遊園）。ここに「堀江四郎左衛門屋敷」（図1❹）があった。

　三角形の広場を右折して堀江の屋敷前を進み、四つ角を一つ通り抜けてさらに行くと城壁に突き当たる。そこを左折して、追手門方面に少し行った右手に枡形状の町人町への入口、本町口（図1❺）がある。本町口から進み、最初の四つ角で左折すると「本町通り」となる。本町二丁目から五丁目まで進み、次の「横新町」の四つ角を右折する。そして最初の四つ角を左折、少し進むと右手に「新丁番所」（図1❻）があり、その先の橋を渡ると城下を抜けることになる。

　法令には、宇和島藩が立番足軽8人を毎日道筋に出して、遍路を監視することも記されている。藩領の村々で托鉢《たくはつ》をおこなって報謝を求めて歩く渡世遍路を厳しく規制しようとする宇和島藩の姿勢がうかがえる。

和霊社と龍光寺

　宇和島城下を抜けた遍路は、下村《しもむら》にあった和霊社（和霊神社）に立ち寄る者も多かった。和霊社は、宇和島藩初代藩主伊達秀宗《ひでむね》の家老で、非業の最期を遂げた山家《やんべ》清兵衛を祀る神社であり、半井梧菴《なからいごあん》の『愛媛面影《えひめのおもかげ》』にも、「不思議の霊験あるに依て諸人の信仰他に異なり、殿社の結構も亦比

図１　遍路が宇和島城下を通るルート（「宇和島城下絵図」安永５年〔1776〕愛媛県歴史文化博物館所蔵により作成）
❶佐伯町番所、❷御借長屋、❸大森新兵衛屋敷、❹堀江四郎左衛門屋敷、❺町人町入口、❻新丁番所

類なし」とその賑わいを記している（図2）。

和霊社を参詣した後、遍路は須賀川の左岸を進み、中間の伊吹八幡の横を通り、根無川を渡る。光満川沿いの谷間の道を北上し、窓峠《まどのとう》を越えて三間盆地に入ると、やがて戸雁《とがり》の41番札所の龍《りゅう》光《こう》寺（宇和島市三間町）に辿り着く。

江戸時代の案内記・絵図に「稲荷社」、「稲荷宮」と表記されるように、龍光寺は神祇系の札所であった。神仏習合のもと、稲荷社を管理する別当寺として龍光寺があった。寛政12年（1800）の『四国遍礼《へんろ》名所図会』を見ると（図3）、参道入口に石鳥居が描かれている。境内は上段と下段に分かれており、上段の正面に本社稲荷明神、その右に本堂の観音堂、下段に大師堂・納経所・鐘楼などがあった。

図２　和霊社（出典：『愛媛面影』巻５）愛媛県歴史文化博物館所蔵）

仏木寺と歯長峠

龍光寺から42番札所の仏木寺まではわずかに30丁（約3㎞）余り。小山を越えると記す道中日記もあるが、この龍光寺からの山越えとなる区間は、江戸時代の遍路道がほぼそのまま残っており、2016年に「伊予遍路道・仏木《ぶつもく》寺道」

図３　龍光寺（稲荷）（出典：『四国遍礼名所図会』）個人所蔵
上段に描かれた稲荷本社を構成する拝殿・中殿・本殿・覆屋と観音堂は、現存する建物と考えられている。

として国史跡に指定されている。小山を越えて下っていくと、間もなくこんもりとした森の中に仏木寺（宇和島市三間町）が現れる（図4）。

仏木寺については、寂本の『四国遍礼霊場記』に「右に鎮守熊野三所権現・弁財天・地蔵堂あり、左に仏木大師堂・鐘楼あり、後は山にて椎・松のごとく茂て、前は田畝ひろく」とある。享保13年（1728）に本堂が再建されるが、この時に境内が平地から、背後の丘陵を切り開いた現在地に移っている。『海南四州紀行』や『四国遍礼名所図会』によると、石段を上がった開けた所に方丈・接待場・鐘楼・太子堂・本堂・大師堂、そして本堂の背後、少し高くなった所に神明社、さらに方丈の脇の石段を上がった所に熊野社があったことがわかる。

仏木寺を参詣した遍路は、標高約490mの歯長峠《はなが》を越える。山中に入ると最初に鎖の手摺が取り付けられた急坂があるが、そこを登り切ると緩やかな尾根道となるため、江戸時代の道中記を見ても、歯長峠のことを記しているものは少ない。

図４　仏木寺（出典：『四国霊蹟写真大観』昭和９年〔1934〕）愛媛県歴史文化博物館所蔵

しかし、この歯長峠を悪戦苦闘して越えた遍路がいた。大正6年（1917）に自転車で遍路をおこなった知多四国霊場31番札所利生院（愛知県南知多町）の住職夫妻、内藤真覚と「てう」である。自転車製造が盛んな愛知県にある知多四国霊場では当時、自転車遍路が増えていたが、本四国から評判を聞いてやって来た遍路が自転車をつかまえては、バチが当たると脅すトラブルが起きていた。そこで本当にバチが当たるかどうかを本四国で試そうと、夫妻は自転車遍路の旅に出たのだった。しかし、平坦な知多半島とは違い、標高差が激しく、自転車道の整備も進んでいなかった四国では、自転車がかえって足手まといになることもあった。

7月9日の朝、仏木寺を参詣した夫妻は自転車で歯長峠の急坂に入っていく。遍路が歩いて登る急坂を、2人は重い自転車を担いで登るしかない。急坂を半分くらい行ったところで、あまりのつらさに「てう」は癇癪を起こして、自転車を坂下に放り出してしまう。真覚は通りかかった牛追いに頼み込んで、「てう」の自転車を頂上まで担ぎあげてもらうしかなかった。

峠の頂上には、送迎庵と呼ばれる大師堂があった。ここで真覚は謝礼の10銭と、菓子を買って牛追いに渡している。送迎庵を過ぎると下り坂で楽にはなったが、とても自転車に乗れるような道ではない。真覚夫妻は、自転車を押しながら、ようやく麓まで下りている。

明石寺と卯之町

歯長峠を越えると、下川《ひとうがわ》、皆田《かいだ》、稲生を経て、43番札所明石寺《めいせき》（西予市宇和町）に至る。明石寺は修験持ちの寺院で、その境内の様子は『四国遍礼名所図会』の挿絵に詳しい（図5）。

明石寺は図5の中央上寄りに描かれている。参道を挟んで右側に仁王門、左側に小さな茅葺きの民家がある。文化元年（1804）の『海南四州紀行』では、左側の民家を茶堂とし、「上中下表具所」の看板を出して、道心者が遍路向けに弘法大師の御影などを売っていることを記している。弘化2年（1845）の筑前国津屋崎村（福岡県福津市）の豪商佐治家の『四国日記』が、明石寺の「手前絵店にて御わけ、竹の子吸物有、土産絵少求也」と記しているのも、この茶堂のことであろう。実際に「明石寺茶堂」、「四十三番札所」と表記された遍路絵図が複数発見されており、この茶堂でさまざまな遍路土産がつくられていたことをうかがわせる。

右側の仁王門を入っていき、その先の階段を上がった正面に、本尊千手観音を安置した本堂がある。本堂の右には鐘楼、少し離れて大師堂、左には十二社権現社が配置されていた。明石寺を参詣して仁王門を出ると、そのまま左上に向かい、

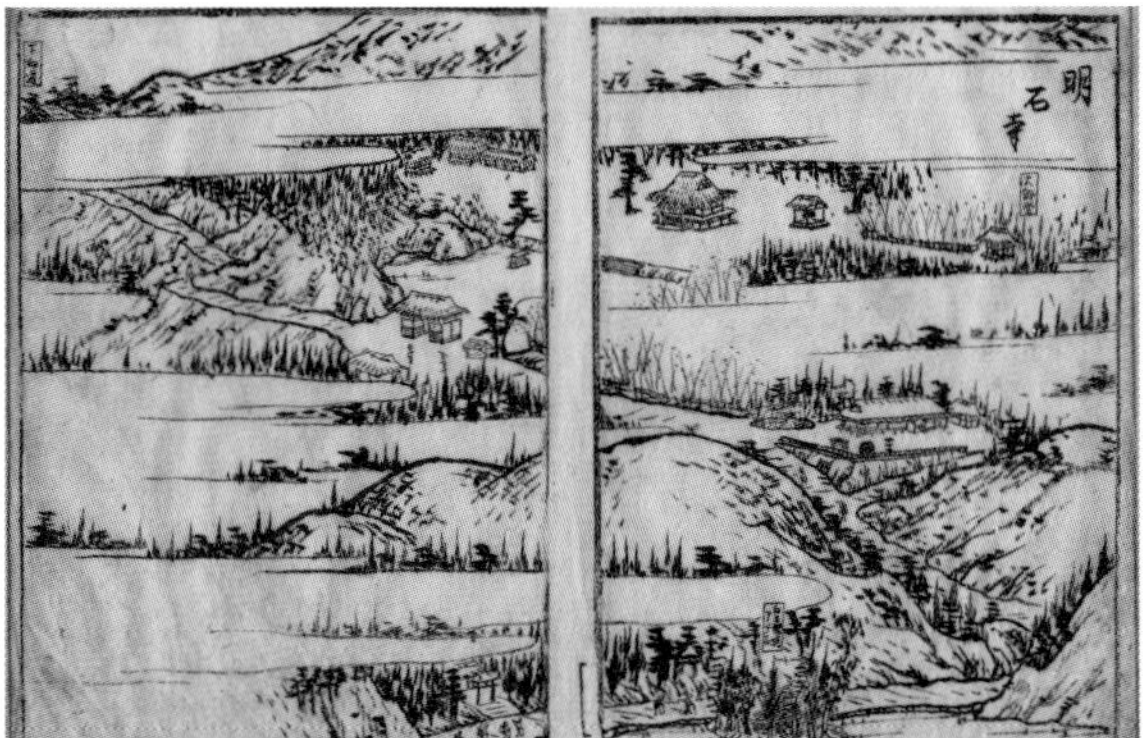

図5　明石寺（出典：『四国遍礼名所図会』）個人所蔵
下側の山裾に遍路道が通っている。その道を左から右へ進んでいくと、途中に明石寺の由来となった白王権現（アゲ石）が描かれている。右端に明石寺への参道入口があり、遍路は左に曲がり300mほどの参道を登る。参道の途中、右側に横長の茅葺き民家が描かれているのが、修験者が住む方丈である。さらに参道を登ると、右側に仁王門、その先、小さな階段を上がった所に明石寺の本堂がある。

図6　卯之町（出典：『愛媛面影』巻5）愛媛県歴史文化博物館所蔵

坂道を越えると、重要伝統的建造物群保存地区になっている卯之町の町並みがある。

卯之町は宇和地方の商業・交通の中心で、松浦武四郎の『四国道中雑誌』にも「商人家多く繁花の地」と記されている。半井梧菴の『愛媛面影』でも、道の両側を多くの商家が建ち並び、遍路道でもあった通りには多くの人が行き交っている様子が描かれている（図6）。卯之町で宿泊する遍路も多く、そのためか、卯之町においても弘法大師の御影が売られており、値段が安いことを書き留めている道中日記もある。

藩領境の東多田番所

卯之町からは平坦な道が続き、下松葉、上松葉、大江、瀬戸を経て東多田に至る。北側を大洲藩領と接する東多田は藩領境の村であり、宇和島藩により番所が置かれていた。この東多田については、江戸時代の村絵図が伝わっている（図7）。

絵図の真ん中を蛇行しながら横切る赤色の線が宇和島と大洲を結ぶ街道である。この宇和島街道は遍路道でもあった。その道の両側に民家が建ち並ぶ一帯があるが、そこが東多田の町並みである。宇和地方では卯之町に次いで栄えた町で、遍路や旅人が泊まる木賃宿や雑貨屋などがあったが、現在でも宿場町の面影を残している。その町並みの先、

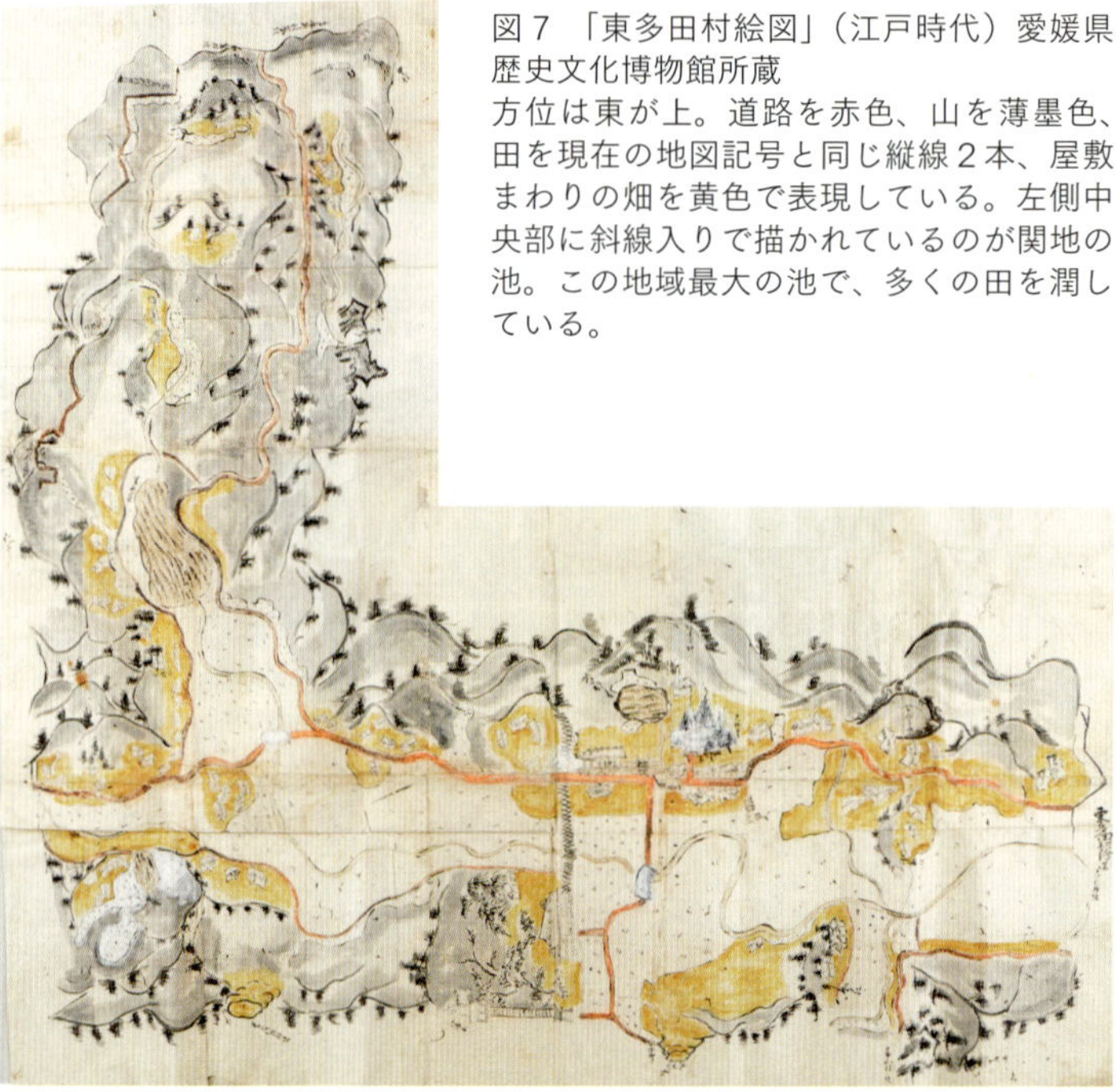

図7　「東多田村絵図」（江戸時代）愛媛県歴史文化博物館所蔵
方位は東が上。道路を赤色、山を薄墨色、田を現在の地図記号と同じ縦線2本、屋敷まわりの畑を黄色で表現している。左側中央部に斜線入りで描かれているのが関地の池。この地域最大の池で、多くの田を潤している。

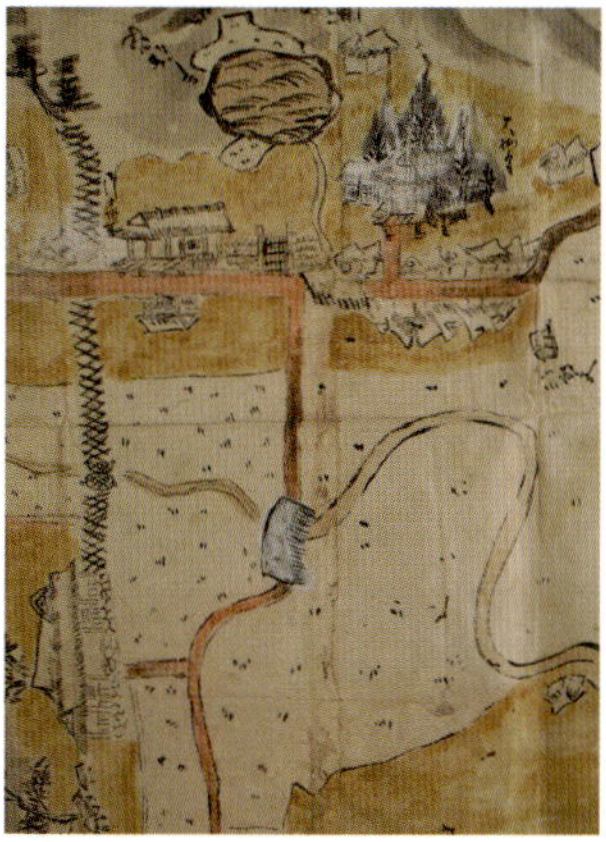
図8　東多田番所周辺
宇和島街道の左右に設けられた長大な竹矢来。そのすぐ右側に番所がある。宇和島藩の厳しい遍路統制を象徴する。

図9　北側の藩領境（左端に標柱）

図10　宇和島藩の領界石

大きな茅葺きの建物が描かれているのが、宇和島藩が設置していた東多田番所である（図8）。『海南四州紀行』には、「右手在番所アリ、茅屋ナリ、右七日限リノ切手ヲ返ス」とあり、小山番所（愛南町）で遍路に渡された7日限りの通行手形を東多田番所で回収していたことがわかる。

　明治44年（1911）の『多田村誌』は、番所について「道路の左右に竹柵を結び銃鎗を飾り以て変に備へ、昼は大門を開きて通行自由ならしむるも、夜間は何人を問はす下役人の許可を得て始めて通行せしむるを常とせり」と記すが、絵図からも竹矢来《たけやらい》を設けていた様子がうかがえる。竹矢来は、番所東側の山間から西側にある丘陵まで延びており、地図で距離を測ると200mを超える。嘉永7年（1854）11月5日、安政南海地震が起きると、宇和島藩は遍路の通行を禁止する。この長大な竹矢来を前に、遍路が宇和島藩領に立ち入ることができなかった時代が、明治時代初めまで20年近く続いたことになる。

　東多田番所を無事に通り抜けた遍路は、しばらく東多田の村内を歩き、やがて村境を超えて大洲藩領に入る。その村境についての絵図の描写に気になる点がある。街道の右側に標柱のようなものが描かれていることである（図9）。現在地には「従是《これより》南宇和嶋領」と刻まれた宇和島藩の領界石が確かに立っている（図10）。この領界石については、元は東多田番所にあったものが、東多田の岩崎八幡神社に移され、その後さらに現在地に移されたとこれまで紹介されている。しかし、現在地が江戸時代の藩領境であること、また絵図にも標柱のようなものが描かれていることから、本来の領界石の位置は現在地であったと考えてもよいのではなかろうか。

　領界石を越えて、大洲藩領に入った遍路は、鳥坂峠を越え、大洲城下を抜け、肱川の支流をさかのぼり、44番札所の大寶《だいほう》寺（久万高原町）を目指す。

大寶寺、岩屋寺から三坂峠へ

今村賢司

岩屋寺への二つの遍路道

伊予国の遍路道の中で、四国霊場第44番札所大寶《だいほう》寺《じ》（久万高原町）から45番岩屋寺《いわやじ》（久万高原町）に向かう岩屋寺道は、山間部の遍路道で、江戸時代以来の旧遍路道の姿が色濃く残されている。また、ルートは二通りあり、沿道には打戻りで賑わった集落が所在し、特色のある遍路道となっている。

江戸時代の最も詳細な四国遍路絵図として知られる細田周英《ほそだしゅうえい》の『四国偏礼《へんろ》絵図』を見ると、沿道の村里、川、峠などの名前と距離が記載され、当時の岩屋寺道の道筋がわかる（図1）。

老杉《ろうさん》の生い茂る山中にある大寶寺（菅生山《すごうさん》）を巡拝した遍路は、勾配のきつい「タウノミ子サカ」（峠御堂）を経て、村里「ハタノカワ」（畑野川）に至る。注目したいのは、ハタノカワから岩屋寺への道筋は他と異なり、円環状のルートとなっていることである。岩屋寺へ向かう二つの道が「右マイリ道、左下向道」と記され、距離は同じく「二リ」とある。すなわち、八丁坂経由の岩屋寺道（右道）と、古岩屋経由の岩屋寺道（左道）である。

この二通りの岩屋寺道について、最古の四国遍路日

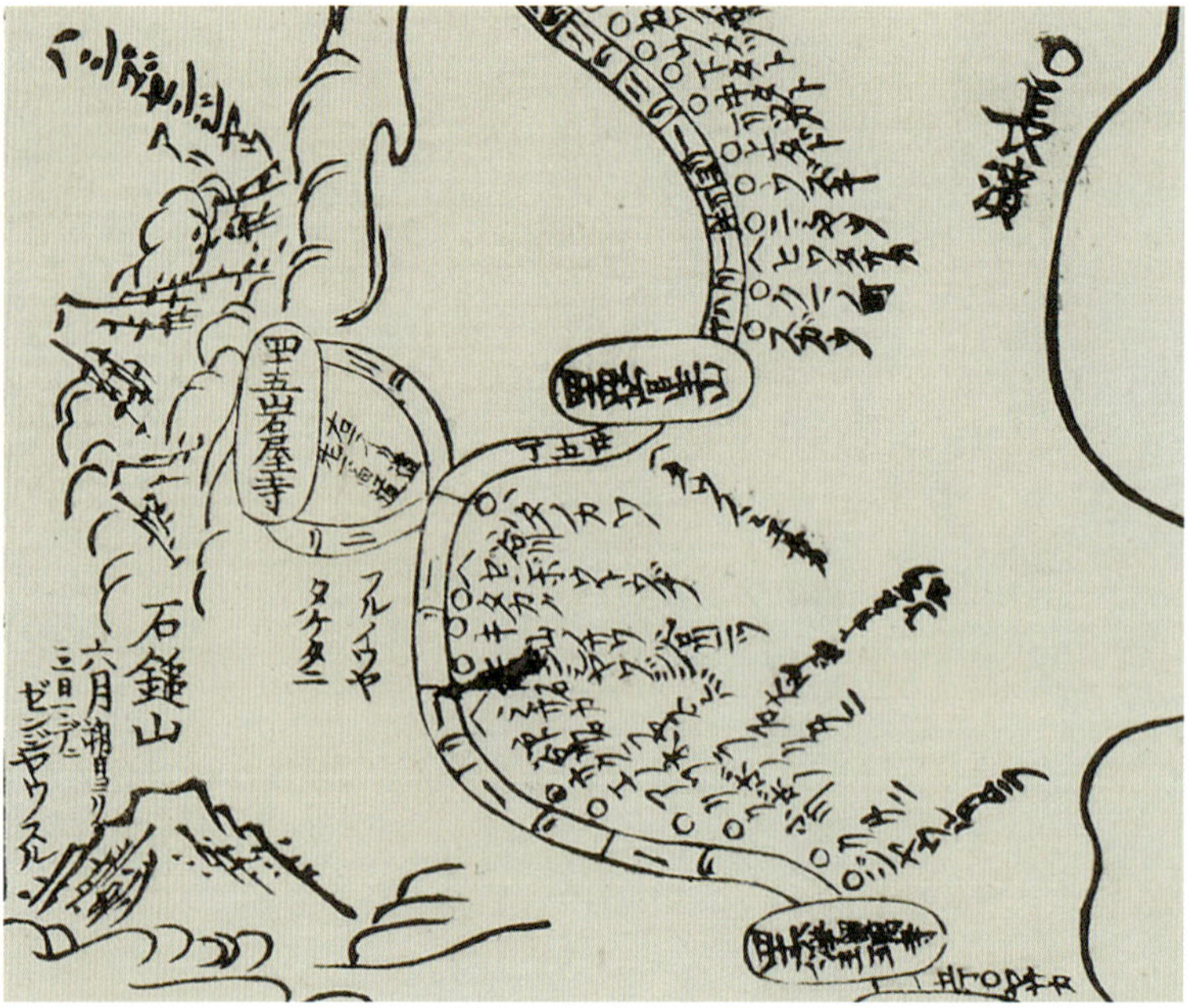

図1　細田周英『四国偏礼絵図』（宝暦13年〔1763〕版）愛媛県歴史文化博物館所蔵

記とされる承応2年（1653）の澄禅《ちょうぜん》『四国辺路《へんろ》日記』では八丁坂（右道）を進んでいる。貞享4年（1687）の真念による代表的な四国遍路ガイドブックの『四国辺路道指南《みちしるべ》』では「左右に道有、右よし」と記され、八丁坂越えの遍路道を薦めている。天保7年（1836）に四国遍路をおこなった松浦武四郎は古岩屋経由（左道）を進んでいる。明治16年（1883）の中務茂兵衛《なかつかさもへえ》の『四国霊場略縁起道中記大成』は八丁坂を進んでいる。江戸時代以降、右の八丁坂越えの遍路道を通る遍路が多かったと推察される。

岩屋寺道の八丁坂越えは急勾配の上り道で、道沿いには、札所までの距離が刻まれた江戸時代の舟形石仏丁石や行き倒れた遍路の墓があり、旧遍路道の面影を色濃く残している。八丁坂の頂上には、延享5年（1748）に建てられた地上3mほどの大きな立石があり、弘法大師の御宝号「（梵字）南無大師遍照金剛」が刻まれている。そこから山の尾根道を上り下りしながら進む。八丁坂越えについて、澄禅は「折節暮秋之頃ナレハ紅葉落重テ錦ヲ布キタル様ナル峰ヲ往テ」、真念は「坂山道すからおがみ所おほし」とそれぞれ書き記している。五丁の丁石を過ぎると急な下り坂となり、せりわり禅定《ぜんじょう》を経て、仁王門をくぐると岩屋寺に至る。つまり、寺院の玄関口に当たる仁王門へと通ずる八丁坂道が本来の岩屋寺道のルートであった。

打戻り

岩屋寺道の途中の畑野川は遍路道の中でもいくつかある打戻りの一つである。打戻りとは来た道を戻ることをいい、遍路は札所参拝で往路と同じ道を歩くため、そこで荷物を預けたり宿泊したりした。寛政12年（1800）の『四国遍礼《へんろ》名所図会』には「畑の川村、此所ニ荷物預ケ岩屋寺へ行」とある。かつてこの付近には15軒ほどの遍路宿が建ち並んでいた。

図2は愛媛大学の地理学者・村上節太郎が久万高原町下畑野川の河合地区にあった遍路宿集落を昭和9

図2　村上節太郎撮影「畑野川の遍路宿」
愛媛県歴史文化博物館所蔵
畑野川の河合地区は、15軒の遍路宿が道沿いに密集した遍路集落である。遍路宿のほとんどが農業との兼業で、春先の遍路のシーズンになると宿も営んだ。春先の最も多い日には、河合地区全体で約300人の遍路が宿泊した。戦後、畑野川の西方を走る国道33号線が整備され、車を利用する遍路が増えると、遍路宿は姿を消した。

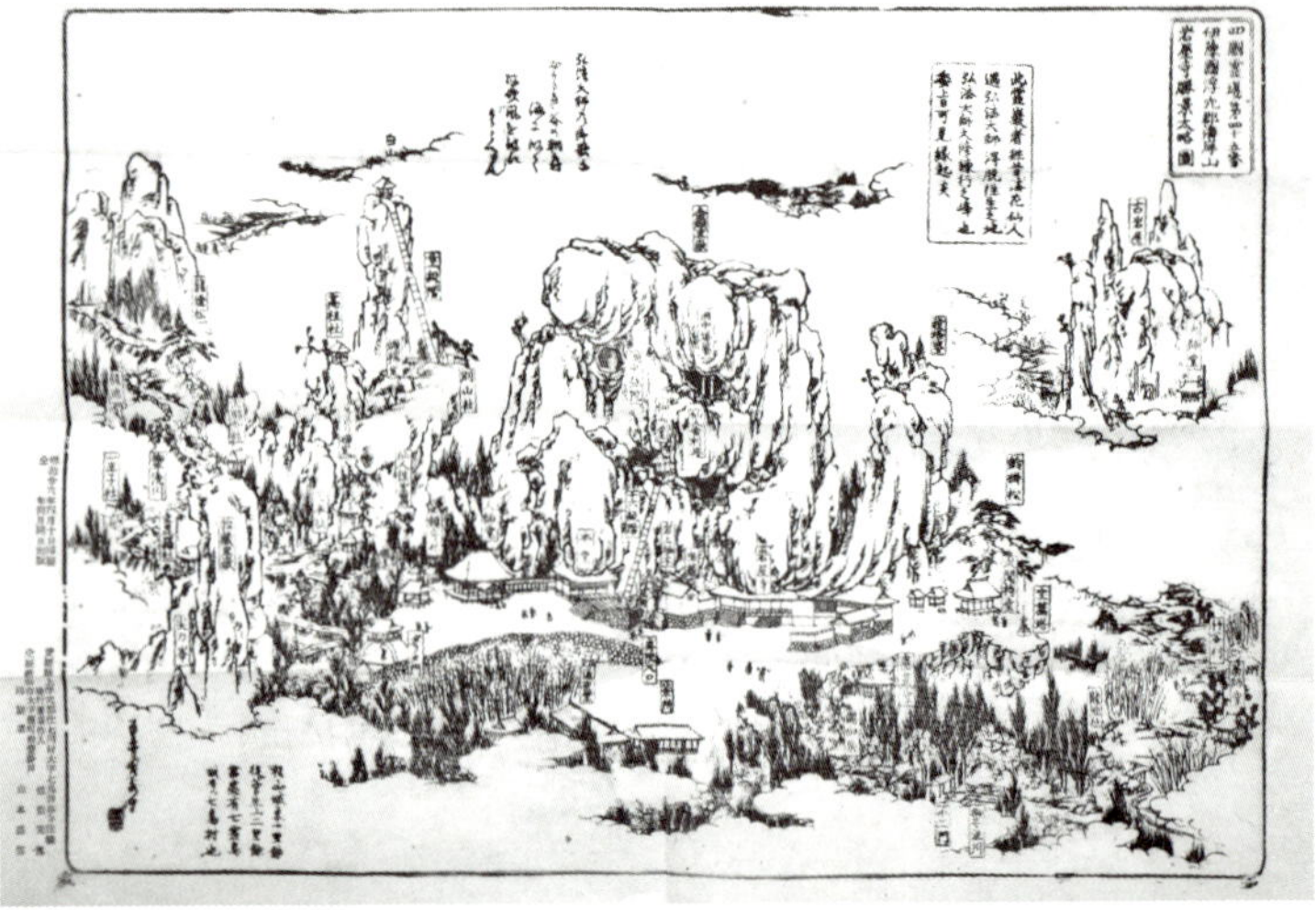

図3　『四国霊場第四十五番伊予国浮穴郡海岸山岩屋寺勝景太略図』（明治26年〔1893〕）個人所蔵
木版墨刷。本図には八丁坂の遍路道が描かれ、峠には弘法大師の御宝号石と見られる立石、龍燈松、龍池、一王子社、金毘羅社、せり割禅定前の鳥居などが記載され、八丁坂から岩屋寺までの道筋がうかがえる。

年（1934）に撮影した写真である。茅葺き屋根に軒瓦の遍路宿の屋内は、戸を立てず開放的な造りで布団が多く積まれている。軒下に掛けられた看板から、宿泊者が食料を持参して泊まる木賃宿と見られる。宿前を行く遍路は着物姿で、菅笠《かぶ》を被り、杖をつき、荷物を背負っている。

伊予国第一の奇観・岩屋寺

岩屋寺は弘仁6年（815）に空海が創建したと伝えられる。空海以前に法華仙人がこの地で修行し、空中を自在に飛行できる神通力を得たと伝えられる。また、時宗の開祖・一遍上人も鎌倉時代中期の文永10年（1273）に岩屋寺に参籠《さんろう》して修行する場面が『一遍聖絵』に描かれ、古くから山岳修験の行場《ぎょうば》であったことがわかる。

岩屋寺とその周辺の景観を描いた絵図に『四国霊場第四十五番伊予国浮穴郡海岸山岩屋寺勝景太略図』（図3）がある。画面中央の金剛界嶽《だけ》と呼ばれる巨岩の中腹に埋め込まれるように本堂、大師堂、鎮守社、求聞持堂《ぐもんじどう》、虚空蔵堂《こくうぞうどう》などの堂宇が建ち並んでいる。本堂上部の岩穴には、梯子《はしご》が架けられた仙人堂、仏舎利塔、洞中弥陀、洞中塔婆などが見られる。ひときわ高くそびえる岩峰の頂にある白山社にも長い梯子が架けられ、鎖禅定《くさりぜんじょう》、せり割禅定などが見出せる。『四国偏礼絵図』にも「ハシゴゼンジヤウアリ」と特記される行場である。

半井梧菴《なからいごあん》による幕末期の伊予国地誌である『愛媛面影』は岩屋寺について「此辺すべて断崖絶壁にて、風景たぐひなし。（中略）此（白山社）より東を望めば阿波・讃岐の海見ゆ、又西を望めば宇和島・九州の境まで見渡さる」と記し、断崖絶壁の行場である岩屋寺を「此国第一の奇観」と評している。

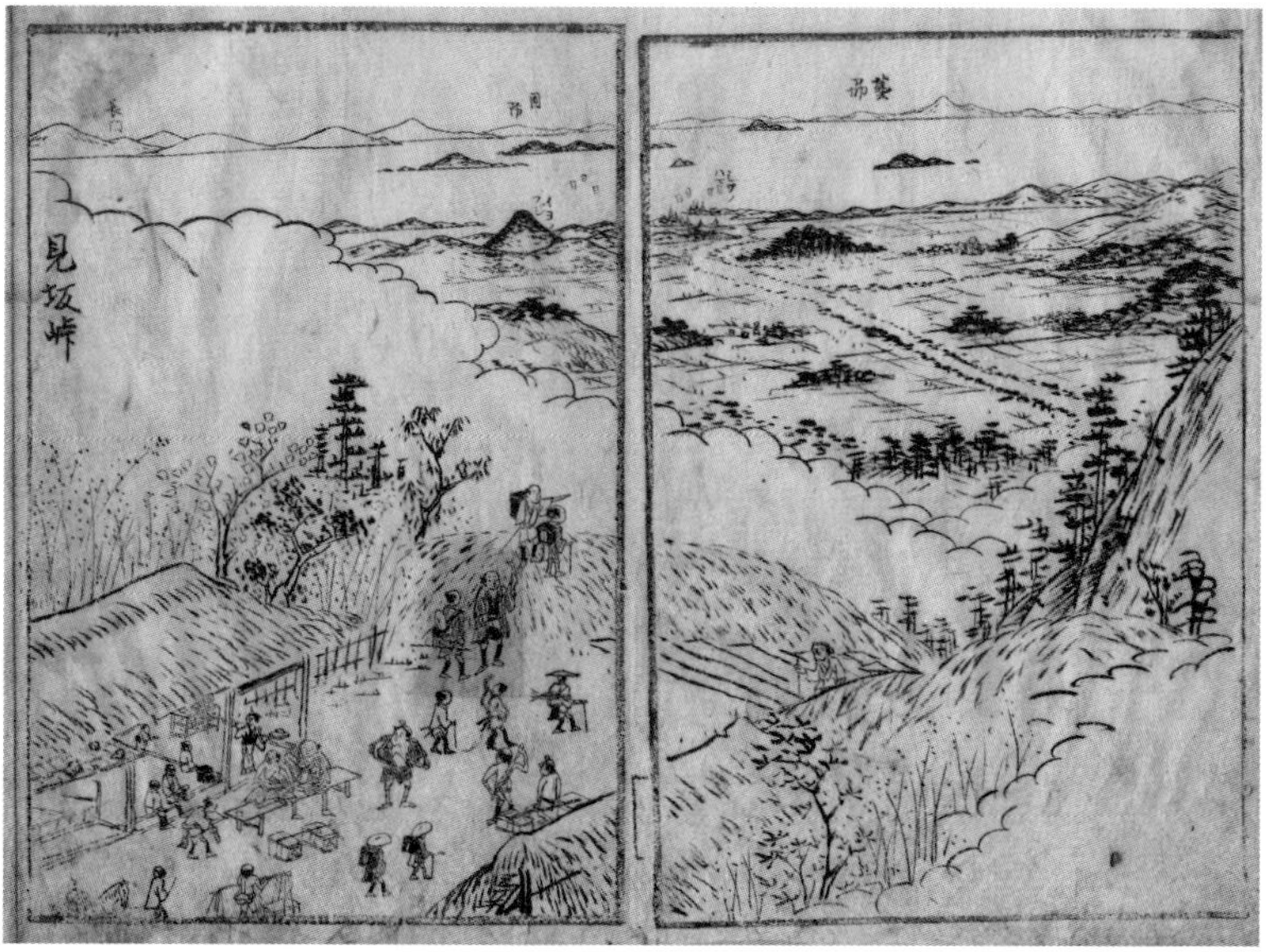

図4　三坂峠『四国遍礼名所図会』個人所蔵
険しい三坂峠であったが、峠から眺望する松山平野や瀬戸内海に浮かぶ伊予の小富士（興居島）の風景は特に素晴らしかった。

三坂峠からの眺望

岩屋寺から古岩屋もしくは八丁坂を経由して畑野川に打ち戻った遍路は、『四国偏礼絵図』によると、「センボウトウゲ」（千本峠）、「ミサカ」（三坂峠）を経て、次の46番浄瑠璃寺に向かう。三坂峠は松山と久万、土佐を結ぶ土佐街道として重要な往還であった。また、「遍路ころがし」といわれるほど難所で沿道には遍路墓も多く見られ、松山方面へ下った桜（松山市窪野町）の集落には行き倒れ遍路に対応した村の記録文書が残されている。

愛媛の遍路道では宇和島城下から岩屋寺までは長らく内陸部を歩くが、三坂峠では視界が大きく開けた。『四国遍礼名所図会』（図4）には、峠から眼下に松山平野を望み、瀬戸内海の向こう岸に安芸、周防、長門の国々の山容を眺望し、峠の茶屋で休息する者、往来する遍路や旅人、行商人などの姿が見られ、街道の賑わいが描かれている。

三坂峠が遍路にとって印象深かったのは、単に風景が素晴らしいだけでなく、一番から順打ちした場合、八十八ヶ所のうち半分以上の札所を打ち終え、いわば後半の始まりとなる地点であること、また、この先の松山平野では近距離に札所が多いため巡拝しやすくなること、そして旅の疲れを癒す道後温泉があることなどがあげられる。三坂峠からの眺望は遍路の休息や娯楽への期待感などが高まり、これまでの遍路道とは異なった開放的な情景を漂わせている。

道後温泉と海の遍路道

井上 淳

自転車遍路最大のピンチ

三坂峠で松山市街と瀬戸内海の島々を見晴らす絶景を楽しんだ遍路は、１里（約４㎞）ほど続く坂道を下りていく。この下り坂でピンチを迎えた遍路がいた。大正６年（１９１７）に自転車で遍路をおこなった知多四国霊場第31番札所利生《りしょう》院《いん》（愛知県南知多町）の住職夫妻、内藤真覚と「てう」である。

７月11日に内藤夫妻は、44番大寶寺、45番岩屋寺（久万高原町）と参詣するが、急な山道に加え、平地と比べ10度ほど低い深山の気温で、「てう」は体調を崩す。そこで、この日は三坂峠の登りつめた所にある東明神《ひがしみょうじん》の旅館に頼み込んで宿泊している。

そして翌12日の早朝７時、強い風が吹くなか２人は三坂峠を下り始める。当時、峠を下る道は２本あった。１本は江戸時代からの遍路道である旧道、もう１本は明治19年（１８８６）に愛媛と高知を結ぶ幹線道路として着工、三坂峠部分が翌年９月に完成した四国新道である。新道の方はなだらかであるが、タイヤの大敵となる角バラスが敷かれたばかりという。パンクの危険を考えて、やむをえず内藤夫妻は、雇った旅館の青年に「てう」の自転車を担いでもらい、急坂の旧道を下りている。46番浄瑠璃寺、47番八坂寺（松山市）を参詣したものの、この辺りで「てう」の具合は急激に悪化して動けなくなる。風邪気味のところに、冷たい強風が吹きつける峠を下りてきたことで、体温が急激に奪われたためであった。

真覚は残りの札所を廻るのをあきらめ、２台の人力車を呼び、１台には「てう」、もう１台には彼女の自転車を載せて、道後の旅館に急行している。旅館では按摩を頼み、神の湯で道後温泉につかることで、「てう」はようやく回復していく。

遍路を癒やす道後温泉

内藤夫妻だけでなく、江戸時代の遍路にとっても、長く苦しい遍路の途次、道後温泉が旅の疲れを癒やしてくれた。道中記録をみると、ほとんどの遍路が道後温泉を訪れ実際に入湯している。

図１は『愛媛《えひめの》面影《おもかげ》』に掲載された道後温泉の挿絵である。中央の温泉の建物は平屋で、一の湯（武士、僧侶用）、二の湯（婦人用）、三の湯（庶民男子用）に分かれており、それぞれに薬師が彫られた湯釜が据えられ、湯が吹き出るよう

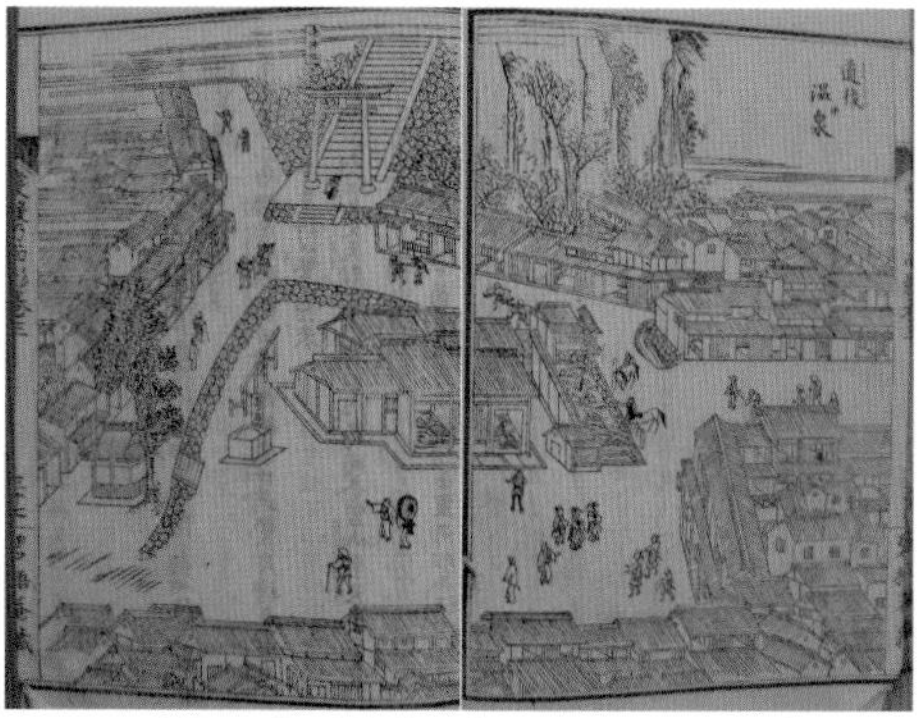

図１　道後温泉（出典：『愛媛面影』巻３）愛媛県歴史文化博物館所蔵
３つの湯に分かれていた道後温泉の建物を中心に、その背後には男女混浴の養生湯、右側には余り湯を利用した露天の馬湯も見える。温泉の周囲には、旅館や土産物屋が立ち並ぶ「はんくわ（繁華）の地」とされる湯之町の町並みが北側から俯瞰して描かれている。

になっていた。

道後温泉の遍路の利用については、松山藩から温泉の管理を任されていた明王院が、安政2年（1855）に出した定書により知ることができる。その第1条には、湯治目的の者には宿泊を認めないのに対して、遍路は3泊まで許可することが記されている。次いで第2条には、正体不明の者や病気怪我人は養生湯に入ることとされているのに対して、遍路は二の湯、三の湯を使ってよいとされている。

道中記録にみる道後温泉

松山藩の遍路優遇策もあり、多くの遍路が道後温泉に立ち寄っているが、最もユニークな体験が記されているのは、讃岐吉津村（香川県三豊市）の庄屋をつとめた新延家に伝わった筆者不明の天保4年（1833）『四国遍礼《へんろ》道中記録』である。

3月23日に道後横町の船屋茂右衛門に宿泊した筆者一行は、翌日に湯八幡など道後見物を楽しんだ後、温泉を訪れている。その温泉場の前で、若い松山藩士2人と出会い、どこから来たのか聞かれている。そこで讃岐から来たことを告げると、帰った時の土産話にもなるだろうからと言って、一行を一の湯に招き入れてくれた。湯口を念入りに見物するようにと若侍から話があったが、そこには薬師の湯釜があり、清らかな湯が流れ出ていた。湯は立って股に達するほどの深さで、源泉を一番先に引き入れているためか、耐えがたい熱さと感想を記している。一の湯を見物するだけでなく、湯に足を入れることも許されたのであろう。

庶民が一の湯の見学を許されるのは稀有なことと思われるが、浄瑠璃太夫、6代目竹本染太夫の自伝にも似た話が登場する。嘉永2年（1849）9月に浄瑠璃興行のため松山を訪れた染太夫一行は、道後温泉を訪れている。一の湯を外から眺めていたところ、ここでも松山藩士から声をかけられ、着物さえ脱がなければ入っても構わないといわれ、内部に招き入れられている。その後も藩士の勧めにより、浴槽の石段を下り、湯に足を入れたり、湯釜の湯を胸や腹に受け流したりすることまで許されている。

道後温泉は、身分により入る湯が細かく区分されていたが、誰もがくつろぐ場所だけに、藩士の機転で庶民が一の湯を見学するようなこともあったのだろう。長く厳しい道のりを歩いてきた遍路にとって、道後温泉がこれからの旅の鋭気を養うオアシスとなっていたことは想像に難くない。

宮島、大三島への船旅

道後温泉で心身をリフレッシュした遍路は52番太山寺、53番圓明寺（松山市）を参詣した後、通常は粟井坂を越えて今治方面の札所に向かう。一方、圓明寺を参詣後、船を利用して安芸宮島と伊予大三島に立ち寄る遍路も少なくなかった。実際に『四国偏礼絵図』を見ても、圓明寺から今治に向かう陸路と平行して、宮島と大三島に渡る航路が描かれている（図2）。この海の遍路道について、享和3年（1803）に阿波小松島（徳島県小松島市）の商人板屋六右衛門が記した『四国霊場順拝日記』をもとに紹介したい。

4月10日に圓明寺を参詣した六右衛門一行は、堀江（松山市）の船問屋大和屋友右衛門に行き、船頭善四郎の船を雇っている。堀江からは宮島、大三島、岩国へと行く船が出ており、飯料が1人1日80文、切手銭が別に1艘160文かかった。さらに布団1枚が150文で、一行は4枚だけ借りて船に積み込んでいる。堀江を午後4時前に出帆、月が西に沈むまで船を走らせ、倉橋島の南に位置する鹿老渡《かろうと》（広島県呉市）に船を繋いでいる。4月11日は、午前8時前に鹿老渡を出帆し、宮島には日暮れ前に着いている。浜之町の旅宿、小方屋半七に入ると、半七を通じて神職に108灯の献灯を願い出ている。厳島《いつくしま》神社は、海上鎮護の神として崇敬されており、本社本殿と東の客社本殿は両流造《りょうながれづくり》で、拝殿や祓殿などの諸建築を回廊で繋いでいる（図3）。その回廊の長さが108間で、七右衛門一行は釣灯籠のすべてに灯火を奉納したことになる。奉納には銀24匁を要しており、旅中で最も高い出費となっている。一行は灯火が入った夜になって神社に参詣しているが、そこには「とぼし火

図2　細田周英「四国偏礼絵図」（部分、宝暦13年（1763）版）愛媛県歴史文化博物館所蔵
北が下。下部には厳島と大三島に向かう航路が、帆を立てて進む2艘の船とともに描かれている。

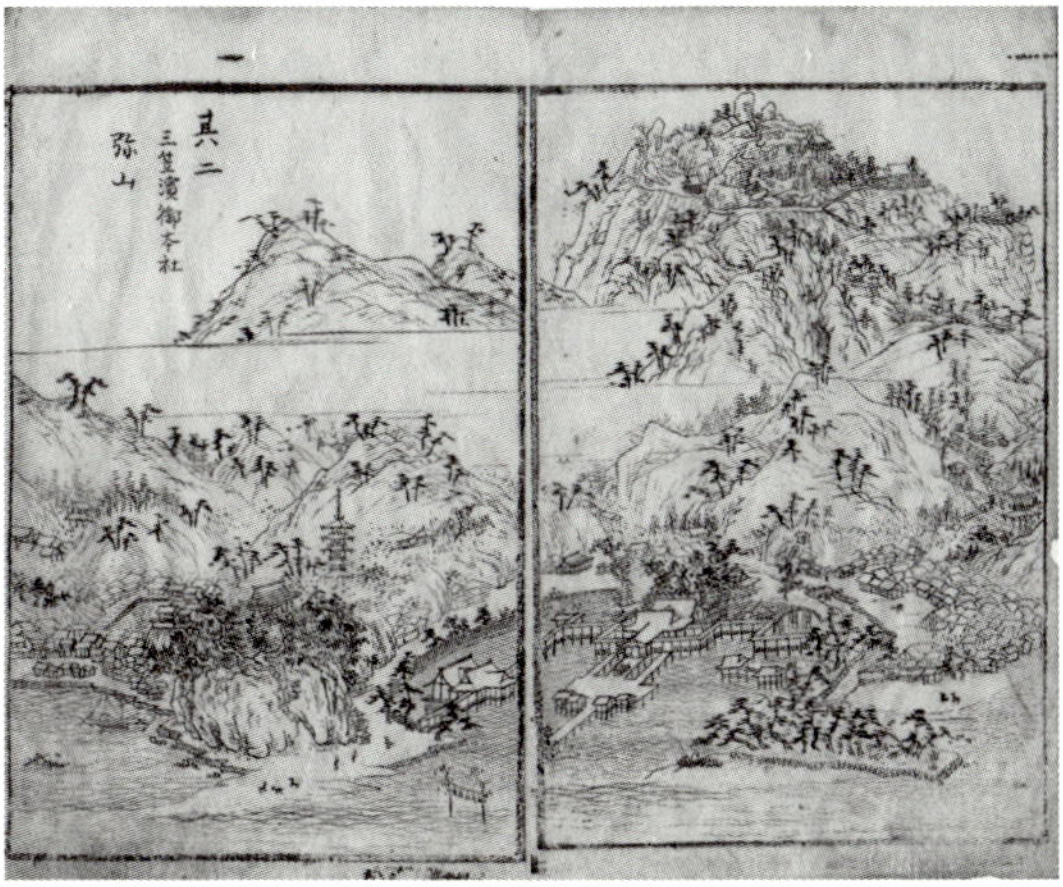

図３　厳島神社（出典：『四国遍礼名所図会』寛政 12 年〔1800〕）個人所蔵
右下に厳島神社、左下に五重塔と千畳敷、そして背後には弥山がそびえている。厳島神社を北西の上空から見下ろす典型的な構図で、土産物で売られていた絵図などを参考に描いたものと思われる。海上には大鳥居がなく、笹が２本立ちその間を注連縄がはられている。大鳥居は安永５年（1776）に落雷で倒壊しており、享和元年（1801）に再建されるまでの状況を描いているのであろう。

潮にうつり夜景言語に絶たり」という幻想的な情景が広がっていた。

4月12日は、早朝から弥《み》山《せん》に登り、奥の院を参詣している。弥山は厳島の最高峰、標高535mの信仰の山である。山頂には神社別当大聖院の弥山本堂、三鬼堂など諸堂宇があった。下山すると、大元明神、厳島明神に神楽を奉納し、銀2匁4分余りを費やしている。千畳閣（豊国神社）や五重塔を見物した後、小方屋に戻り、午後4時頃に宮島を出帆している。

4月13日の午前2時頃には、本州と倉橋島に挟まれた狭い海峡である音戸の瀬戸（広島県呉市）に停泊している。夜が明けるのを待って出帆し、大崎下島の港町、御手洗《みたらい》（広島県呉市）を経由、午後4時前に大三島に至り、伊予国一宮で、日本総鎮守と称される大山祇《おおやまづみ》神社を参詣している。四国の他の一宮と同様に、大山祇神社は四国霊場の札所であったが、参拝が困難なことから、今治の別宮大山祇神社が事実上の札所のように扱われていた。午後8時過ぎに大三島を出帆、御手洗を経由して、4月14日の昼時には佐方浦《さがた》（今治市）に着船している。

遍路のオプショナルツアー

道中日記を残している遍路で、板屋六右衛門と同じような行動を採る事例はどのくらいあるのだろうか。手元に集めた20点の道中記録を見ると、厳島神社・大山祇神社・岩国錦帯橋を廻るのが2例、厳島神社・岩国錦帯橋が2例、そして厳島神社・大山祇神社が2例あることが確認できる。旅人の出身地を示すと、武蔵・駿河・紀伊・京都・讃岐で、東国や関西からの遍路に厳島神社などを参詣する行動が見受けられる。

宮島や大三島まで足を延ばすには多額の船賃が必要であり、厳島神社の釣灯籠への献灯や神楽をおこなうと、さらに出費がかさんだ。宮島や大三島への船旅は、遠方から訪れた遍路のオプショナルツアーとして成立していた。

延命寺から三角寺奥之院

今村賢司

延命寺の真念道標

53番圓明寺《えんみょうじ》を参拝した遍路は、陸路を進む場合、『四国遍礼《へんろ》絵図』によると、斎《いつき》灘《なだ》沿いに堀江、粟井坂、柳原、北条、鴻之坂《こうのさか》、アザナミ番所（浅海原の原番所）、窓坂、菊間、種、佐方などを経て、東予地方における最初の札所54番延命寺《えんめいじ》（今治市）に至る。この間9里。海路で宮島や大三島参拝を終えた遍路は龍神社（今治市波止浜《はしはま》）に文政13年（1830）の「延命寺へ壱里」と記した遍路道標があるように、波止浜に上陸して巡拝をおこなっている。

延命寺の境内には、正面に「左　遍ん路みち　願主真念」と刻まれた真念道標（図1）がある。真念は江戸時代前期に遍路道で迷いやすい分岐点に四国全体で200基余りの遍路道標（真念標石）を建立したとされるが、現在、四国で確認されているのは40基に満たない。そのうち伊予ではこれまで確認できたものはわずかに9基で、後述するように比較的に東予地方に残っている。延命寺の真念道標は、『四国辺路道指南』に記す、阿方《あがた》村に設置した標石ではないかと考えられている。

図1　延命寺の真念道標

蒼社川を渡る遍路

今治平野を貫く遍路道を延命寺から55番別宮《べつぐう》（南光坊）、56番泰山寺《たいさんじ》と進み、蒼社《そうじゃ》川を渡り、57番八幡《はちまん》（栄福寺）に至る。四国八十八ヶ所の札所の名称がこんにちと異なるのは、江戸時代までは神仏習合のため寺院のみならず神社も札所であったことによる。南光坊は別宮大山祇神社、栄福寺は石清水八幡宮を管理する別当寺であった。

村上節太郎が昭和11年（1936）に撮影した写真「蒼社川のへんろ」（図2）がある。浅瀬にかけられた薄い板の橋を遍路が渡っている場面である。当時、大雨で増水すると板橋が流され渡れなくなり、板とともに

図2　村上節太郎撮影「蒼社川のへんろ」
愛媛県歴史文化博物館所蔵

流された遍路もいたという。付近の土手には遍路墓が多く見られ、川を挟んだ両岸には、川を渡る遍路道を指示した道標石が残っている。57番から作礼山《されいざん》（標高260m）にある58番仙遊寺にかけての遍路道沿いには享保年間の覚心による地蔵丁石が点々と立ち、両寺に仕えた義犬にまつわる犬塚池がある。

五郎兵衛坂

58番仙遊寺から59番国分寺へは、真念道標（現在は仙遊寺境内へ移設）と「是より国分寺迄一里」と刻んだ武田徳右衛門《たけだとくえもん》道標がある分岐点から右折する。武田徳右衛門は伊予国越智郡朝倉上之村（今治市朝倉）出身で、真念から百年余り時代が下った寛政から文化年間にかけて、四国中に遍路道標を建て、遍路道の整備に尽力した。徳右衛門標石の特徴は正面に梵字と弘法大師像を据え、「是より〇〇迄〇里」と案内表記があり、次の札所までの距離を明記する点にある。

しばらく進むと「五郎兵衛坂」と呼ばれる坂道（図3）がある。桜井の漁師五郎兵衛は、仙遊寺の大太鼓の音が大きいため魚が逃げて漁ができないと怒り、仙遊寺の大太鼓を破り、仏様に悪口をあびせた。その帰り道に、五郎兵衛はこの坂で転倒して、持参していた包丁が腹に刺さり亡くなったという話に由来する。国分寺道には江戸時代の遍路道標も多く、昔の面影が残っている。国分寺近くの遍路道沿いには真念道標がある。昭和58年に発見されるまで源五郎地川の橋げたに再利用されていた。

図3　五郎兵衛坂

山岳霊場への横峰寺道

今治地方の札所を巡拝した遍路は、周桑平野へと進み、石鎚山の中腹にある60番横峰寺《よこみねじ》（西条市小松町）を目指す。その途中には弘法大師が開いたとされる御来迎臼井水《うすいすい》（西条市楠）、大師が楠の霊木に一夜にして刻んだとされる生木《いきき》地蔵（正善寺）など、著名な番外霊場がある。

横峰寺（標高743m）は西日本最高峰石鎚山（標高1982m）の北側中腹に位置する。寺伝によれば、役小角《えんのおづぬ》が石鎚山頂で修行中に蔵王権現《ざおうごんげん》が現れ、その姿を石楠花《しゃくなげ》の木に彫り、堂に安置したと伝える。石鎚山は古代から修験の山であり、山岳信仰の聖地として多くの宗教者が登拝した。空海は『三教指帰《さんごうしいき》』の中で「或時は石峯《いしづちのたけ》に跨《またが》って粮《かて》を絶ち（断食）轗軻《かんか》（苦行練行）たり」と記し、青年期に石鎚山で修行している。松浦武四郎の『四国遍路道中雑誌』には、山岳霊場の横峰寺と険しい山坂の横峰寺道が描かれている（図4）。横峰寺道は四国の中

図4　横峰山眺望『四国遍路道中雑誌』松浦武四郎記念館所蔵
「北海道の名付け親」として知られる松浦武四郎は、天保7年（1836）、19歳の時に四国八十八ヶ所霊場などを巡った。『四国遍路道中雑誌』は弘化元年（1844）に、武四郎が青年時代におこなった四国遍路の様子について紹介した自筆稿本で、全3冊からなる。境内南西端に石鎚山遙拝所の鳥居があり、霊峰石鎚山が正面に見える。この地は役小角が蔵王権現を感得した場所と伝えられ、弘法大師が星供養をおこなったことから星ヶ森（国名勝）と名づけられている。

でも「遍路ころがし」の難所として知られる。古道の保存状態も良く、道沿いには「従峯〇丁」と刻まれた地蔵型丁石が置かれ、江戸時代の遍路墓も多い。平成28・29年に横峰寺道の一部が国史跡「伊予遍路道・横峰寺道」として指定された。

遍路道標の多い三角寺道

横峰寺を下山した遍路は、燧灘《ひうちなだ》沿いに平坦な讃岐街道（金毘羅街道）を61番香《こう》園寺《おんじ》、62番一宮《いちのみや》（宝寿寺）、63番吉祥寺《きちじょうじ》、64番里前神寺《さとまえがみじ》（前神寺）と進み、通称「へんろわかれ」（四国中央市中之庄町）で讃岐街道と分岐し、伊予国最後の札所65番三角寺（同市金田町）を目指す。三角寺道には遍路道標が多く遺っている。江戸時代後期に中曽根村（同市中曽根町）の人々によって建てられた道標（図5）が続き、横地山山麓には真念道標が立っている。

『四国遍礼《へんろ》名所図会』には、三角寺の名称の由来を「大師の三角の護摩壇有故に三角寺と号す」と記している。次の讃岐の札所の66番雲辺寺までは5里とする。真念『四国辺路道指南《へんろみちしるべ》』や細田周英『四国徧礼《へんろ》絵図』では雲辺寺道のルートとして、三角寺奥之院（仙龍寺、同市新宮町）経由と、直接に雲辺寺へ向かう2つの行程が記されている。

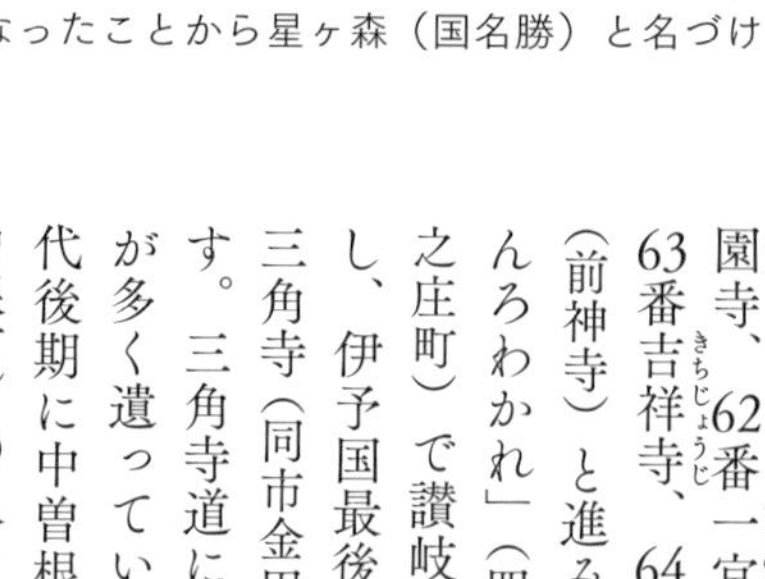

図5　三角寺道

三角寺奥之院道

三角寺奥之院には、大師自作の弘法大師像が本尊として祀られ、古くから遍路が参拝した。法皇山脈の地蔵峠を越える奥之院道（図6）は難所として知られる。承応2年（1653）の澄《ちょう》禅《ぜん》『四国辺路日記』に「誠

図６　三角寺奥之院道

二人ノ可通道ニテハ無シ。只所々ニ草結ビノ在ヲ道ノ知べニシテ山坂ヲタドリ上ル」と記され、草を結んだ目印があるのみで、人が通れるような道ではなかったことがわかる。その後、享保、宝暦年間に丁石が設置された。平成29年、三角寺奥之院に至る遍路道の一部が国史跡「伊予遍路道・三角寺奥之院道」に指定された。

仙龍寺の通夜堂

『四国遍礼名所図会』には、深い渓谷にある懸造《かけづく》りの仙龍寺と奥之院道が描かれている（図7）。岩壁に寄り添うように建てられた長大の楼閣が本堂と通夜堂であった。本尊弘法大師像が終夜開帳され、遍路は大師を崇拝して夜を明かした。

図７　金光山仙龍寺『四国遍礼名所図会』個人所蔵
本文に「是（三角寺）より仙龍寺迄八町、樹木生茂り、高山岩端けはしき所を下る。難所、筆紙に記しがたし」とある。図中に、三角寺奥之院道の地蔵峠からの下り道、雲辺寺道の打戻り地点となる大久保村の人家、不動堂、後藤玄塚、護摩窟、釈迦岳、加持水、来迎滝、蟹淵が描かれている。

　仙龍寺への参詣は明治・大正期にはとりわけ中務茂《なかつかさも》兵衛《へえ》によって推奨された。茂兵衛が設置した近隣の遍路道標には「毎夜御自作厄除大師の尊像乃御開帳あり、霊場巡拝の輩ハ参詣して御縁を結び現当二世の利益を受くべし」と宣伝広告が刻まれている。

　昭和11年（1936）の三好廣太『四国遍路　同行二人』には「三角寺の奥の院は女人の高野山で、是非参詣なさるがよろしい」、「当寺は参詣者に通夜を許し、毎夜護摩修行本尊の御開帳住職の説法等、ありがたき御座を開かる」とあり、女性や通夜堂で宿泊する遍路が多かったことがわかる。仙龍寺を参詣した遍路は、大久保まで戻り、市仲《いっちゅう》、平山坂、領家《りょうけ》を経て伊予・阿波の国境を越え、讃岐の霊場雲辺寺を目指した。

【コラム】……四国遍路絵図の傑作　細田周英『四国徧礼絵図』

江戸時代、四国遍路が庶民に広まる背景の一つに案内記・絵図類の出版がある。細田周英《ほそだしゅうえい》の『四国徧礼《へんろ》絵図』は大坂で刊行され、宝暦13年（1763）の刊記があり、現存する四国遍路絵図の中では最も古い木版絵図として知られている。

四国の形は南を上、北を下、東を左、西を右という配置で、本州の中国地方から四国を眺めたようにデフォルメされて上下逆に描かれている。四国の中央部には弘法大師像（善通寺御影）を配置し、四国八十八ヶ所霊場の札所と遍路道が描かれ、その間の城下、番所、国境、山坂峠、村里、名所、番外札所、川、港、札所間の里程、航路などが詳細に記され、実用的な内容となっている。また、灌頂ケ滝《かんじょうがたき》、篠山《ささやま》、和《わ》霊社《れいしゃ》、石鎚山、金比羅大権現、善通寺、五剣山《ごけんざん》などの四国のランドマークも絵画的に描き込まれている。

作者の細田周英は但馬《たじま》国竹野轟村（兵庫県豊岡市竹野町）の大庄屋を務め、本名平四郎、画号周英、大坂の狩野派絵師吉村周山の弟子であった。刊記によると、延享4年（1747）に真念の案内記を手本として弘法大師の遺蹟を巡礼したが、西国三十三所巡礼などの絵図があるのに対して四国遍路には絵図がないことを惜しみ略図をつくり、その後、僧覚峰と相談し実地をもとに細見図を作成し、普《あまね》く遍路の手引きとなるように願ったと記されている。四国遍路の全体像を初めて詳細に視覚化した本図の意義は大きい。文化4年（1807）に再板されたが、江戸時代を通じて本図の内容を越えるものはなく、遍路絵図の決定版として、江戸時代に盛行を迎えた四国遍路の実態を今に伝えている。（今村賢司）

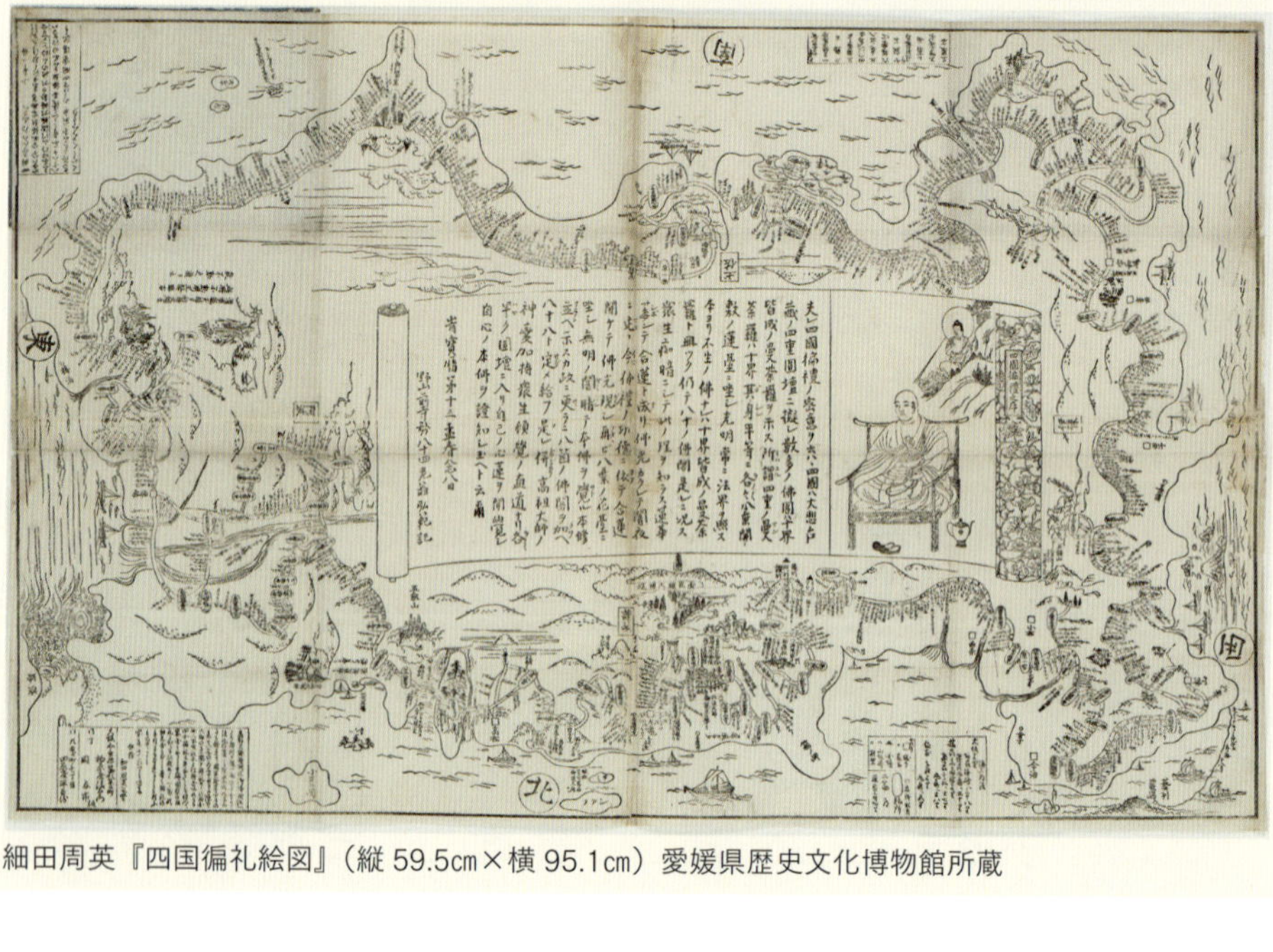

細田周英『四国徧礼絵図』（縦 59.5㎝×横 95.1㎝）愛媛県歴史文化博物館所蔵

Part5

伊予の海村と山村

佐田岬の景観を特徴づける巨大石垣の歴史に迫る

石垣に守られた半島の海村

高嶋賢二

最も細長い半島

四国の西端、瀬戸内海と豊後《ぶんご》水道の狭間を突き刺すように伸び、九州を指さす腕のような佐田《さだ》岬半島は、「日本一細長い半島」として知られる。かつて「御《お》鼻《はな》」あるいは「みさき十三里」と称された長い長い地形は、古地図ファンならずとも一度は見入ってしまうのではないだろうか。

地元に伝わるトッポ話では、高すぎる山を寝かせておいたとか、巨大な樹木が倒れた跡だとか、出石寺《しゅっせきじ》の千手観音が足を伸ばしたなど、数々の荒唐無稽《こうとうむけい》な半島誕生譚《たん》が伝えられる。さらに、あの伊能忠敬をして「白髪の三千丈も何ならじ伊予の御鼻は十八里あり」と狂歌に詠わせ、正岡子規は「見ゆるべき御鼻も霧の十八里」と詠み、佐田岬半島出身のダダイズム詩人高橋新吉は自伝『ダガバジジンギヂ物語』の中で、故郷を「象の鼻」に譬《たと》えている。

図1は、「元禄伊予国絵図」から佐田岬半島を部分拡大したものであるが、江戸時代の人々が半島をどのような地形として捉えていたのかがわかり、興味深い。半島の長さ約40㎞に対し、対岸の九州佐賀関まではわずか13㎞。その間に横たわる豊予海峡（速吸《はやすい》瀬戸）は、最大で1秒間に3m流れるほどの速い潮流で、昔から船乗りたちに恐れられた。一方幅は、広くても6㎞（見舞崎—梶谷鼻）、中盤のくびれ（三机—塩成）は800mにまで狭まる。仔細に見ればその形状はなお複雑で、湾口に流れる潮流が土砂を堆積させた砂嘴《さし》や、それがさらに発達して海を塞いだ池となったラグーン（潟湖《せきこ》）が点在する。海岸線は右に左に蛇行しながら長さ約184㎞（黒島・烏島・八幡浜市保内町分含む）に達し、その長さは全国5位を誇る愛媛県の海岸線1717㎞の実に1割強を占める。

潮風と共存する

それほどまでに入り組んで長く海と向き合ってきた半島で、人々の暮らす集落は多く入江ごとに形成された。点在する集落をつなぐ交通路は、尾根越えの細い陸路もあったが、主はやはり海路であった。

意外に思われるかもしれないが、この絶海の半島で暮らすために克服しなければいけないもののひとつが海から吹く風である。見渡す限り広がる周囲の海。そこから吹きつける潮風は、一年を通じて強い。特に冬場関門海峡を抜けて突き刺さる季節風はすさまじい。

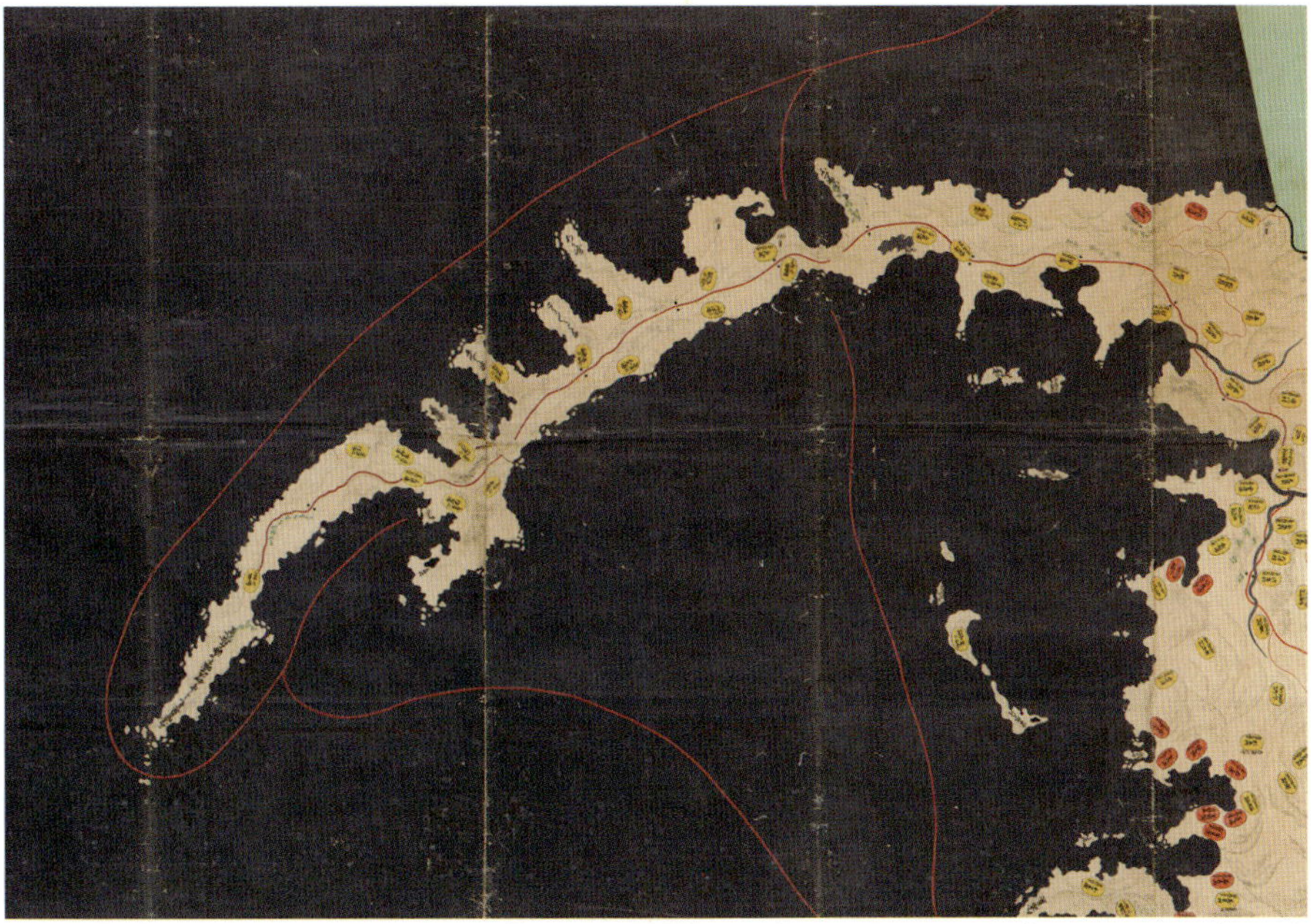

図1　複雑な形状をした佐田岬半島（「元禄伊予国絵図」〔宇和郡〕部分拡大）元禄15年（1702）愛媛県歴史文化博物館所蔵　くびれ部分の塩成浦に寄港する航路も描かれている。

現在の柑橘畑に幾重も連なる防風垣や、50基以上も建ってしまった尾根沿いの発電用風車群は、象徴的な存在であろう。

かつて半島の人々は強烈な潮風を克服するために、各地でさまざまな工夫をした。例えば納屋の海側の壁を石垣にしたり、畑自体を石垣の塀で囲んだり、船蔵を沿岸に並べたりした（船蔵の存在自体、四国では珍しい）。

その中でも驚くのは、家屋を風から守るためだけに築かれた高さ5mを超える巨大な石垣群が点在することである。中でも最大のものは正野地区にある「野坂の石垣」で、高さ5m、長さはなんと約100m。2006年に「佐田岬漁港の石垣」の名称で水産庁の「未来に残したい漁業漁村の歴史文化財産百選」に選ばれた（図2）。石垣の長所でもあるが、台風等で崩れても、築き直しながら維持してきたため、所々石の積み方が異なりパッチワークのようで面白い。ただ

図2　野坂の石垣（愛媛県伊方町正野）町見郷土館提供

し、これほどの巨大な石垣が一体いつ作られたのかは、まったくわかっていない。

御鼻がこわい

さて、そんな佐田岬半島の地域性がうかがえる史料の一例をご紹介しよう。明治6年（1873）7月、半島先端部の串浦の惣代役結城都名一ら3名が連名で愛媛県参事らにあてた「串浦堀抜波戸築立之儀奉願上候」という文書だ。そこには海運上の難所である「三崎鼻（佐田岬）」を避けて、串浦を掘り抜いて運河を開き、北の瀬戸内海と南の宇和海をつないで「宇和嶋海隈之産物」の出入りを容易にさせようという壮大な計画があったことが記されている。

この半島にとって堀抜（運河）は長年の悲願であった。船が主要な交通機関だった時代、速吸瀬戸という難所を抱える長大な半島は恨めしい存在だった。歴代の宇和島藩主たちは、いかにこの半島を効率よく安全に迂回《うかい》して、波穏やかな瀬戸内航路に入るかという慢性的な課題を抱えていた。

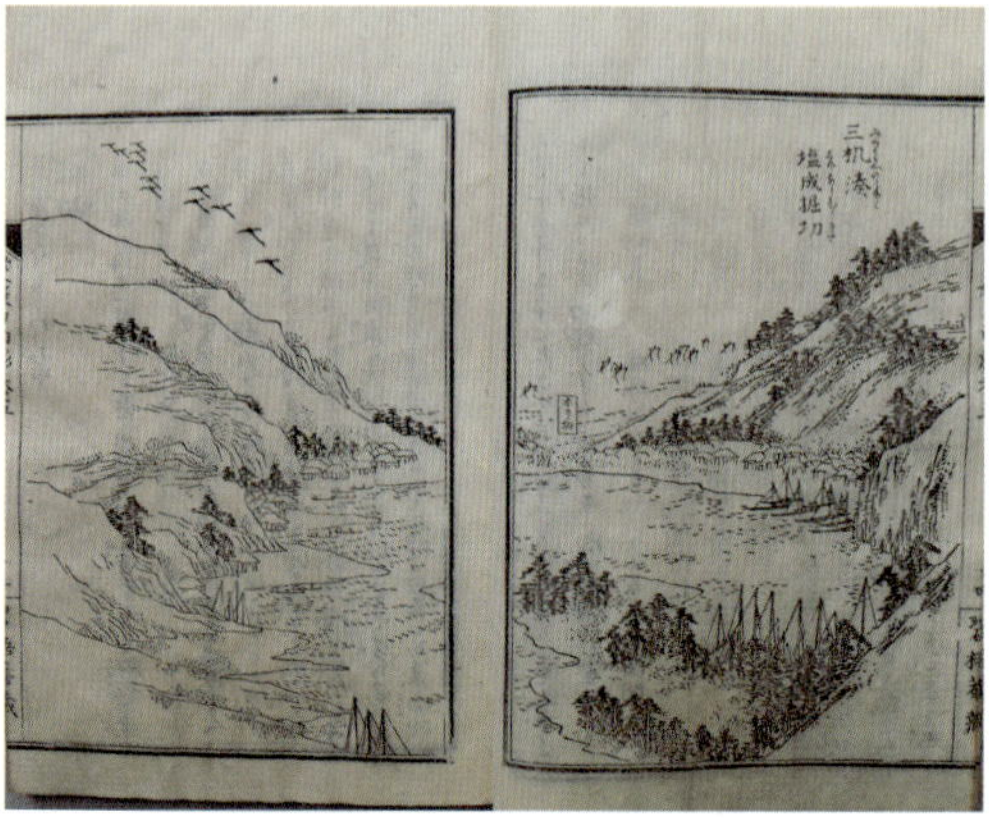

図3　三机湊塩成堀切（出典：『愛媛面影』巻5）愛媛県歴史文化博物館所蔵
佐田岬半島の伊予灘側における最大の港、三机を描いている。冨田信高が運河を計画していたくびれ部分が、中央の低くなっているところ。半島の地理的特徴をデフォルメしながらも見事に描き出している。

伊達家の殿様は、宇和島から出船して半島にさしかかると自らは前述のくびれ部分である塩成浦《しおなしうら》に上陸して陸路瀬戸内海側の三机浦《みつくえうら》で待機。船団は御鼻（佐田岬）をまわって三机に寄港させ、再び乗船した。「伊達の殿さま御鼻がこわい」といわれた由縁である。

これより遡って慶長15年（1610）、当時の藩主富田信濃守信高は、このくびれた塩成―三机間を切り開いて運河を通そうと「十万石の浦里より」（『宇和旧記』）人夫を呼び集めて掘らせたが、3年後改易となり工事は中断。悲願の運河は幻と終わり、後に「塩成堀切」と呼ばれる開削跡だけが残ったのである（図3）。

添付の絵図面から

話を戻そう。明治の串浦の堀抜計画。予定地は半島先端に近く幅300mで「塩成堀切」より狭く現実味はあるものの結局資金難から実現しなかった。しかし史料に付けられた当時の絵地図がいろいろと興味深い（図4）。

堀抜予定地には現在の佐田岬半島では皆無となって

しまった水田の位置が記入されており、想像をかき立てられる。そういえば当該地は「ひょんだ（兵衛田）」という小地名があった。旧中学校跡地である。

　また図には近隣の野坂権現（現在の野坂神社）あたりも描かれていたが、それを見て驚いた（図5）。その隣にはすでに大きな石垣が描かれているのである。地形を中心に描いた絵地図に長大な人工物の石垣がしっかりと描かれており、石垣の奥には家屋の屋根が複数並んで見えて、その巨大さもうかがえる。間違いなく防風石垣「野坂の石垣」である。少なくとも明治6年時点でこの規模で存在していたのだ。ということは、当初の制作は江戸時代に遡る可能性も出てきた。

　もうひとつ想像をかき立てたのは野坂の石垣の背後の山に囲まれた丸い平地。実は野坂権現付近は「野坂貝塚」と呼ばれる貝塚が出土しており、付近は海辺に近かったことが確認できる。また地元の聞き書きでもかつて石垣の背後地に水田が広がっていたというし、現在は駐車場として埋め立てられて風前の灯だが、ヒメガマなどの自生する湿地もいくらか確認できる。あるいは石垣の背後地はかつて小規模のラグーンだった可能性はないだろうか。とすれば、この地域の灌漑《かんがい》・造成といった土地利用の歴史の中で、この石垣の存在意義や建造過程も考えられるかもしれない。

　後半は想像が過ぎたが、地理的特色の詰まった半島を描いた地図は特異な地域性が反映されて見る者を飽きさせない魅力がある。

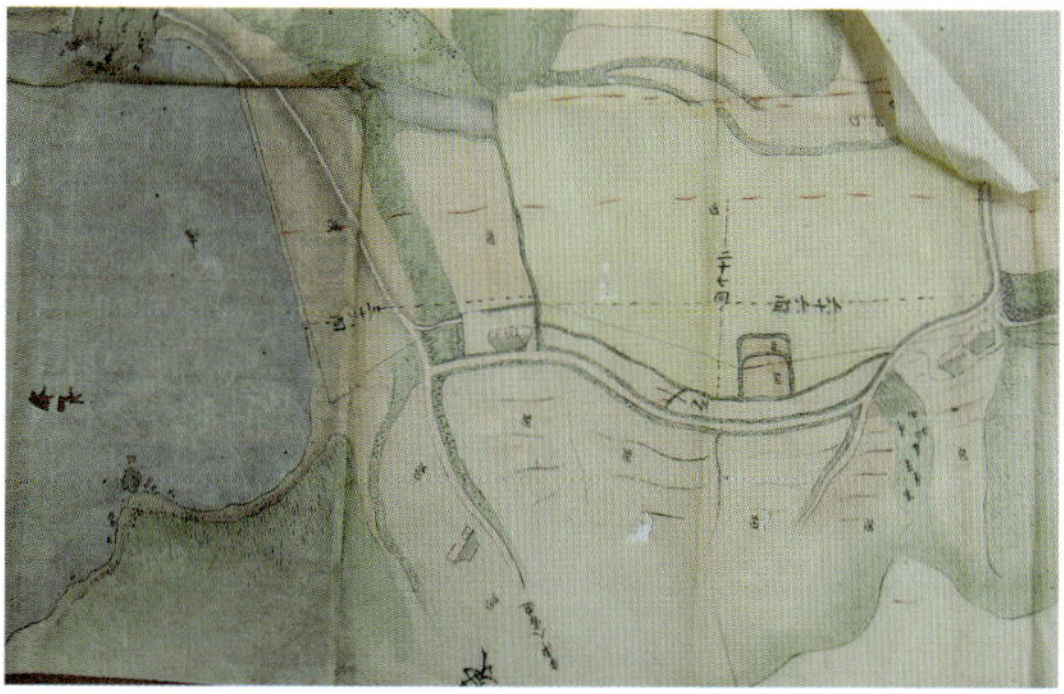

図4 「串浦堀抜波戸築立之儀奉願上候」の添付図より（部分、『河海溝池許可工事』愛媛県立図書館所蔵）田があることが明記されている。

図5 「串浦堀抜波戸築立之儀奉願上候」の添付図より（部分）。丸い平地内の右に描かれているのが野坂権現。中央には鳥居も描かれ、その左側に長い石垣が続く。

宇和海の漁村の生活

井上 淳

宇和海の漁業集落

宇和海《うわかい》とは愛媛県と大分県の間にある豊後《ぶんご》水道のうち、愛媛県側の海を指す。具体的には、佐田岬半島から由良半島までの海域をいうが、現在は高知県に属する沖の島・鵜来島《うぐるしま》・姫島も、江戸時代は伊予の宇和島藩領であったため、その周辺の海域も宇和海の一部とされている。

宇和海の沿岸部や島々には、多くの漁業集落が散在している。寛文7年（1667）に、これらの漁業集落を調査して歩いた集団がいた。江戸幕府が山陽道・南海道・西海道の沿海地域を調査することを目的に派遣した「海辺御上使《じょうし》」の一行である。その調査成果は、10冊の報告書、「西海巡見志」（以下、「巡見志」）としてまとめられているが、そのうちの1冊が伊予国に割かれている。

宇和海地域には、宇和島藩領と吉田藩領とがあったが、「巡見志」は、宇和島藩領131カ村、吉田藩領54カ村について記録している。宇和島城下、吉田陣屋町、在郷町の岩松村（宇和島市）は漁業集落とはいえないので除外すると、近世初期に182カ村もの漁業集落がすでに成立していたことがわかる。

一つの行政村の中に複数含まれていた枝浦《えだうら》を単位に調査がおこなわれている。自然村ごとの調査ともいえるが、家数を見ると、宇和海の漁業集落が6～30軒と小規模なものが主流であったことも浮かび上がる。多くの集落では「猟船」と記された漁船を有しており、古くからいわし網などの漁が盛んだったことも想像される。

村に伝わった「戸島全図」

「海辺御上使」の調査から時代が下り、江戸時代後期になると、いくつかの漁業集落については、宇和島藩による実測図が作製されている。また、宇和島藩の測量家が作製した実測図が、地元に伝わり活用されていた事例も見られる。ここでは村側に残されていた絵図として、「戸島《とじま》全図絵図面」（以下、「戸島全図」、図1）を取り上げたい。

「戸島全図」は、縦296cm、横264cmの寸法を測るが、外周に記された文字に途中で切れている部分があることから、作製時にはさらに大きかった可能性がある。絵図は、戸島浦（宇和島市）の庄屋であった田中家に伝わったものである。田中家は、江戸時代初期に向灘《むかいなだ》（八幡浜市）から移住し、代々庄屋をつとめた。

宇和島藩領には、戸島浦以外に三浦（宇和島市）、高山浦（西予市）にも田中家があったが、この3家は田中庄屋といわれ、相互に姻戚関係を取り結んでいた。

そのうち、三浦庄屋の田中家には、「両三浦絵図」が伝わっている。「両三浦絵図」も東西338㎝、南北297㎝という、「戸島全図」と同様に村に伝存する絵図としては最大級のものである。「両三浦絵図」は、天保13年（1842）に「潮入湯」のため三浦に来ていた小川五郎兵衛（久忠）の門人菊池茂助ほか2人が、三浦庄屋であった田中九兵衛盛久の依頼を受けて作製したものである（小川五郎兵衛については、本書・井上淳「宇和島藩の測量図」参照）。田中庄屋の密接な関係を考えると、「両三浦絵図」の情報は、三浦田中家から戸島田中家に伝えられ、それを契機に戸島でも宇和島藩の測量技術者による実測図が作製されることになったのではなかろうか。

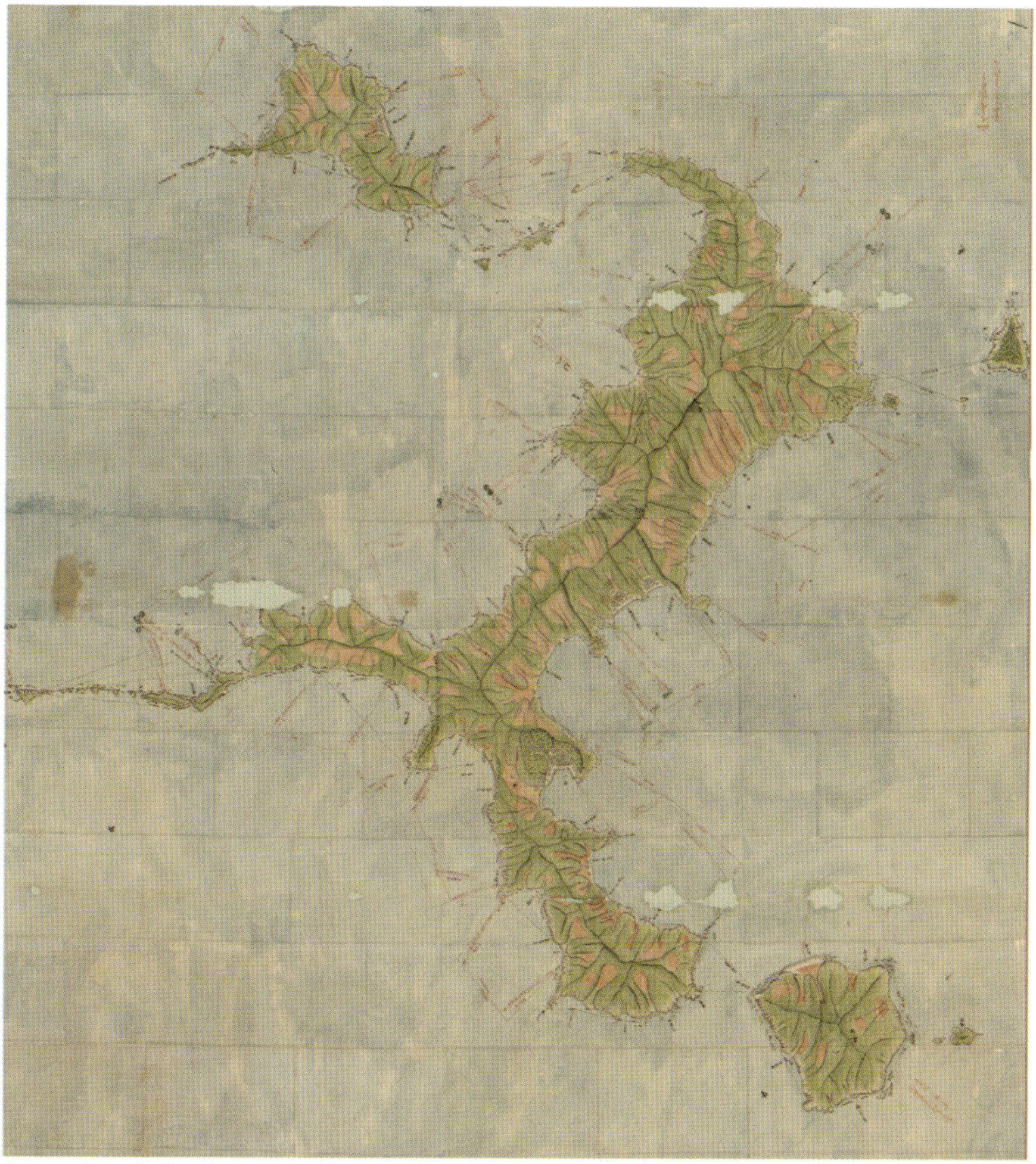

図1　「戸島全図絵図面」（幕末期）戸島歴史文化保存会所蔵・愛媛県歴史文化博物館保管
2寸1丁（約1800分の1）の実測図で、方位は左上が北になっている。真ん中の「く」の字のように折れ曲がっているのが戸島本島。その北の海上に嘉島、南の海上に遠戸島がある。本島の最も高い所は東側にあり、標高190 m。海に迫るように緑色で描かれている山の中に、「耕して天に至る」といわれた急傾斜の段々畑が開かれている。遠戸島は無人島で、土地のほとんどを庄屋の田中家が所有していた。

海を重視した絵図

それでは「戸島全図」の内容を見てみよう。

絵図には、戸島・嘉島・遠戸島の3島とそれに付属する諸小島が描かれている。尾根や谷筋の地形を丁寧に表現し、海岸線の先、海から顔をのぞかせる礐《はえ》（岩礁）も細かく描写している。戸島の本浦・小内浦に加え、嘉島の3つの集落があり、それぞれの集落に家が密集して描かれている。

山を緑色、畑を茶色で色分けすることで、土地利用を示している。宇和島藩の「大成郡録《たいせいぐんろく》」には、元禄9年（1696）の時点で、田6反1畝10歩、畑が33町9反3畝18歩、村高166石余りと記されている。平地がほとんどなく、用水となる川にも乏しい戸島では、耕地の大半が畑であったことがわかる。実際に絵図を見ても、山の中に茶色で表現された畑がまだらに点在するのみである。

また、「戸島全図」には、村絵図に通常描かれる道が全く描かれていない。大正2年（1913）の「戸島村誌」は、「村民道路の観念なく、三部落に通じる里道ありといえども、俗に言う兎道にて、通行実に困難なり」と記しており、船による往来の方が容易であったためであろう。山に点在する段々畑に行く小さな農道もあったはずだが、それも省略されている。

そもそも内陸部に記された地名は少なく、絵図の作製主体の関心はそこにはない。その一方で、鼻・礐・網代《あじろ》といった臨海部や沿岸海域の地名が詳細に記されている。つまりは、海を重視してつくられたのが「戸島全図」と考えられるのである。

庄屋屋敷があった戸島本浦

図2は、戸島本浦の拡大写真である。戸島の南東部、入江になった海を前に、谷間の土地に多くの家が密集している。「巡見志」には、本浦は片浜集落で、高札場があり、家数28軒、漁船38艘、加子数90人と記されている。

集落の奥、山際に大きな建物が見えるのが、龍集寺である。龍集寺には、ルイス・フロイスの「日本史」に「ドン・パウロは（中略）

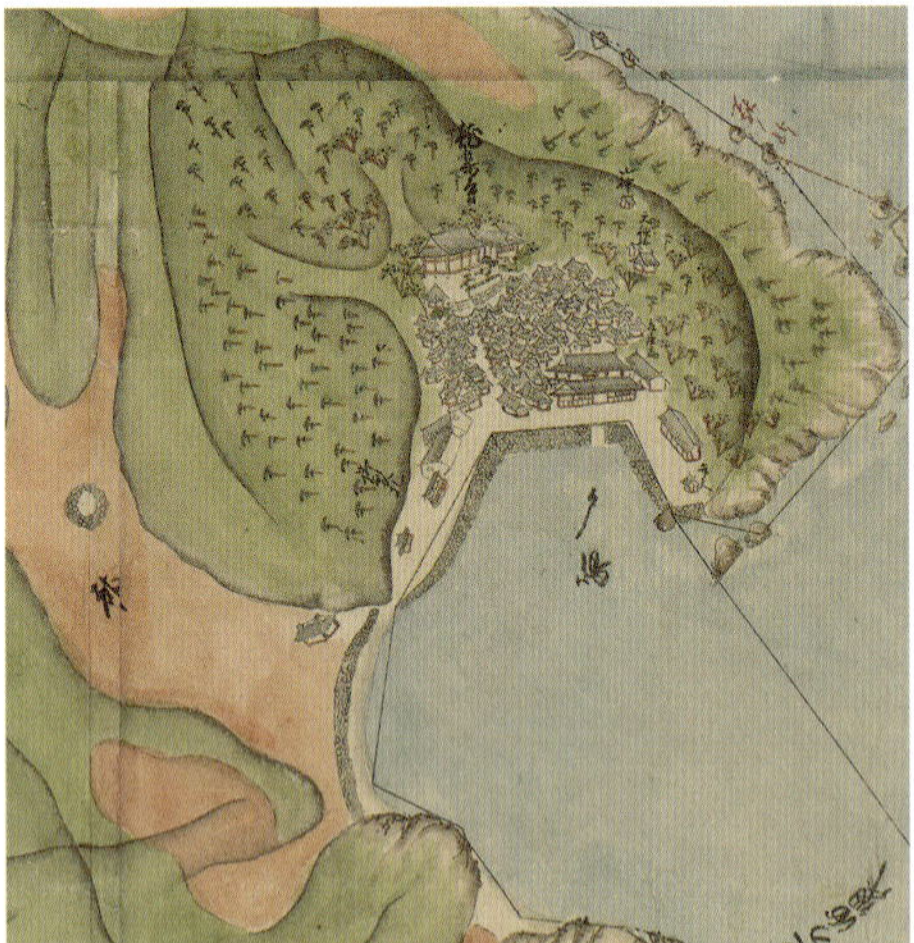

図2　戸島本浦（「戸島全図絵図面」）
わずかな谷間の土地に家が密集している。集落の前面の海には、「池の浦網代」の文字が見える。左側の中央に見える小さく丸い石積が本浦の共同井戸。

非常な僻地に住んでいたにもかかわらず、つねに立派なキリシタンとして信仰を堅持し」と記された、キリシタン大名の一条兼定《かねさだ》の墓がある。兼定は土佐幡多《はた》荘の中村に下向土着した一条教房の末裔になる。長宗我部元親に追われ、法華津《ほけつ》氏の庇護により、その支配下であった戸島で余生を過ごし、亡くなっている。

　集落の海際にも、「庄屋處」と記された大きな建物が見える。「戸島全図」を所蔵していた戸島庄屋の田中家である。庄屋屋敷は、本浦の東部、平地となった大部分を占めていた。島としては広い約540坪の敷地があり、長屋門をはじめ、母屋・離れ屋のほか、付属の家屋や倉庫などが建ち並んでいた。

　庄屋屋敷の建物は現存しないが、地理学者の村上節太郎が撮影した写真の中に、長屋門を捉えたものがある（図3）。鉄金具が施された重厚な扉が付いた長屋門は「大門」、そして庄屋屋敷を「大門の内」と呼んでいた。写真左下には、石が敷き詰められた傾斜面が見える。これは「スベリ」といい、潮が満ちてくると、船を直接付けて荷物の積み下ろしができた。絵図では海際に石垣が描かれているが、長屋門の正面の一部が空白になっている。その位置からすると、「スベリ」を表現しているのであろう。

　庄屋屋敷の右下、海に突き出した部分に、細長い建物が見える。これは宇和島藩に納める年貢や海産物を保管する上納蔵である。この上納蔵も現存しないが、村上節太郎が写真に記録している（図4）。もともとは白壁の土蔵であったが、村上の写真ではすっかり白壁が落ちた状態になっている。しかし、正面に「スベリ」を備え、堅固な造りをした上納蔵が、戸島浦にとって重要施設であったことがうかがえる。

　海を挟んで上納蔵の左側対面には「御製札」とあり、藩の法令を掲げた高札場が描かれている。その背後の

図3　長屋門（昭和23年〔1948〕）愛媛県歴史文化博物館所蔵

図4　上納蔵（昭和46年〔1971〕）愛媛県歴史文化博物館所蔵

図5　共同井戸（昭和23年〔1948〕）愛媛県歴史文化博物館所蔵

丘陵を越えた先、畑の中に石積みされた円形の構造物が見える。本浦の共同井戸である。この共同井戸の写真も村上節太郎は撮影している（図5）。山が海に迫り、急斜面も多い戸島は保水力が低く、慢性的な水不足に苦しんでいた。生活用水のほとんどが、堀井戸による地下水に依存していた。村の生活には欠かすことができない共同井戸までが、「戸島全図」には描き込まれているのである。

網代・藻取場の管理

戸島をとりまく宇和海は、「西国第一の漁場」として知られる。九州の南から流れ込む黒潮の支流にのり、たくさんの種類の魚が北上し、屈曲に富む海岸と磯といわれる岩礁がその生息場所となっていた。中でもマイワシ・カタクチイワシ・ウルメイワシなどのいわしが豊富に生息し、戸島でもいわし網漁がさかんにおこなわれていた。

貞享元年（1684）成立の宇和島藩の租税台帳ともいえる「弌墅截《いちのきり》」によると、戸島のいわし網は4帖で、本浦の漁民と庄屋の寄合網、小浦の漁民と庄屋の寄合網、嘉島の漁民の網、庄屋単独の網があった。いわし網で獲ったいわしの多くは天日干しの上、干鰯《ほしか》として木綿栽培が盛んな大坂方面に積み出されていた。干鰯は宇和島藩の特産品として藩財政を潤すとともに、漁民の貴重な収入源でもあった。「戸島全図」には、地域の主産業であったいわし網の網代（漁場）が克明に記されている。網代には、固有の名称が付けられており、戸島では「こをり網代」「柏木網代」「長崎網代」「つくも谷網代」「下ひしやこ（網代）」「中ひしやこ網代」「大ひしやこ網代」「池の浦網代」「大内浦網代」「小内浦家の前網代」「崎小内網代」「内浦網代」「上郎網代」の13カ所、嘉島では「押まへ網代」「こふか浦網代」「家の前網代」「いら網代」の4カ所が確認できる。戸島に破損で判読不明の網代が1カ所あり、合計18カ所の網代が記されていることになる。「弌墅截」は、11カ所の網代しか記していないので、時代が下るにつれて、地元ではさらに細分化して網代を把握するようになっていたことがうかがえる。

また、「戸島全図」を見ると、網代に限らず地先の海に多くの朱線が引かれその距離が記されている。これは何を示しているのであろうか。それを知るための参考となる資料として、「海面漁場御貸与願・海面漁場絵図面」がある。明治11年（1878）に戸島浦の大網師総代田中庄蔵他5名が愛媛県権令の岩村高俊に提出したもので、5年間の漁場の貸与願と絵図がセットになっている。絵図は海岸線の地形を目印として描き、そこから地先の海に向けて線を引き、距離を記すことで、漁場の範囲を示している。「戸島全図」と「海面漁場絵図面」が記す距離は一致していることから、「戸島全図」の朱線は漁場を表したものと判断できる。この朱線が、絵図

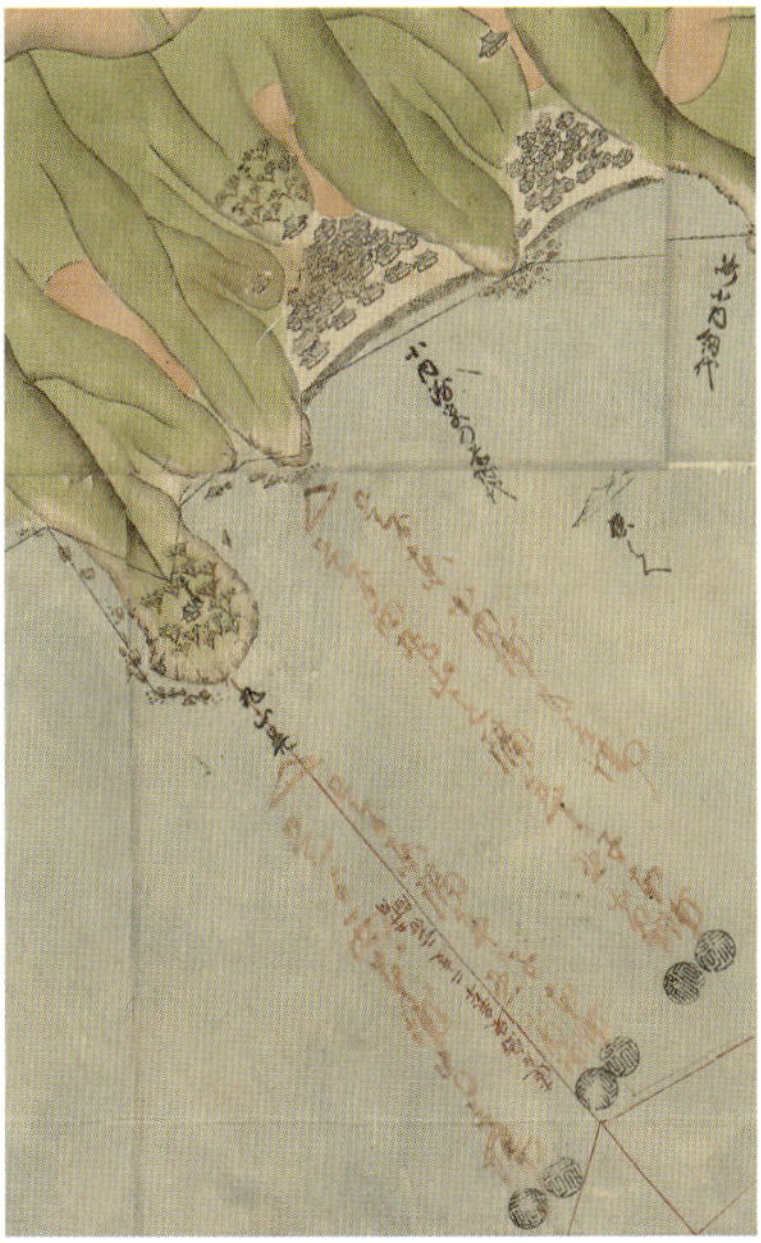
図6　小内浦近海の藻取場（「戸島全図絵図面」）

作製時のものか、あるいは明治11年に漁場貸与願を出す際に手を加えたものか定かではないが、いずれにしても「戸島全図」が漁場の管理に使われていたことは明らかである。

さらに、「戸島全図」には、「△も（藻）取場境目印／嘉永七寅八月御改」の端書があり、藻取場の境界を描かれていることがわかる。図6は「小内浦家の前網代」の拡大であるが、海に突き出た丸山鼻の中心から漁場の境界となる線が引かれている。この線は、△の印があるように藻取場の境界線も兼ねており、右に「是より東隔年、子本浦、丑小内浦」、左に「是より西本浦も（藻）取場」の朱書が見える。この境界線から西が本浦、東が本浦と小内浦が隔年で使用する藻取場で、絵図にはその確認のためにそれぞれの浦の印が捺されている。

吉田藩の地方行政の業務手引書である「郡鑑《こおりかがみ》」には、宇和海で食用となる海藻として、コンブ・ワカメ・アラメ・アマノリ・青ノリ・藤ヲノリ・コブノリ・松ノリ・白モ・トツサカ・ヒヂキ・青サ・ミル・六角ノリ・ヲゴ・ハバ・ソウメンノリ・モヅク・トコロテングサ・アンドクの20種類が挙げられている。これらは11月から翌年3月にかけて採取するが、2、3月に採取したものは、有機質肥料として畑に用いられた。海藻は宇和海の漁民にとり大切な食料・肥料であったので、戸島でもその適正な管理のため、絵図に藻取場が描き込まれていたのである。

藩の測量図の民間利用

戸島に関する絵図は、「戸島全図」以外にも、宇和島藩が作製したものが2点伝わるが、そのうちの1点は、大きさ、内容ともに「戸島全図」とほぼ同じである。そのことからすると、宇和島藩の測量事業が前提としてあり、その事業を通じて測量技術者と庄屋が交流する中で、「戸島全図」が地元の要請によりつくられたものと考えられる。

宇和島藩の測量事業を目の当たりにして、地元でもその有用性は十分に認識できたことであろう。江戸時代の為政者が領内把握や自らの権威づけのために作製した絵図が、民間活用される時代が到来したのである。

南伊予の山間地、憩いの場から生産の場まで

篠駄場における土地利用の諸相

塩川隆文

図1 「観光の南伊予」愛媛県歴史文化博物館所蔵

南伊予の山間地景観「駄場」

愛媛県は県域の三方を海に囲まれた海の国であるとともに、県域の大半を山地が占める山国でもあり、とりわけ南伊予には山が多い。吉田初三郎が戦後に描いた鳥瞰図「観光の南伊予」（図1）には、そうした南伊予の地理的特徴が見事に表現されている。

山地には肱川《ひじかわ》や四万十川が蛇行して流れ、そのカーブの両側に形成された空隙地《くうげきち》に田畑と集落が営まれている。このような景観が南伊予から四万十川終着地点の高知県西南部に点在している。この山間の平地に、「駄場《だば》」（「駄馬」とも書く。以下引用でない限り「駄場」で統一する。）のつく地名（小字名）が顕著にみられる。

このことは、作家の司馬遼太郎が『街道をゆく14 南伊予・西土佐の道』で指摘している。松野町に「駄馬」のつく地名が多いことを土地の人に聞いたところ、「駄馬とつく地名は小さな峠やごく低い山のふもとに多い」との回答を得ている。『日本地名ルーツ辞典』で「駄場」「駄馬」は「高知県南西部を中心に、一部は愛媛県南西部にも見られる地域性の強い特異な地名。段丘の崖の上の平らな部分にあ」ると定義されている。足摺岬《あしずりみさき》付近にある唐人駄《とうじんだ》場《ば》遺跡はこの定義の典型例である。

いっぽう、『日本の地名 歴史のなかの風土』にはこう書かれている。「四国山地には「駄馬」のつく地名がほうぼうにあり、ことに高知・愛媛両県の境界山地に多く分布する。（中略）山地の頂上付近や山腹などの高所にある平坦地（又、緩斜地）もあれば、谷底の小盆地の場合もある。駄馬も多くの実例から見て、平坦地を意味する地形地名に相違な」い。

以上で「駄場」の説明は

尽きたかに思えるが、「駄場」の実例を別の方向からみておきたい。宮本輝『地の星』は、氏の父の故郷である南宇和を舞台とした小説であるが、この冒頭に「駄場」が登場する。ここで「駄場」は「突き合い駄場」、すなわち闘牛場のことを指している。南伊予では闘牛のことを「ツキヤイ」といい、全盛期の明治後期から大正のころは各部落にツキヤイダバがつくられたという。ツキヤイダバの場所には、見物がその周囲から見おろして見物しやすいよう、たいてい谷合いの窪地が選ばれたという。『地の星』に出てくる突き合い駄場は「小さな田圃と小高く盛り上がった地面との間」にあったが、現存していない。『地の星』の舞台となった一本松には駄場のつく小字が複数あり、突き合い駄場の東に「岡駄場」、その北に「駄場」という小字がある。周囲の田地より小高い岡の上の平地である。地元の方によると、一本松の駄場は江戸時代までは沼地で、そこを明治時代に整地して畑にしたため、衛星写真でみると、駄場は周囲の土地と色が違っている。駄場は本来、牛馬を放し飼いにする放牧場であり、草地、岡の上にあるものだということであった。

　岡の上の平地説を補強する例をもう一つ挙げておく。明治3年（1870）に起こった「三間騒動」（宮の下騒動）は、明治新政に期待した吉田領の百姓たちが、近世期に蓄積されてきた村落内の経済的諸矛盾の解消を目指して結成・運動した一揆の一つである。彼らが一揆を結成する際に参集したのは清延《きよのぶ》（桟敷）駄場、元宗《もとむね》村駄場（上鍵山村）、御在所駄場であった。ここで彼らは一揆の「魁首」や、鉄砲・鍬柄の持参など、運動の方針を決定している。「桟敷」という言葉から、ここが周囲から中央をのぞき込む、いわば議場のような地形であったことがわかる。また「御在所駄場江上」ると表現されており、周囲より高い位置にあったこともわかる。

　以上の例から、伊予における駄場とは、岡や山の上の平地ないし山や谷の中の平地を指す言葉であり、そこから転じて闘牛場を指す言葉としても用いられたと結論づけておきたい。『街道をゆく』で須田画伯が「武陵桃源の地」と感嘆し、宮本輝が『地の星』の主人公をして「目前に広大な田園がひらけ、その周りを低い山が、丸い大きな輪のように巡っていた。（中略）まるでここは巨大な土俵のようだとしばしば感じたものであった」と語らしめた、まさにこれこそが伊予の典型的な景観の一類型である。

篠駄場

　宇和島市街から南東の方角に、手前の山稜の上から山頂をのぞかせたトンガリ山、権現《ごんげん》山（標高952m）が見える。この山麓に篠駄《しのだ》場《ば》という山間地が広がっている。

　もっとも、篠駄場という名称は登山マップ等に表示されているだけで、地形図や住宅明細図などには記載

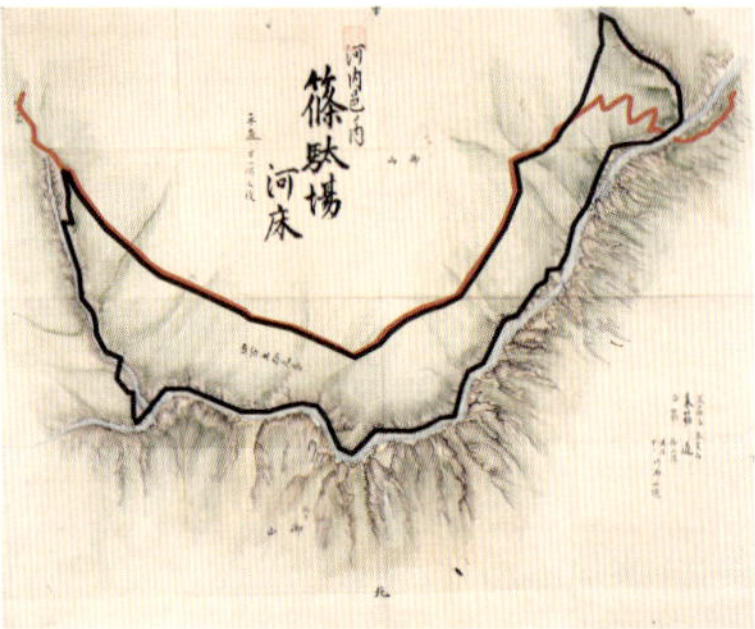

図２　「宇和郡河内村篠駄場河床ノ図」
愛媛県立図書館所蔵

がない。また、江戸時代を通じて一貫して見られる名前ではなく、一村立てもされていない。行政区画としては川内村《かわち》（現宇和島市川内）の中に含まれていたようである。

では、篠駄場はどのような場所なのか。「宇和郡河内村篠駄場河床ノ図」を見てみよう（図2）。これは、現在で言うところの薬師谷渓谷の流路を描いた図である。川に並行して引かれた赤い線は「篠駄場道」を表している。また、黒線で囲まれた範囲が御年貢山で、その外側は「御山」、すなわち宇和島伊達家の領有である。この地図からわかるように、篠駄場は薬師谷渓谷から権現山に至る間に広がる、なだらかな傾斜地である。

場所を特定したところで、次に篠駄場における土地利用の方法を先行研究によってまとめておく。佐々木正興氏は、大谷彰氏の調査に独自の聞き取り調査を加え、篠駄場における氷の製造・運搬について報告している。それによると、篠駄場には12カ所の氷室があり、そこで採れた氷を宇和島市街へ運ぶ「氷にない」と呼ばれる人びとが篠駄場に在住していたという。篠駄場における氷の製造は、大正4年（1915）宇和島市街に製氷会社が設立されたことにより下火となったようで、「氷にない」の人びとはそれから間もない時期に相次いで下山していった。その後の篠駄場では植林が進行し、ヒマラヤスギなどの外来種も植えられており、材木加工場らしき廃屋が現存する（図3）。

また、篠駄場の人びとの檀那寺であった来応寺の過去帳によると、篠駄場に人が住み着いたのは享保年間からであること（なお、権現山頂の山高神社前にかつて享保2年（1717）に山師林屋八右衛門らの寄進した鳥居があった）、篠駄場には水田があり、盛時には53戸の世帯が居住していたことも紹介されている。

図3　篠駄場の廃屋（2018 年 5 月）

ところで、筆者が篠駄場の存在を知ったのは、幕末期に宇和島から大坂へ寒天を輸出する計画があったとの情報提供がきっかけであった。そこで宇和島側でその根拠資料を探した結果出会ったのが「篠駄場寒天製造場絵図」である（図4）。

この絵図には、寒天製造

のための施設・設備として、寒天草洗場・臼・製作場・晒《さらし》場などが描かれている。また、晒場でテングサを干す人、天秤《てんびん》棒を担ぐ人、子どもの手を引く母親や犬の姿までもが描きこまれている。製造場の背景には幾重にも重なる山並みが描かれている。絵図には朱書きで「此土地開キ手間凡《およそ》三千弐百人夫位」などと試算されていることから、この絵図は計画図と考えられる。

この絵図を見た当初は、宇和島市街から離れた山中まで海藻を運ぶ合理性が理解できなかったが、その後この地で氷室が設けられていたことを知り、気候上の特性については得心がいった。しかし、山中にこれだけ大がかりな施設を置くだけのスペースが存在するの

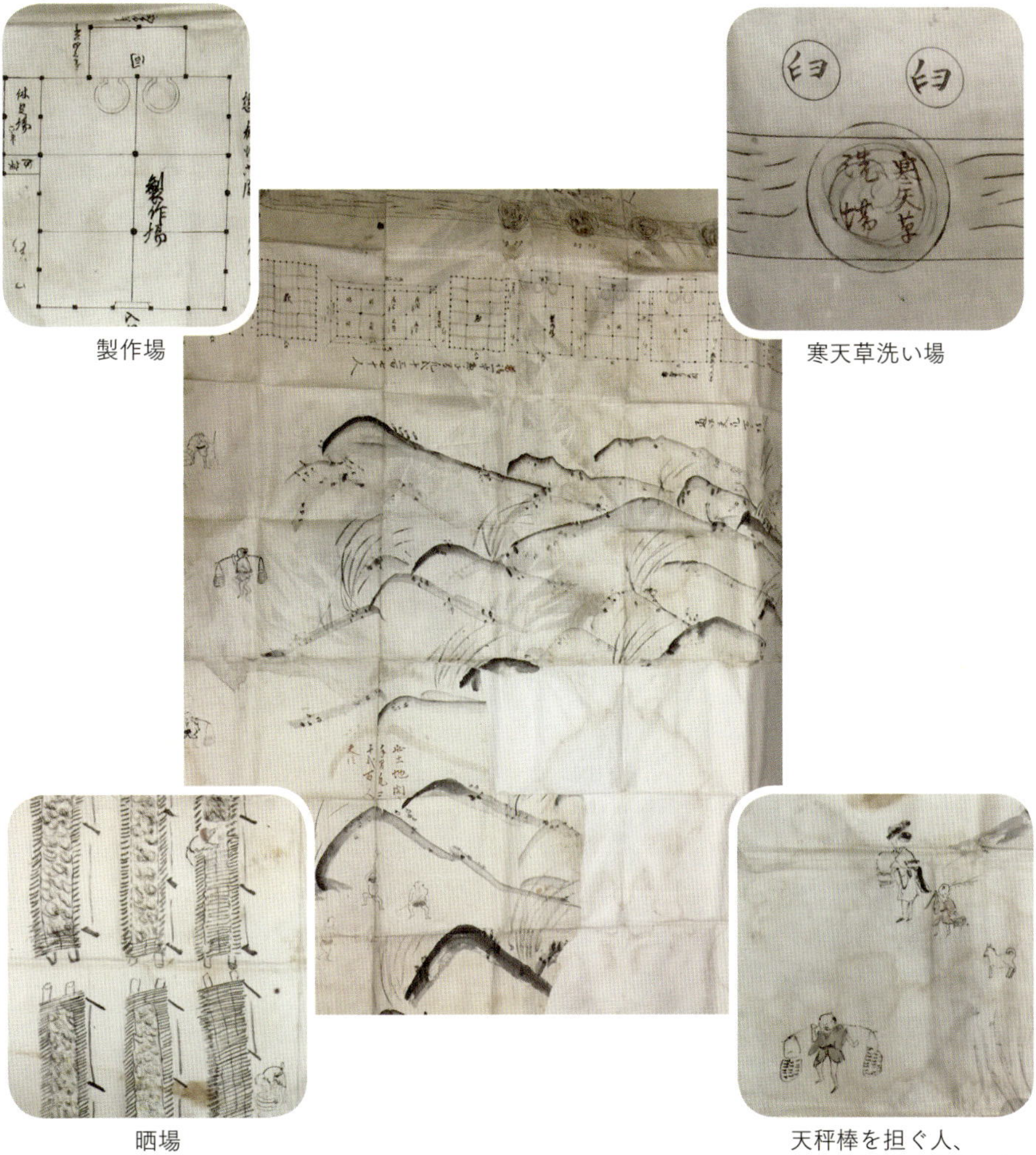

製作場

寒天草洗い場

晒場

天秤棒を担ぐ人、子どもの手を引く母親・犬

図4　「篠駄場寒天製造場絵図」財団法人宇和島伊達文化保存会所蔵

だろうか。また、山中に水田があり、一村をなすような住民がいたこともにわかに信じられなかった。そこで、実際に篠駄場に行って、平地があるかどうかを確かめることにした。

　宇和島市街から篠駄場に行くには、まず南郊の本川内まで下って、切り通しを抜けたところで左折し、薬師谷の集落を過ぎて坂を登る。夏場はそうめん流しをしている遊歩道入口で山手の旧道へ進む。瓦礫《がれき》混じりの土の道を登っていくと、分かれ道に突き当たる。左は千畳敷《せんじょうじき》・大瓢箪《おおひょうたん》、右は篠駄場経由権現山と標識に記されているので、右手の道を進む。しばらくすると道路の境目が消え、開けた場所に出た。ここが篠駄場である。段々畑状に植林されており、地面には陶器片や空き瓶が散見されることから、かつてここで何らかの生活が営まれていたことがうかがえた。さらに高いほうへ向かって進んでみたが、再び険しい山道が現れ、平地は見つからなかった。念のため薬師谷川の上流にも足を伸ばしたが、川だまりがあるだけで、平地と呼べるほどの空間は見当たらなかった。篠駄場を後にし、薬師谷の集落を下っていった際、ふと道の左手に広がる、石垣の上に築かれた田畑が目に入り、それが篠駄場の植林の景観と同じであることに気がついた。

　つまり、あの石垣は田畑のために築いたのち、植林に転用したものだったのである。その後、同じような景観は南伊予の至る所に広がっていたことにも思い至った。その最たるものが、国の重要文化的景観に選ばれた遊子水荷浦《ゆすみずがうら》の段畑である。

　こうした景観が南伊予の至る所で見られるのは、平地が少なく、山の傾斜地をも田畑として切り開かざるを得ないためではなかったか。ここに、海と山で囲まれた南伊予の人びとが平地を得るために営々と石垣を築き、山肌を田畑へと変えていった苦労の一端をうかがい知ることができた。

長者駄場

　ところで、篠駄場という名称が江戸時代に一貫して現れるわけではないと先に述べた。では、篠駄場が文献に現れる前にはなんと呼ばれていたか。宇和島伊達家の記録を見ると、2代当主の伊達宗利《むねとし》がしばしば長《ちょう》者駄場《じゃだば》と呼ばれる場所に行っていることが確認できる。この長者駄場も薬師谷の近くにあることから、篠駄場の前名なのではないかと考えるに至った。以下にその記録を意訳しつつ引用する。

　宝永5年（1708）4月16日の11時頃、宗利はお気に入りの家来数名とともに

図5　遊子水荷浦の段畑（2018年5月）

に薬師谷を訪れた。川筋に出て鮎取を見物した後、川原で菓子や焼飯などを食べた。その後川内谷に行き、14時ごろ帰っている。翌日、「木工《もく》」が長者駄場に派遣された。

2日後の18日の9時ごろ、宗利は「駕《かご》」に乗って川内通に行き、船石《ふないし》での川猟に挑んだ。船石とは文字通り船の形をした石のことを指し、滑床《なめとこ》渓谷に現存している。前回は家来たちが取るのを眺めるだけだったが、今回は「御所務《ごしょむ》」とあるから、みずから漁に従事し、鮎27尾を獲た。漁とはいっても、船石の中に入り込んだ鮎をすくうだけのことであり、主君に鮎を取らせるため、船石へと鮎を追い立てる勢子《せこ》役の家来たちの姿が目に浮かぶ。11時ごろ長者駄場の御仮屋《おかりや》に着座し漁の疲れを癒した。前日に木工が派遣されたのはこの設営のためであった。即刻木工が献上した「肴一折」は自身で捕まえた鮎であろうか。碁をたしなんだあと、御仮屋前の「御茶屋」で休息し、14時ごろ御仮屋で弁当を食べた。さらに「唐網《とあみ》」（投網）を申し付けたところ、「御所務」鮎は28尾も入っていたという。近辺を見学してから御仮屋に入り、帰途に就いたのは17時ごろであった。

この一件から、長者駄場が領主の遠出の場、憩いの場として利用されていたことがうかがえる。

もっとも、それ以前の元禄13年7月2日に、河内谷の「長者ヶ駄馬」の松を伐り払い、田畑にする指示が出ており、宗利の遠出以前から長者駄場の開墾が進行していた。この事業は難航し、正徳5年（1715）10月12日には、長者駄場が近年しだいに衰微し、百姓が安座できないとして、「駄馬」をやめ、残っている百姓を「分散」させる指示が出されたが、宝永7年9月5日に長者駄場は郡奉行支配に組み込まれ、5人の猟師を郡奉行支配とすること、植漆《うえうるし》を禁止し土地は畑主に下付すること、植杉の仕事は当面山奉行支配とすることなどが決まった。巳（年未詳）11月19日付の文書によると、長者駄場には3反9畝余の田と31町4反3畝余の畑があると見込まれ、それぞれ米3石、大豆37石の物成《ものなり》を賦課するよう指示が出されている。また、居住者数は152人と計算していた。しかし、嘉永4年の「川内村畝石諸上納役高覚」において、篠駄馬の田畑としては、有田5反5畝9歩、米物成4斗3升、有畑6反4畝21歩、大豆取れ高3斗9升4合しか確認できない。

その後、幕末の四賢侯の一人として知られる伊達宗城《むねなり》は安政4年（1857）に篠駄場で「足馴《あしならし》」をおこないつつ、同所での寒天製造を指揮監督している。

篠駄場は領主のレクリエーションの場として、さらには植林、漆採取、田畑、寒天製造、製氷など生産の場として、その時代の必要性に応じて姿を変えていったが、都市部への人口集中によって、しだいに元の自然の山へと戻りつつある。

参考文献

井上淳「近世後期の長崎紀行―「筑紫太宰府参講道中日記」を中心に―」『研究紀要』第17号、愛媛県歴史文化博物館、2012年
井上淳「伊予八藩の藩船と参勤交代」『海道をゆく―江戸時代の瀬戸内海―』愛媛県歴史文化博物館、1999年
井上淳「宝暦明和期における宇和島藩の遍路統制について」『伊予史談』366、2012年
井野辺潔、黒井乙也校註『染太夫一代記』青蛙社、1973年
今村賢司「四国遍路絵図をめぐる諸問題―細田図と偏禮図を素材に―」愛媛県美術館編『空海の足音　四国へんろ展　愛媛編』四国へんろ展愛媛編実行委員会、2014年
伊予鉄道株式会社編『伊予鉄道百年史』1987年
伊予史談会編『四国遍路記集』、伊予史談会、1981年
伊予史談会編『伊予史談会所蔵絵図集成』2013年
内田九州男「近世における四国諸藩の遍路統制」『「第1回四国地域史研究大会―四国遍路研究前進のために―」公開シンポジウム・研究集会プロシーディングズ』、「四国遍路と世界の巡礼」研究会、2009年
宇和島市教育委員会編『篠山山形模型並びに関係資料調査報告書』2009年
愛媛県教育委員会編『愛媛県中世城館跡　分布調査報告書』1987年
愛媛県教育委員会編『しまなみ水軍浪漫のみち文化財調査報告書―埋蔵文化財編―』2002年
愛媛県高等学校教育研究会社会部会地理部門編『宇和島市の地理』1990年
愛媛県生涯学習センター編『伊予の遍路道』2002年
愛媛県歴史文化博物館編『海道をゆく―江戸時代の瀬戸内海―』1999年
愛媛県歴史文化博物館編『伊予の城めぐり―近世城郭の誕生―』2010年
愛媛県歴史文化博物館編『四国へんろの旅―絵図・案内記と道標―』2012年
愛媛県歴史文化博物館編『松山城下図屏風の世界』2014年
愛媛県歴史文化博物館編『四国遍路ぐるり今昔』2014年
愛媛県歴史文化博物館編『四国遍路と巡礼』2015年
愛媛県歴史文化博物館編『高虎と嘉明―転換期の伊予と両雄―』2017年
愛媛県歴史文化博物館編『研究最前線　四国遍路と愛媛の霊場』2018年
胡光「「遍路日記」に見る四国、その内と外と」『2013年度四国遍路と世界の巡礼　公開講演会・公開シンポジウムプロシーディングス』、愛媛大学「四国遍路と世界の巡礼」研究会、2014年
大洲市立博物館『大大洲城展　よみがえる大洲城』2004年
大野鐵／速水純『伊予鉄が走る街　今昔』JTBパブリッシング、2006年
「角川日本地名大辞典」編纂委員会編『角川日本地名大辞典38　愛媛県』角川書店、1981年

⦿……参考文献

金指正三「潮流と航路と水軍城跡について」広島県教育委員会編『瀬戸内水軍』広島県文化財協会、１９７６年
川村博忠『国絵図』吉川弘文館、１９９０年
川村博忠『近世絵図と測量術』古今書院、１９９２年
川村博忠『江戸幕府の日本地図　国絵図・城絵図・日本図』吉川弘文館、２０１０年
学習研究社編集部編『よみがえる日本の城　10　大洲城・松山城』学研、２００５年
楠寛輝「松山城にみる石垣構築技術」『研究紀要金沢城研究』7号、２００９年
熊谷正文『伊予漁業史序説—近世宇和海の場合』青葉図書、１９９１年
小松勝記『四國邊路日記并四國順拝大繪圖』岩本寺、２０１０年
小松勝記『四國遍禮名所圖會并近代の御影・霊場写真』金剛頂寺、２０１４年
佐々木正興「宇和島市薬師谷篠駄場の氷室について」『伊予の民俗』第32号、１９８０年
四国地域史研究連絡協議会編『四国の近世城郭』岩田書院、２０１７年
高須賀康生『愛媛の学校事始』関奉仕財団、２００６年
高田徹「加藤期・伊予松山城に関する一考—本壇の構造を中心に—」『戦乱の空間』14号、２０１５年
道後温泉本館調査委員会編『道後温泉本館の歴史』松山市、１９９４年
橋爪紳也『瀬戸内海モダニズム周遊』芸術新聞社、２０１４年
東昇「瀬戸内海の本陣と御茶屋」『海道をゆく—江戸時代の瀬戸内海—』愛媛県歴史文化博物館、１９９９年
兵頭賢一「恵美須町の話」『宇和島郷土叢書』第9巻、宇和島市立図書館、１９６９年
広島大学文化財学研究室編／三浦正幸監修『すぐわかる日本の城　歴史・建築・土木・城下町』東京美術、２００９年
平凡社『日本歴史地名大系39　愛媛県の地名』平凡社、１９８０年
正岡子規『子規全集』第13巻（小説・紀行）講談社、１９７６年
松浦泰『南予の百姓一揆』愛媛民報社、１９６５年
松田毅一／川崎桃太訳『フロイス　日本史』5・7、中央公論社、１９７８年
松野町教育委員会編『目黒山形模型並びに関係資料調査報告書Ⅰ・Ⅱ』２０００年・２００５年
御薗生翁甫「大洲藩船の運航に就て」『伊予史談』45、１９２５年
宮尾克彦「加藤期松山城本壇の構造と石垣構築技法について」『戦乱の空間』14号、２０１５年
村上海賊魅力発信推進協議会編『村上海賊の城』２０１７年
安永純子「大洲藩絵図方東寛治作成絵図と伊能図の比較について」『研究紀要』第16号、愛媛県歴史文化博物館、２０１１年
柳原極堂『友人子規』（4版）青葉図書、１９８０年
八幡浜市誌編纂会編『合併10周年記念版　八幡浜市誌』第1巻・第2巻、２０１８年
吉田正三編『松浦武四郎紀行集　中』冨山房、１９７５年
和田茂樹「子規少年時代の『松山市街全図』」『子規会誌』4号、１９８０年
和田茂樹「子規周辺の人びとと『松山市街全図』」『子規博だより』2巻3号、１９８３年

［執筆者一覧］（50 音順）
井上 淳（いのうえ・じゅん）愛媛県歴史文化博物館学芸課長 ＊本書編集担当
今村賢司（いまむら・けんじ）愛媛県歴史文化博物館専門学芸員
上杉和央（うえすぎ・かずひろ）京都府立大学准教授
甲斐 未希子（かい・みきこ）愛媛県歴史文化博物館学芸員
川島佳弘（かわしま・よしひろ）坂の上の雲ミュージアム学芸員
塩川隆文（しおかわ・たかふみ）金沢市立泉野図書館職員
志後野迫 希世（しごのさこ・きよ）宇和島市立伊達博物館主任（学芸員）
白石尚寛（しらいし・なおひろ）大洲市教育委員会文化スポーツ課専門員兼
文化振興係長（学芸員）
高嶋賢二（たかしま・けんじ）伊方町町見郷土館主任学芸員
西村直人（にしむら・なおと）松山市教育委員会文化財課主査（学芸員）
東 昇（ひがし・のぼる）京都府立大学准教授
平井 誠（ひらい・まこと）愛媛県歴史文化博物館専門学芸員
藤本誉博（ふじもと・たかひろ）一般財団法人今治文化振興会今治城学芸員
山内治朋（やまうち・はるとも）愛媛県歴史文化博物館専門学芸員
柚山俊夫（ゆやま・としお）愛媛県立伊予高等学校教諭

［編著者紹介］
愛媛県歴史文化博物館
県立の歴史系博物館として平成6年11月に開館。愛媛の歴史・民俗・考古等に関する資料収集、調査・研究をおこなうとともに、常設展示のほか特別展・企画展・テーマ展、歴史文化講座・体験イベント・ワークショップなどの各種事業を実施。国絵図をはじめ藩領絵図、村絵図など、江戸時代の伊予の絵図資料も多く収蔵しており、平成30年9月15日（土）から11月25日（日）まで特別展「古地図で楽しむ伊予」を開催。

所在地　愛媛県西予市宇和町卯之町 4-11-2
電　話　0894-62-6222
ホームページ　https://www.i-rekihaku.jp

装幀／三矢千穂

カバー図版／松山城下図屏風（愛媛県歴史文化博物館所蔵）

古地図《こちず》で楽《たの》しむ伊予《いよ》

2018年10月15日　第1刷発行　（定価はカバーに表示してあります）

編著者　愛媛県歴史文化博物館

発行者　山口 章

発行所　名古屋市中区大須1丁目16番29号
電話 052-218-7808　FAX052-218-7709
http://www.fubaisha.com/
風媒社

乱丁・落丁本はお取り替えいたします。　＊印刷・製本／シナノパブリッシングプレス
ISBN978-4-8331-0178-3